英語教育
21
世紀叢書

英文読解の
プロセスと指導

津田塾大学言語文化研究所
読解研究グループ——編

大修館書店

はじめに

　文または文章を読んでその内容把握に至る過程，つまり読解過程を考察するためには，認知心理学の知見が不可欠であると私達は考えます。なぜならば，読解過程のどの時点を捉えても，人間の心の働き，つまり「知」の働きが大きく関与していると考えられるからです。

　まず，個々の語を例にとりますと，その語を注視した瞬間から，その形状の知覚，識別が始まり，語義の推定はやがてその前後関係からの判断や，記憶想起の助けを得て，より確実なものへと固まり始めます。複数個の語から成る文，複数個の文から成るパラグラフ，そしてそれらをまとめた文章の理解段階となりますと，読み手の知的操作はさらに倍増されていきます。

　たとえば，既知の判断から新たな判断を導き出す推理力，その誘導役となる背景知識，さらには文または文章全体の論理的一貫性を求める合理性，時には，読み手と書き手の間に微妙に漂う情緒要因等への配慮も逃すことはできません。このように入力情報に内在する真意を知覚するには，言語的知識を超えて認知心理学の助けが大いに必要であると考えます。

　さて，本書は，日本語を母語とする英語学習者を研究と指導の対象とします。彼(女)らの辿るであろう英文読解の道のりに，認知心理学の光を照射することにより，その全行程がより明るく，しかも，その歩みがより円滑になることを願っています。なお，本書は，英文読解に焦点を置いてはいますが，その背景となる理論は，英語という特定言語に限らず言語全般の理解に資するもの

と考えています。そのため，本書は，便宜上，事例を英語から借りたと申してよいかもしれません。

　本書の構成は3部から成り，Part 1 では，読解の対象となる英文テクストのもたらす要因について，文字に始まり，語彙，文法，意味，そしてパラグラフ，テクストにわたり，その各々の理論背景，具体的問題，あるいは，その問題解決のための示唆などを詳述します。最新の諸理論を詳しく紹介したあとで，その理論を駆使して，読み手の抱える諸問題にメスを入れ，その深奥に潜む困難点を探り出し，新たな解決の光を照射しようとするものです。

　Part 2 では，視点を読み手の側に置き，読み手の抱える困難点，たとえば，記憶，言語習熟度，推論，文化や社会に関する知識，さらには，読解のストラテジーを詳述します。

　さて，最後の Part 3 では，英文読解の教育上の示唆について述べます。たとえば，アセスメント(評価)の項では，読み手の認知操作に着目した新しい評価方法が紹介されています。また，多読の勧めの章では，学習者のレベルにあわせた多読書目の一覧表が付加されています。最終章では，今後ますます注目されるであろうコンピュータによる読解支援プログラムがその道の研究者によって提供されています。なお，各章の執筆者を明記し，また読者の便宜を考えて参考文献を巻末に挙げておきました。

　次に，本書の執筆者について述べておきます。私達の多くは津田塾大学付置の言語文化研究所に所属し，過去十数年にわたり読解研究に従事し，国内外の諸資料を読み，実験を重ね，新たな理論構築に努めてまいりました。その間，同大学および文部省の科学研究費の助成を受け，以下3篇の報告書(英文)を出版いたしました。

　昭和62年(1987)「意思伝達効果度基準による英文の誤りの分析

とその英語教育への応用」(*Communicative Error Analysis: Evaluation and Interpretation of the Written English of Japanese EFL Learners*)

平成3年(1991)「スキーマ理論による英語学習者のコミュニケーションに関する実証的研究とその応用」(*Schema Theory and Its Application to Second Language Reading*)

平成9年(1997)「読解過程における推論の働きに関する実証的研究とその応用」(*Studies on Inference in Reading Comprehension and Its Application to Second Language Reading*)

なお,その間,1992年には,大修館書店から『学習者中心の英語読解指導』を上梓しました。

最後に申し上げたいことは,本書は研究書という面を持っていますが,一般読者に対して読みやすいことを念頭に置いたつもりです。読者の皆様のお役に立てば,執筆者一同この上なくうれしく思います。なお,ご批判,誤りのご指摘などご遠慮なくお寄せ下さいますことを心から願っています。

2002年1月

津田塾大学　言語文化研究所
読解研究グループ
荒木和美,深谷計子,堀場裕紀江,
小西正恵,宮浦国江,村杉恵子,
成田真澄,尾崎恵子,田近裕子,
天満美智子(ＡＢＣ順)

『英文読解のプロセスと指導』目次

はじめに ─────────────────── iii

序章 読解とは   天満美智子 1

Part 1 テクストに関わる要因

第1章 文字   尾崎恵子 20

1. 語の認知と音韻的再符号化 ──────────── 20
2. 読解と短期記憶 ────────────────── 21
3. 音素のむずかしさ ──────────────── 23
4. 短期記憶と外国語学習 ────────────── 25
5. 「心の中の声」 ──────────────── 27
6. 心の中に蓄えられている単語 ─────────── 29
7. 黙読の過程の複雑さ ── 断片的な情報の処理 ──── 31

第2章 語彙   宮浦国江 36

1. 量より質の問題として ────────────── 36
2. 読解における単語レベルの問題 ────────── 39
3. 第二言語学習者の問題 ────────────── 46
4. メンタル・レキシコン ── 頭の中の「辞書」 ──── 52

第3章 文法　　　　　　　　　　　　　　　　　村杉恵子　59

1. 読解に文法はいらない？ ———————————————— 59
2. 文と文章 ———————————————————————— 61
3. 文理解と文章理解との関係：第二言語習得の見地から —— 64
4. 文理解と文章理解との関係：第一言語獲得の見地から —— 66
5. 読解過程で果たしうる文法知識の役割 ————————— 69
6. 文と文章の意味：チョムスキーとサールの論争 ————— 84

第4章 意味　　　　　　　　　　　　　　　　　宮浦国江　87

1. 1+1が2より大きくなる世界 —————————————— 87
2. 意味的なまとまり —————————————————— 88
3. テクストを読んで理解するという行為 ————————— 92
4. メンタル・モデルの構築，修正，精緻化 ———————— 94
5. 言語表現と豊かなテクスト世界 ————————————— 99

第5章 パラグラフ構造　　　　　　　　　　　　小西正恵　102

1. 情報のバケツリレー ————————————————— 102
2. パラグラフ(paragraph)とは —————————————— 105
3. パラグラフに関する知識は大意把握に役立つ —————— 116
4. つなぎ語句等をガイドとして活用しよう ———————— 116

第6章 テクスト・タイプ　　　　　　　　　　　宮浦国江　118

1. さまざまなテクスト ————————————————— 118
2. 「物語文」と「説明文」についての問い ———————— 119

3. 「物語」の重要性 —————————————————— 120
4. 「物語らしい物語」から「物語でないもの」まで —————— 121
5. テクストの分類と読解 —————————————————— 125
6. 「説明文」の読解 —————————————————————— 129
7. テル・ミー・ユア・ストーリー ——————————————— 135

Part 2　読み手のもたらす要因

第7章 認知記憶　　　　　　　　　　　　　　堀場裕紀江　139

1. メモリーというシステム ————————————————— 141
2. テクスト理解とメモリーとの関わり —————————— 158

第8章 言語習熟度　　　　　　　　　　堀場裕紀江・荒木和美　166

1. L2 読解＝L2 言語知識＋読み能力？ ————————— 168
2. 言語習熟度と作業記憶 ————————————————— 173
3. 転移の問題 ———————————————————————— 181

第9章 推論　　　　　　　　　　　　　　　　田近裕子　185

1. 読解における推論の役割 ———————————————— 185
2. 最近の推論研究 —————————————————————— 191
3. 推論にはどのような種類があるのか —————————— 195
4. いつどこでどのような推論が生成されるのか ————— 197
5. 学習者の持つ知識と推論の働き ———————————— 201
6. 推論研究を英文読解指導に生かすには ———————— 206

第10章 ストラテジー   小西正恵 208

1. 読解研究におけるストラテジーとは —————————— 208
2. 「優れた言語学習者」が用いるストラテジー —————— 209
3. 言語学習ストラテジーとコミュニケーション・ストラテジー ———————————————————————— 209
4. リーディング・ストラテジー ———————————————— 211
5. ストラテジー・トレーニング ———————————————— 222

第11章 文化知識   田近裕子 229

1. 読み手の持つ背景知識 ———————————————————— 229
2. 文化知識と読み ———————————————————————— 230
3. 文化背景による読みの態度の違い ——————————— 237
4. まとめ ——————————————————————————————— 239

Part 3　今後の英文読解指導への示唆

第12章 アセスメント   堀場裕紀江 243

1. 第二言語読解のアセスメントの目的 —————————— 244
2. アセスメントの方法 ————————————————————— 248
3. 優れたアセスメントの性質 —————————————————— 249
4. 第二言語読解のアセスメント方法の選び方 —————— 253
5. 学習者の読みを観察しよう —————————————————— 256

第13章 多読の勧め   深谷計子 266

1. 多読(extensive reading)とは ———————————————— 266

2. 多読を取り入れた授業 ——————————— 268
3. 多読の材料 ——————————————— 272
4. 多読の効果 ——————————————— 276
5. まとめ ———————————————— 283
推薦図書リスト —————————————— 285

第14章 コンピュータによる支援

成田真澄・井佐原均　305

1. 「読み」を助けるコンピュータ ——————— 305
2. コンピュータはどこまで言葉を理解できるのか ——— 306
3. 英文読解を助けてくれるツール ——————— 309
4. 英文読解力アップを助けてくれるツール ———— 321
5. 英文読解支援ツールがもたらす効果 ————— 326
6. 英文読解指導におけるコンピュータ利用の可能性 —— 327
7. 終わりに ——————————————— 331

あとがき ———————————————— 333

参考文献 ———————————————— 334

序 読解とは

天満美智子

　本書は英文読解過程，つまり英語で書かれた文またはテクストを読んで理解に至る過程を考察するのが主目的であり，その詳細に入る前に，対象言語の如何を問わず，読解とは如何なる過程を経て，最終目標である理解に到達するのかを概観しておきたいと思う。

1 読解は書き手と読み手の相互作用

　読解という行為は，書き手と読み手の存在を前提とし，両者間のダイナミックな相互作用(interaction)から生まれる。書き手は，読み手がどのように読むかを想定してテクスト(text)を書き，読み手は，書き手が何をどのように伝えようとしているかを知るために，そのテクストを読む。つまり，両者は，お互いに相手の考えを共有しようという目標に向かって，相手の考えをシミュレイト(simulate)しながら実行に移すのである。

1-1 両者間の前提

　書き手と読み手の相互作用が円滑に推移するためには，その前提条件として，両者間の積極的な協力が必要である。この点に関して，Grice,H.P.(1967)の唱える「協力の原則」(Cooperative Principle)が参考になるであろう。

まず,書き手は,通常次の4つの行動原理を満たすべく努めるものと考えられる。

1. **量(Quantity)の原則**
   必要で十分な情報量をテキストに含めるべきで,必要以上は含めないこと。

2. **質(Quality)の原則**
   真実の情報を与えるべきで,偽りとわかっていることや,証拠不十分なことは述べない。

3. **関連性(Relation)の原則**
   伝達目的に関連性のあることを述べる。

4. **表現方法(Manner)の原則**
   明確に表現する。不鮮明さ,曖昧さ,冗長さ,無秩序さを避ける。

さて,読み手は,以上の原則に従って書かれたものとしてテクストの解釈を行う。つまり,書き手と読み手,両者間の協力体制が均衡を保ちながら言語行動がなされるものと考えられる。

しかしながら,日常のコミュニケーションが示す通り,両者がこの協力原則に完全に一致することはまれである。ここにおいて,書き手の側のストラテジーと読み手の側のストラテジーを考察する必要が生じてくる。

1-2 両者間のストラテジー

書き手は,不特定多数の読み手の中から,自分のメッセージ,つまり,自分の意図する内容を伝えたいと思う相手を想定する。そして,その想定上の読み手にその内容を協力原則に沿って十分に伝えるべく方策を練る。口頭の伝達の場合は,相手の反応を直接に知覚することが可能であるが,文書による伝達の場合にはそれはできない。読み手の反応を自分で推定しなければならない。

そのためには，読み手のもつ社会的，文化的コードにどれだけ自分を近づけるかを絶えず自分でモニターする必要がある。つまり，読み手の持つ経験にできる限り接近して，どこをどのように調整して述べるか，何を加え，何を削除するか，どんな順序で，また，解釈の手がかりはこれで十分か等を考える。しかし，同時に，あまり読み手に接近しすぎることへの注意も怠らない。読み手による推論，つまり，書かれていない部分への補充の楽しみやサスペンスは読み手の側にゆだねておきたいとも考える。このように，書き手は，想定上の読み手と暗黙裡にコミュニケーションを交わしながら，自分の意図するメッセージを伝達しようと試みる。

　さて，書き手によって構築されたテクストに対して，読み手はどのようなストラデジーを持って対処することになるのか。実は，本書の目的の大半は，これに対する答えを提供することにある。したがって，詳細にわたる説明は次章以下にゆだねることにし，ここでは，次の2点だけを強調するにとどめたい。その第1には，読むという行為の目的が，広い意味で知識の獲得にあるということ。そのためには，われわれ人間に備わっている知的能力を有効に使用すること。第2には，読むという行為は，読み手の単なる受動的な行為ではなく，きわめて積極的，建設的な行為であるということ。そのためには，読み手は書き手に対して，絶えず問題提起を試み，その回答をテキストの行間から推理，推察するという，いわば，暗黙裡の問答形式によるコミュニケーションに従事しながら文または文章理解に到達するということ。この2点である。

2　読解は知的能力を活用する

　文または文章を読んでそこに含まれる意味を理解するという読解行動はきわめて知的な行動であり，われわれ人間に備わってい

る知的能力をフルに活用しなければならない。ここでは，まずそれらの能力について概観しておこう。

以下に列挙したものは，相互に関連し合うもの，重複するものもあるが，便宜上，個別にしかも順不同で列挙することにしたい。なお，各能力の詳細については，次章以下の該当個所で触れることになる。

1. **分類整理能力(categorization)**
   経験等を通して知識を積み重ね，その知識を概念に応じて分類，整理する能力。

2. **一般化能力(generalization)**
   個々の具体的事例から一般的な命題，法則等を導き出す能力。

3. **類推能力(analogy)**
   類似に基づき，他のこともそれと同じであろうと推しはかる能力。

4. **推理能力(inference)**
   入力情報に明確に示されていない情報を予測，推定する能力。

5. **問題解決能力(problem solving ability)**
   目標に到達するために，仮説を設定し，検証し，一貫性の有無を確認する能力。

6. **判断能力(judgment)**
   真偽，善悪等に対して正当な判断を下し，また，あいまい，不確かなことに対して，推理によって妥当な判断を下す能力。

7. **記憶能力(memory)**
   分類整理した知識を記憶に貯え，必要に応じて検索可能にしておく能力。

8. **自己監視能力(self-monitoring ability)**
   自己，あるいは自分が産出したものを，参照軸を動員して監視し，誤り等を訂正する能力。

9. 順応能力(flexibility)
   周囲の状況に応じて、柔軟に対処する能力。
10. 創造能力(creativity)
    より良きもの、より新しいものを生み出そうと試みる能力。

3 読解行動 即 知的行動

　単一の文(sentence)、または、複数個の文からなるパラグラフ(paragraph)、あるいは全体としての文章(text)を読んで、その意味内容を理解するという読解行動は、すぐれて知的な行動であり、その過程においては、2で概説した知的能力の多くをフルに活用するものと思われる。

　読み手は、文に明示されている語の意味や統語関係から得られた知識だけを利用するのではない。それらの言語的情報は、読解という全行程のいわば出発点を示すにすぎない。読み手は、文の前後に存在する有形無形の情報と論理的に結び合わせ、さらに、自己を取り巻く一般的背景知識を利用しながら、あるいは仮定し、類推し、予測し、期待し、統合しながら読み進むのである。しかも、その過程で、過去の記憶を検索して再確認したり、補足訂正をも行う。このようにして読み手の持つすべての知的能力を総動員して、表面の文字列を活性化するというきわめて能動的、建設的な活動を行うのである。

　なおテクストの意味を記憶に貯える過程において、表面に記述されている出来事や状況を心の中でイメージとして、つまりメンタル・モデル(mental model)を描き上げていくことが望ましい。このようにして、最終的には、全体を通して首尾一貫した妥当な解釈達成に至るのである。

4 英語を母語としない者(L2学習者)の読解における問題点

本論では,英語を母語としない学習者,つまりL2学習者を対象として,彼(女)等が読解過程において遭遇すると思われる困難点について考察する。

4-1 語の識別,解読における問題点

母語の言語獲得過程の場合は,語の識別,解読の前に,音声による刺激および入力が十分に与えられているため,新たに現れた語を馴染みの音と結びつけることが比較的に容易であるといってよい。しかし,英語を母語としない学習者の場合には,そのような音声による事前の貯えは皆無である。しかも,両言語の音体系および綴り字法が著しく異なる場合には,個々の発音はもとより,語と音を結びつけること,そして語の意味を理解することは至難のわざと言っても過言ではない。また,個々の単語の発音が何とかできた場合でも,その語の意味の理解を保証するとは限らない。まして,語の連続からなる文または文章の段階となると,問題は倍加する。個々の語の発音が大過なくできた場合でも,その集合である文の音読とは結びつかないことが多い。

総じて,青年期および成人の学習者には,母語と英語の音韻体系の相異をある程度詳しく導入することが必要であろう。また,識別しにくい音同士の対立ドリル(contrast drill)や,識別ドリル(recognition drill)も有効であろう。

4-2 統語における問題点

たとえ文中の単語の辞書的意味が個々にわかっても,それらをただ加算的につないでいけば文全体の意味理解に到達するとは限らない。それらの語が,それぞれ文中でどのような働きをしてい

るかがわからなければならない。つまり、主題を示す語（S）はどの語か、その主題の行為を示す語（V）はどの語か、また、その行為を受ける語（O）はどの語か、等がわからなければならない。この統語上、基本となるS＋V＋Oの語順と、意味的に、行為者＋行為＋受け手という関係をしっかり把握することが何よりも重要である。

　主題を示す語、つまり主語は主として名詞、代名詞であり、主題の行為を示す述語動詞には助動詞等が付き、またその前後には修飾語句や節を伴うことが多い。この場合、初心者の陥る最大の困難は、統語上、意味上の役割に応じて、複数個の語をひとまとまり（チャンク）にして理解しなければならない点にある。個々の単語はバラバラでは記憶に貯えることはむずかしい。意味あるかたまりとしてまとめることによって、はじめて記憶に結びつけることができるのである。

　例を挙げてみよう。以下の文では各斜線までの複数個の語が統語的に1つにまとまって、「意味のある単位」(meaningful unit)、つまりチャンクをなしている。各チャンクは、その文の構成に重要な役割を分担している。たとえば、1.の文の場合、最初のチャンクは「時」を、次のチャンクは「主題」を、そして最後のチャンクは「場所」を表している。2.の文の第2、第3のチャンクは最初のチャンクの「目的」を表している。なお、チャンクごとにリズムを取りながら、しかも意味をまとめながら読むことが必要である。

1. Once upon a time / there was a woodcutter / in the forest. /
2. He hopes / he'll be able to buy a ticket / for tomorrow's concert. /
3. We sometimes say / that England is the only country / where you can have four seasons / in one day. /

さて,学習が進むに従い,1つのチャンク内により多くの情報が収容可能になるのが普通である。たとえば,上記の3.の場合,第2のチャンク以下文尾までを1つのチャンクとして理解することも可能となる。

4-3 パラグラフおよびテキスト段階における問題点

個々の文(sentence)の統語上および意味上の理解に到達したとしても,複数個の文からなるパラグラフ(paragraph)を理解したことにならない場合がある。個々の文の意味をただ単純につないでいけば,パラグラフの意味がわかるというものではない。単文の意味の総和が,そのままパラグラフの意味とはならない場合があることに留意したい。

まず,パラグラフの構造理解が必要である。つまり,複数個の文からなるパラグラフという構造の中で,どの文が主題(main idea)であるか,また,その他の文はその主題とどのような関係にあるのかが理解できなければならない。次に,複数個のパラグラフからなる文章(text)の構造の理解が必要となる。テクスト全体での主題は何か,つまり,作者はその文章を通して何を主張しているのかを把握しなければならない。読み手の持つ知的能力の活用が要求される,この点が習熟度に達していない学習者の直面する最大の困難点の1つである。

4-4 言語外の知識利用における問題点

個々の語,そして文の統語構造の理解ができたとしても,それは表面的な解読にすぎない。真の理解には,読み手の持つ言語外の知識を利用して,文に明示されていない情報を加えることにより書き手の意図する考えをまとめて,全体として妥当なメンタル・モデルを作り上げていかねばならない。この言語外の知識と

して，次の3つを挙げておきたい。すなわち，①推論，②スキーマ，および③背景的知識である。これらは，母語でない英語を学習する者にとって特に注意を要するもので周到な指導が望まれる。

1. 推論利用における問題点

文理解において，表面に表れた文字記号の分析，解釈だけでは真の意味内容を把握できない場合が多い。読み手は，過去のさまざまな経験や，読書等から獲得した知識等を利用して，その状況に適合する推論(inference)を介しながら意味を補完して理解に至るのである。

次の例文の斜字体の it はそれぞれ何を指しているか。それらの先行詞の決定は，単なる文法的規則によるものではなく，自分の持つ常識的知識による推論に依存していることがわかるであろう。

1. Peter put the package on the table. Because *it* wasn't level, *it* slid off.
2. Peter put the package on the table. Because *it* was round, *it* rolled off. Where is the package now?
(Norman & Rumelhart, 1975)

なお，幼いときから読書経験の多い子ども，あるいは，物語等を聴く機会に恵まれた子どもは，想像力，推理力を自由に駆使する力を備えている場合が多いので，文内容に応じて柔軟に推理，推測し，異質な要素をまとまりのある文脈に統合したり，欠落部分を補充して整合性のあるメンタル・モデルを描きあげることができる場合がある。

2. スキーマ利用における問題点

スキーマ(schema)とは既有知識の体系，つまりわれわれが日常的に経験する事物，状況，行動，またはその連続等を総称的概念として長期記憶内に貯えているものを指す。たとえば，一連の

行動の理解のためには，この標準化された既有知識を活用して，たとえ表面に明示されていない内容をも推論しながら，筋の通った整合性のある解釈を作りあげていくトップ・ダウン(top-down)的な過程である。

一例を挙げると，

John entered the restaurant and sat down. Suddenly, however, he realized he had forgotten his reading glasses.

ジョンはなぜ老眼鏡を忘れたことに気がついたのか。その理由は文面には明示されていない。しかし，「レストランのスキーマ」を思い出せば，即座に納得できる。つまり，レストランでのステレオタイプの行動順序は，まずレストランに入る。席に着く。さて次はメニューを読む，という順である。ところがジョンは…。

スキーマは，前述の通り，標準的，総称的な知識を表現するため実際の状況に合わせて適宜調整し部分修正する必要もあり，文化的背景によって多少異なる場合もあるが，総じて文章の読解には，このように標準化されたスキーマの利用は，最小の努力で最多の情報を得ることにつながり，まことに活動的，生成的なものと考えられよう。

英語学習者の多くは，表面に明示された語句を，しかも暗号解読よろしく逐語的に和訳することにのみ忙殺されがちであるが，文字を離れて，前後の文脈から，因果関係を考えたり，決まって起こる状況の型を利用しながら文意を判断する，いわゆるトップ・ダウン的な方策に慣れ親しむ必要があると思わる。

たとえば，次の2文を読んだあと，それぞれの質問に答えるにはどのような想像力，推理力そして，スキーマが必要であろうか。

1. John was hungry. He went into Goldstein's and ordered a pastrami sandwich. It was served to him quickly. He left the waitress a large tip.

>What is Goldstein's?
>What did John eat?
>Who made the sandwich?
>Why did John leave a large tip?

2. John went shopping with his parents, but there were some problems. First, they had to get gas. Then they found that the toy John had picked out last week was all sold out. John was mad! Their shopping was cut short by a fire at a nearby store. John so enjoyed watching the firemen work that he forgot about the toy.

   >What happened to John when he went shopping?
   >Why was John annoyed at getting gas?
   >What made him even madder?
   >What made him feel better?
   >Do you think John had a good time?
   >Did he get what he wanted?

   (From R. C. Schank, 1982)

3. 背景的知識利用における問題点

背景的知識(background knowledge)は,世界知識(world knowledge),または一般知識(general knowledge)とも呼ばれるもので,ことばの意味構成の根源には必ずこの背景的知識が関与していると思われる。

Bartlett, F.C.は半世紀以上も前に,連続文の読解過程の実験を基に理解し,記憶されるものは,その文の字義内容を超えたもの,つまり,読み手の持つ背景的知識によるものであるとし,読み手自身の持つ社会的,文化的鋳型にはめて,文意は再構成されるものであると説明した。この考えが現在にも影響を及ぼしている。

言語の背後にある文化は,その言語を母語とする人々の思考,生活習慣等に色濃く反映しているので,母語ではない英語を学習

する者は，英語の背後にある英語文化一般についての理解および判断に困難を感じることが多く，そのため読解に支障を来たすことがある。日常において物事の道理や仕組み，他との関連性等を敏速に察知する習慣が必要であると同時に，英語を母語とする人々の生活や習慣，思考や行動の様式等についての知識を豊かにすることが肝要である。

4-5 音読における問題点

　音読とは，文または文章を声に出して読むこと，これに対して，黙読は声を出さずに読むことを指す(なお，黙読については，次の章で扱う)。一般に中学校の初年級の英語の授業では，教師の読みの後に続けて生徒が一斉に声を揃えて英文を読む，いわゆる一斉朗読(simultaneous reading)が行われる。しばらく各自が練習した後，指名された者が起立して朗読する。一語一語つっかえながら読む者もあれば，一応何とか読み進む者もある。

　さて，学習が進むにつれて，音読に関して注意すべき現象が現れる。つまり，音読と理解との関係である。一応，すらすらと読める者の中に，今読んだ文，または文章の意味内容がほとんど，またはまったく把握できていない者があるという現象である。また，それとは逆に，声に出す読みがとつとつとして時間がかかるにも拘らず，文意がかなり正確に把握できている場合もある。この現象は，上級の学習者にもかなり多く見受けられる。パラグラフをかなり流暢に，抑揚もリズムも見事に朗読する者がいる。さて，読み終えたところで，「今，読んだパラグラフの大意は？」と問うてみると，「全然わかりません」との答えが返ってくる。文意がわからず，それでいて流暢に読むというまことに奇妙な現象である。これとは逆に，とつとつと時間をかけて黙読し，あっぱれ文意を把握している者もある。

これらの現象を見て，短絡的に音読を軽視あるいは廃止して黙読を推奨する向きがある。しかし，初期の段階では特に以下に述べるように，音読指導の必要性とその適切な指導法に留意するべきである。

【音読の効用】

音読といっても，必ずしも英語の一語一語を正確に発音することだけを指しているのではない。ここで強調したいことは，いくつかの語を1つのまとまり(チャンク，chunk)として，つまり1つの意味のまとまりとして読むことを心がけるべきである。このまとまりを，「意味ある単位」(meaningful unit)と言い，学習の初期の段階から音読を通して習得すべきものである。

その学習方策として，

1. 教科書付属の音声教材(ネイティブスピーカーの朗読によるもの)を聞かせて，1つの意味のまとまり，つまりチャンクごとに，区切りの少休止，ポーズのあることに気づかせる。
2. 次に，そのまとまりごとに鉛筆でチャンクの終わりに斜線をつけさせる。この動作でチャンクの存在を意識化させる。少数の語によるチャンク(One day; Once upon a time 等)の場合もあれば，Tom went to visit his father at work. のようにかなり長い場合もある。
3. 次に，チャンクごとに意味のまとまりのあることを把握させ，その意味を意識しながら音読させる。
4. 各チャンクには強い音声を置く語(強勢，アクセント)が1つあるのが通例で，次に続くチャンクの強勢語との間に等間隔のリズム(rhythm)を取りながら読むことが望ましい。
5. 以上の学習に慣れてくれば，各チャンクごとに入れた斜線は消去しても，リズムに乗って，しかも意味を理解しながら音読できるようになる。

4-6 母語からの転移について

　一般に，第一言語，つまり母語の学業成績(academic achievement)が第二言語の習得にプラスの要素として転移する(transfer)と言われているが，本書の主題である読解に関して，母語の読解力が第二言語の読解過程にどのように転移するかについては諸説があり，まだ論争中のようである。問題は，母語の言語能力が原因なのか，第二言語に関する言語知識が原因なのか，さらには，読み(reading)自体の問題なのか，意見の分かれるところである。

　日本語の場合，学習対象である英語との間には，発音，綴り字，意味，統語の各分野で格段の相違が見られるために，母語からの負の転移の可能性が大きいことは容易に理解できる。学習者が英語の言語構造を母語のそれと同一視する誤りは，馴染みのあるものに依存し順応しようとする一般的傾向の表れでもあるが，適切な指導によりその誤りを排除することが必要である。

　たとえば，英文と日本語文では，重点を置く位置関係が大きく異なる。前者は，文の最初の部分に重点が置かれるが，後者はその逆で，文の最後の部分に置かれる。つまり，英文では，肯定か否定か，疑問か断定か，また，過去，現在，未来のどの時点を指すのか等の重要要素が文のはじめに明確に表明されることが多いが，日本語文では，それらは後置されるのが通常である。修飾構造の位置も両者は異なる。英文では，修飾句や節は修飾する語のあとに置かれるが，日本語文では前に置かれる。読解の学習において，たとえば，I need a desk that I can put my books on. という文を日本語の語順に反転させて「私の本を置くことのできるところの机がほしい」と訳す学習者には，英語の語順通りに，つまり，英語の発想の流れに沿って意味を取ることをまず指導する

べきである。訳をするなら,「机がほしい。本を置きたいから」でよい。母語からの負の転移から離脱するためには対象言語の構造の理解が必要である。

4-7 学習者からの声［英文読解のここがむずかしい！］

序章を閉じるにあたり,日本語を母語とする英語学習者が英文読解においてどの部分に特に困難を感じているか,その声を列挙しておきたい。ここでいう学習者とは,入門期の中学生をはじめとして,高校性,大学生,そして一般人をも含むものとする。

1. 語彙に関して
   ① 未知の単語が頻出する。
   ② 何度も目にする単語だが,その意味が定着しない。
   ③ 未知の単語の意味をその語の前後から推測できない。
   ④ 辞書から適切な訳語を探し難い。
   ⑤ 慣用的表現の意味が取れない。
   ⑥ 単語の効果的な記憶法を知りたい。

2. 構文に関して
   ① 個々の語の意味がわかっても,文の構成要素にどう対応するのかわからない。
   ② 羅列した単語の区切り方がわからない。つまり,どこまでで1つの意味のまとまりになるのかが理解できない。
   ③ 文の意味をまとめる方法がわからない。
   ④ 関係代名詞,関係副詞等の用法がわからない。
   ⑤ 関係代名詞の省略がわからない。

3. パラグラフ,および文章全体に関して
   ① 個々の単語をつなぎあわせても,文の意味が不明である。
   ② 個々の文は一応理解できても,複数個の文を連結すると,全体で何を述べているのかわからない。

③ パラグラフの中でどの文が主題となるのか，また，主題となる文とほかの文との関係がわからない。
　　④ 文章全体で，作者が何を主張しているのかがわからない。
　　⑤ 大意の取り方，要約の仕方がわからない。
 4 ．文を読む速度に関して
　　① 個々の文の訳出に時間がかかって，読む速度が遅くなり読む量も少なくなる。
　　② 長文を一定時間に読む習慣がないので，全文を読むのに苦痛を感じる。
　　③ 音読，黙読のいずれか，または両者が必要なのか。その長所，短所を知りたい。
 5 ．その他
　　① スキーマの獲得はどのようにすればよいのか。
　　② 長文読解の秘訣を知りたい。
　　③ 多読の方法および，多読に適した読み物について知りたい。
　　④ 速読の効果的な方法を知りたい。
　　⑤ 英語を聞いたり，話したりする機会の多寡が英文読解に影響するのか。

【キーワード】
協力の原則　知的行動　推論　スキーマ　背景的知識　メンタル・モデル　音読　チャンク　意味ある単位　リズム　転移

Part 1
テクストに関わる要因

Part 1では,読み手が向き合うテクスト,あるいは書き手の書き記したものについて考えてみよう。ここでは,テクストに関わる6つの要因,「文字」「語彙」「文法」「意味」「パラグラフ構造」「テクスト・タイプ」について取り上げる。より小さな言語単位からより大きなものへという順になっているが,読解過程においては,これらの要因が並列的かつ統合的に関わると考えられる。読み手がこれらのテクスト要因に随時,自在にまた積極的に働きかけることにより,意味の構築が総合的になされるといえよう。

第1章「文字」では,読解の大変重要なプロセスとして,人が文字を認識する際に行っているとされている音韻的再符号化 (phonological recoding) について述べる。文字の認識は多くの場合短期記憶の中で音との関わりでなされている。

第2章「語彙」では,外国語の読解というとすぐに語彙の多寡が問題にされるが,実は語彙の質が読解を左右することを述べる。コンテクストによって柔軟に意味にアクセスしたり,カテゴリーとの関わりで意味が認識できるような,質の高い語彙が読解の鍵となる。また,人の心には語彙がどのように貯えられているかを,さまざまな角度から見たメンタル・レキシコンとして紹介する。

第3章「文法」では,書き手の意図を正確に把握するためには,文法の知識が必要であることに光を当てよう。読み手は,文法知識に基づき,統語方略を用いて文や文章を理解していく。学習者は英語の文法を脳に内在化させなければ英文読解はできないという点を詳述する。

第4章「意味」すなわち「意味的統合性」の章では,複数の文で構成されるディスコースにおける意味の理解について,「1+1は2ではない」という視点からアプローチする。この考えでは,ディスコースあるいは読解のテクストは,それ自体首尾一貫しているかというより,読み手の心の中でそのようにとらえられるか,

つまりメンタル・モデルを描けるかどうかの問題であることを述べる。

第5章「パラグラフ構造」では，英語におけるフォーマル・スキーマの1つとして，パラグラフがどのように構成されているかを詳細に分析しよう。テクストが読み手にとってどのような意味を持つかを論ずる場合，テクストの構造そのものがその手がかりを示している場合が多い。日本語の文章構成とは全く異なった文章展開の手がかりをパラグラフ構成を分析することによって紹介する。

第6章「テクスト・タイプ」では，複数の文やパラグラフで構成されているいわゆるテクストにはどのようなタイプがあるのかを分析する。一般に誰でも認識できる「物語」とは，一体どのような要素を持った「テクスト・タイプ」であるのか，また，それとは異なるフォーマル・スキーマを持つテクストにはどのようなものがあるか紹介しよう。

以上の6要因は，それぞれ言語単位として見なされうるが，本章では，読み手と独立したテクスト要因としては見なしていない。むしろ，それぞれが読解過程にどのように関わって，意味の構築に貢献していくのかという視点で論じていきたい。

1 文字

尾崎恵子

1 語の認知と音韻的再符号化

　人が文を読むとき，文字はどのように認識されるのだろうか。近年，認知心理学の一領域として，語の解読(decoding)，語の理解，文の理解，テクスト読解の過程に関する研究が盛んに行われている。さらにその一領域として，読みに熟達した成人が，音声(発音)を喚起せずに語の認知や理解，文の理解が達成できるかどうかということが注目されている。

　文字から音声を喚起する過程は，音韻的再符号化(phonological recoding)と呼ばれる。そもそも，文字は音声を符号化(coding)したものであり，その文字から音声を喚起するのは再符号化(recoding)ということになる。

　音韻的再符号化に関して，いくつかの言語が研究されており，日本語，中国語，英語に関しては，文字の違いを超えて，語の理解の過程で音声が喚起されるという共通点が報告されている(Ozaki, 2000; Perfetti, Zhang, & Berent, 1992; Perfetti & Zhang, 1995; Wydell, 1991; Wydell, Patterson, & Humphreys, 1993)。しかしながら，語の理解に至る前には，認知，解読を含む複数の過程があり，音声の喚起がどの段階で行われるのか，あるいはまったく行われないかについて現在でも論争が続いている。

表記法が異なる言語の比較研究の例では、日本語の漢字2字からなる複合語は、単語認知の過程において、早い段階で英語より多くの視覚的な情報処理が行われるとする報告もある(Sakuma, Sasanuma, Tatsumi, & Masaki, 1998; Wydell *et al*., 1993)。

2 読解と短期記憶

　音韻的再符号化を支えるメカニズムとして、短期記憶の重要性が最近の研究によって明らかにされている。読み手がテクストを読む際、情報を少しずつ読みとっていく。それらの情報を効果的に統合していくためには、その情報を短期記憶の中に一時的に保持する必要がある。個々の情報は後に得られる関連情報と統合されて理解が達成されるまで、短期記憶の中に保持される。文字から得られる視覚的な情報は、音声的な情報に変換されて保持されるほうが効果的である。現在かなり広く使われている短期記憶のモデルとしてBaddeleyの「作業記憶モデル」(working memory model)がある(Baddeley, 1986, 1990, 1996)。このモデルによると、短期記憶には2つの下部構造がある。その1つは、視覚的な情報を司る「視覚─空間的スケッチ用紙」(visuo-spatial sketchpad)で、もう1つは、音声的な情報を司る「音声ループ」(phonological loop)である。この2つの下部構造はそれぞれが独立して機能し、その上位部である「中枢実行部」(central executive)によって統合される。音声ループは、人間の言語の発達とともに進化してきたと言われている。

　短期記憶は、文章と呼べるような比較的大きな単位の読解においては、長期記憶より重要な役割を果たしていることが指摘されている。Gathercole & Baddeley(1993)は、2文以上からなる文章は、短期記憶が損なわれた者にとっては理解が困難であったが、長期記憶が損なわれた者には理解できたと報告している。これは、

文章読解において，テクストに書かれている内容(情報)の統合が短期記憶の中の音声ループを中心にして常に必要である一方，長期記憶からテクストの内容に関連した情報を引き出すことは必ずしも必要ではないことを示している。

短期記憶の情報蓄積量には個人差(幅)があり，これは「作業記憶の幅」(working memory span)と呼ばれている。簡単に言えば，文章黙読中に現在読んでいる箇所より前に書いてあったことをどのくらい覚えているかということである。Baddeleyによれば，作業記憶の「音声ループ」には，情報の蓄積という静的な機能と，情報の処理という動的な機能がある。静的な機能は「音韻論的貯蔵庫」(phonological store)，動的な機能は「サブ音声的リハーサル」(subvocal rehearsal)と呼ばれている。文章理解には，中枢実行部が関与していると考えられ，それは，音声ループの動的・静的機能および視覚―空間的スケッチ用紙の機能を統合し，さらに長期記憶から情報を引き出して，全体を統括する役割を果たしているとされている。文章読解の過程では，視覚的な情報が音声的な情報に変換され，記憶が朽ちてしまわぬようにと心の中で音声的な情報を反復するリハーサルが行われると同時に，情報を一時貯えておくことも行われている。反復して強化されなければ作業記憶内の情報は長くても2秒間で朽ちてしまうとされている。

Daneman & Carpenter(1980)は，被験者に文章を黙読させ，いくつ前の文の最後の単語を覚えていられるかをテストした結果，個人差を発見した。この個人差は，作業記憶の総資源量の違いというよりはむしろ，情報処理のスピードと効率の違いから来るのではないかと言っている。つまり，すべての人間の作業記憶の総資源量は同じかどうかわからないが，ともかく限られている。したがって，動的な働きであり，音声の処理が関与していると言わ

れている文字の解読,単語の認知,句,文の理解等が遅い人は,静的な働き,つまり情報の蓄積に充てる資源量が少なくなるというのである。一方,Gathercole & Baddeley(1993)は,この実験で求められた「作業記憶の幅」と呼ばれるものは,音声ループの働きというよりはむしろ中枢実行部の働きに左右されると言っている。

3 音素のむずかしさ

表記法と関連があると考えられるが,日本語を母語とする子どもには,英語を母語とする子どもに比べて失読症が非常に少ないという事実がある(Makita, 1968)。その理由は,まだ完全に解明されていないが,失読症の出現率と,特定の言語が音声を文字で書き表す方法との間には相関関係があるという研究がある(Wydell & Butterworth, 1999)。それぞれの言語で,音声が符号化されて文字で書き表されているが,音声対文字の対応の単位は大小さまざまである。英語では,音素対書記素で単位が非常に小さい。たとえば,CAT(/kæt/)という単語では,C,A,Tという3つの書記素ががそれぞれ/k/,/æ/,/t/という音素に対応し,DOG(/dɔg/)という単語では,D,O,Gという3つの書記素がそれぞれ/d/,/ɔ/,/g/という音素に対応しており,音声を音素という非常に小さな単位まで分解している。

日本語の仮名は,ネコ(/ne/+/ko/),イヌ(/i/+/nu/)のように,1文字が1拍または1音節に対応し,英語より単位が大きい。日本語の漢字は,1文字が1音節(拍),2音節,3音節,またはそれ以上にも対応することができ,単位が非常に大きい。たとえば,木/ki/,猫/neko/,薬/kusuri/,寿/kotobuki/は,1文字がそれぞれ1音節,2音節,3音節,4音節に対応している。

日本語のように音声と文字の対応の単位が大きい言語のほうが

英語のように単位が小さい言語より,また音声と文字の対応が規則的な言語のほうが不規則性を含む言語より読むことがやさしいという説がある(Wydell & Butterworth, 1999)。その証拠となる失読症の例として,日本で高校教育まで受け,英語話者の両親を持つ日英語バイリンガルの青年の例を報告している。短期記憶の障害はあるが知的能力に恵まれたこの青年は,英語においてのみ失読症の症状を呈し,日本語においては優れた読解力を示している。

英語のアルファベットは,わずか26文字ですべての単語を書き表すことができ,非常に効率が良い面もあるが,英語を話す子どもにとって読む力を身につけることは必ずしも簡単ではないらしい。英国では,子どもに読み方を教えるときの効果的な指導法について議論がある。音声と文字に関連しては,分析的に書記素と音素の間の変換(grapheme-phoneme and phoneme-grapheme conversions)を教えるフォニックス(phonics)と呼ばれる方法が良いか,あるいは,単語を分析せずに全体の綴りと全体の発音を結びつける方法(look-and-say method, または whole-word approach)のいずれがより効果的であるか論争が続いている。どちらの学び方が適しているかには個人差があることが経験的に言われている。音声を音素の単位まで分解して,書き表されたものを理解することは,英語を母語とする子どもにも第二言語の学習者にもむずかしいことなのかもしれない。

一方,頭の中で音素を操作することは成人にとってはあまりむずかしくないのではないかという研究結果がある。非識字で音素の操作ができなかったポルトガル語話者の成人が,訓練によって急速に音素の操作に熟達したという報告もある(Morais, Content, Bertelson, Cary, & Kolinsky, 1988)。音声を司る機能の成熟,すなわち脳の成熟と音素の操作は関係があると考えられてい

る。

　この音素に関する意識(phonemic awareness)，または，音声と文字の関係に関する意識(phonological awareness in reading)は，英語を話す子どもの読む能力の発達に重要な役割を果たしている(Gathercole & Baddeley, 1993; Ellis & Large, 1988)。文字を読むことを習い始める子どもは，音声と文字の変換に習熟することなしに読書に熟達することはあり得ないので，必ず音韻的再符号化を行っている。さらに，アルファベットの言語を書く訓練も音素の意識化を促進するうえで有効である。たとえば，非識字で十分な音素意識(phonemic awareness)がなかった成人のポルトガル語話者が，母語を書く能力を育てることによって音素意識を発達させた例が報告されている(Morais, Cary, Alegria, & Bertelson, 1979)。日本語を母語とする子どもの場合，日本語の仮名，漢字では，音を音素まで細かく分解して書き表す必要がないので，ローマ字を習うまでは日本語が音素にまで分解できることに気がつきにくい。しかし，ローマ字や英語を学習することによって，成人のポルトガル語話者の例と同様に音素意識化が促されると考えられる。日本語話者の英語学習一般には，音素に関する十分な理解が必要であるが，特に読解力の養成に関してどれほど重要であるのか今後研究されるべきであろう。

4　短期記憶と外国語学習

　さらに短期記憶に関して，第二言語あるいは外国語の学習者および教師にとって役立つと思われることを述べたい。それは，音声ループの働きは母語および外国語での新しい語彙の獲得に非常に重要であるということである(Gathercole & Baddeley, 1993)。Gathercole & Baddeley(1989)は，音声ループの働きを調べるテスト(無意味語反復テスト)を，英語を母語とするイングランドの

小学校低学年(4〜5歳)の子どもに実施し,その成績が将来の母語における語彙獲得を予想する指標になり得ることを示した。このテストは,英語の音韻規則に従っているが実際には存在しない無意味語(nonsense words)を聞いて,即座に声を出して反復するものである。さらに,Gathercole & Baddeley(1990)は,英語話者の4歳と5歳の子どもの音声ループの働きと語彙の少なさの因果関係を調べ,音声ループの働きが弱いことが語彙獲得の困難の原因であり,その逆ではないことを確認した。

また,音声ループに障害がある成人のイタリア人患者は,すでに獲得している語彙,すなわち母語であるイタリア語の単語を聴いて,短期間記憶して操作することはできるが,まったく未知のロシア語の単語を聴いて,短期間記憶して長期記憶に送り込み,新しく獲得した語彙とすることができなかった(Baddeley, Papagno, & Vallar, 1988)。つまり,耳から聴いて外国語を学習することができなかったのである。

さらに,Service(1992)は,上述の音声ループの働きを調べる無意味語反復テストをフィンランドで実施し,このテストが外国語としての英語の上達の可能性を示す有効な指標にもなり得ることを証明した。つまり,フィンランド語話者の小学生(9歳)の無意味語反復テストの成績が,2年半後の第二言語である英語の成績と高い相関関係を示した。この小学生達は全員,母語であるフィンランド語に似た無意味語はほとんど完璧に反復できたが,英語に似た無意味語の反復には個人差があった。Service は,このテスト成績が2年半後の総合的な英語の成績とだけでなく,英語の聴解力,読解力,話す能力のそれぞれとも高い相関関係があることを確かめた。未知の単語の中の音素の連続を正確に聴き取り,それを声に出して反復できるほど確実に短期記憶の中で保持し,長期記憶に送り込んで新しい語彙とすることは,外国語の習

得に大変重要である。

しかし，中学生以上の年齢の日本語話者が英語を学習する場合には，語彙獲得の過程は非常に複雑であり，音声ループの働きのみが唯一の重要な要因ではないであろうことに留意する必要がある。上述の Gathercole & Baddeley (1990) の研究で，英語話者の6歳から8歳までの小学生の母語における語彙の獲得に重要な要因は，音声ループから文章の読解力へと移行することも確かめられている。これは，長期記憶に蓄えられている，すでに獲得された語彙が，新しい単語の発音を学ぶのに役立ち，短期記憶の音声ループの負担を少なくすることが一因ではないかと言われる (Gathercole & Baddeley, 1993)。

一方，成人が馴染みの少ない外国語の単語の発音を学ぶには，引き続き音声ループの働きに強く依存していることが，イタリア人がロシア語を学習する実験で確かめられた (Papagno, Valentine, & Baddeley, 1991)。これは，上述の Service (1992) の9歳以上の子どもの外国語学習に関する報告と一致する。これらの研究結果を総合すると，12歳以上の日本語話者がすぐれた音声ループを持っていれば英語の語彙の獲得に大変有利であろうし，たとえ音声ループが弱くても，日本語の読解力，英語の綴りや発音に関する体系的な知識等を駆使して，さまざまな方略(ストラテジー)を使って英語の語彙が増やせるのではなかろうか。

5 「心の中の声」

以前には，音韻的再符号化は発声器官の動き，特に「つぶやき」(subvocalization) と関係があるのではないかと考えられていたが，90年代には音声の認知，つまり言葉を聞くことを通して獲得されるものであるという考えが定説になってきた (Baddeley, 1990; Gathercole & Baddeley, 1993)。その根拠としては，

先天的に言葉を発することができない人，また後天的に発声器官が使えなくなった人にも，健聴者であれば，黙読において音韻的再符号化を行っていることが観察された研究(Baddeley & Wilson, 1985等)がある。また，発声器官の筋電図を取ることも行われ，むずかしいテクストでは筋肉の動きが観察され，やさしいテクストでは筋肉が動かなかったという結果が得られている(Hardyk & Petrinovitch, 1970)。しかし，Baddeley(1990)は，筋肉の動きが見られたのは脳の中の黙読を司る部分だけでなく，その周辺部も刺激されたためではないかと考え，上記の筋電図の研究結果がただちに音韻的再符号化に発声器官の動きが関与している証拠にはならないとしている。90年代に音韻的再符号化が言語の音声を聞くことと結びつけて考えられるようになったこともあり，現在では筋電図による研究はほとんど行われていない。Baddeley(1990)は，作業記憶モデルの中の音声を司る部分を，それまでの「調音ループ」(articulatory loop)から「音声ループ」(phonological loop)という呼び名に替えた。

　このように，母語においては，音声認知を通して，内的な過程であるところの音韻的再符号化が獲得されるということは，日本人の英語学習に何を示唆するだろうか。ただちに，読解力をつけるには聴解力が大切であるという結論が引き出せるかどうか，研究が重ねられる必要がある。日本語の漢字に関しては，第一言語でも，英語を母語とする者の第二言語においても，いずれの場合も読解力と発音の知識の間には，高い相関関係があることが報告されている(Matsunaga, 1999)。また，第二言語としての英語に関して，日本人の大学生の読解力が必ずしも聴解力に結びつかないという報告もある(Tatsuki, 1999)。

6 心の中に蓄えられている単語

　単語の認知に関する他の注目すべき知見は，人間の心の中には辞書のように単語が蓄えられていることである。この「辞書」は，「心的語標」あるいは「心内辞書」(mental lexicon)等と呼ばれている。単語の認知の過程を簡単に述べれば，提示された単語が心の中の辞書のどの語と一致するかを検索する作業である。単語と言っても単純に定義するのがむずかしいように，より小さな単位とより大きな単位も同様に「辞書」の中に蓄えられているか，すなわち，英語の形態素，日本語の1漢字のような小さな単位，英語の複合語，日本語の漢字2字以上からなる複合語等のような大きな単位も，心的語標の中に「見出し」(entry または representation)として登録されているかに関して，盛んに研究が行われている。また，「見出し」はどのように並んでいるのか，音声，意味，またはその他のものにより分類されているのかという問題も，解明されるべく関心が持たれている。

　さらに，心の中にはいくつの「辞書」があるか，認知(recognition)と表出(production)のためにそれぞれ別の「辞書」を持っているのかということが議論されている。聴覚と視覚による単語の認知には，別々の「辞書」があるらしいという見解では研究者達は一致しているが，認知と表出のための「辞書」が同じか違うかに関しては，意見が分かれている。したがって，現在は2つのlexicon説と4つのlexicon説が提唱されている。Ellis & Young(1996)によれば，4つの「辞書」は，①「音声認知の辞書」(auditory input lexicon)，②「文字認知の辞書」(graphemic input lexicon)，③「発話のための辞書」(speech output lexicon)，④「文字を書くための辞書」(graphemic output lexicon)である。単語の意味理解に関しては，これらの「辞書」と

は別に「意味理解の中枢」として'semantic system'が働いていると想定されている。2つの「辞書」説に従えば,「音声の認知,表出の辞書」と「文字の認知,表出の辞書」のみである。Ellis & Young(1996)は,次のような失読症の例を挙げて,4つの「辞書」説のほうがこれを説明しやすいのではないかと言っている。それは,英語を母語とする患者が単語を音読するテストでcrocus(クロッカス)という綴りを見せられて,同じく花の名前であるdaffodil(水仙)と発音した例である(1996: 236)。この現象を2つの「辞書」説から説明しようとすれば,かなり複雑にならざるを得ないであろう。すなわち,「文字の認知,表出の辞書」を通してcrocusが花の名前だと理解した後,複雑なことに,同じ「辞書」から別の表象(representation)を取り出してdaffodilと発音したと考えねばならない。4つの「辞書」説ならば,「文字認知の辞書」から「意味理解の中枢」に情報が伝えられ,さらに「発話のための辞書」に伝えられる前後で障害が起きたと考えることはさほど困難でない。

興味深いことには,今から100年以上前の19世紀後半にもヨーロッパの学者の間で同様の論争があったことである。言語の科学的研究の先駆者である19世紀の医学者,神経学者達も盛んに図表を描き,いくつlexiconがあるかという論争をしていたと言われる(Morton, 1984)。

外国語の学習,教育に関しては,2つまたはそれ以上の言語を使う人の「辞書」(lexicon)はどのようであるかについても興味が持たれており,解明の努力がなされている(Schreuder & Weltens, 1993等)。

また,心的語標を想定しなくても,単語の認知という現象を説明できると考える研究者達もいる。それはコネクショニストと呼ばれる人達の一部で,「神経回路網」(neural network)と呼ばれ

るコンピュータ・モデルを作って単語の認知過程にアプローチしている。コンピュータ・モデルもいくつかの種類があり，ここでは分類，詳述する必要はなかろうが，上記のコネクショニストは，単語のスペリング，発音，意味に関する知識は，人間の脳(心)の中に散在しており，単語の認知の過程で徐々に関連した情報が集められていくと仮定している。したがって，単語の認知はある瞬間に達成されるのではなく，認知しようとしている過程で関連した情報がじわじわと活性化していくとする。しかし，脳の活性化の状態を画像で捕える最近の研究によれば，単語は脳(心)の中に散在した情報としてではなく，丸ごと蓄えられているという考えを支持するような結果が得られている(Jacobs & Grainger, 1994: 1326)。なお，多くの研究者によりさまざまな単語認知モデルが提出されているが，本稿では割愛する。1つだけ例を挙げれば，多くの知見を取り入れた総合モデルとして高く評価されているCarr & Pollatsek(1985)のモデルがある。

7　黙読の過程の複雑さ——断片的な情報の処理

最近研究者達に注目され，解明が試みられていることの1つは，前述したように単語が丸ごと心の中に蓄えられているらしいにもかかわらず，英語の文章読解においては，形態素をなさない機械的なアルファベットの3文字のような切れ切れの情報も有効に処理されているらしいということである。単語を耳から聴く場合には，音声の連続の中で区切りをどのように認知するかが決定的に大切であると言われているのと対照的に，読解においては，意味のない単位からの切れ切れの情報も，意味のある単位(形態素や単語)とともに，テクストの内容を理解するのに有効に使われているらしい。このことは，眼球の動きを調べて単語の認知，テクスト読解の過程にアプローチしている研究者達(Rayner, Well,

Pollatsek, & Bertera, 1982; Shillcock, 1999)[1]，失読症の研究者達(Shallice & Warrington, 1980)，その他の研究者(Glushko, 1979)により指摘されている。これらの発見を要約すれば，読み手(英語を母語とする者)は，単独の単語あるいはテクストの中の単語を，常に全体的に一度見ただけで認知するとは限らず，意味，形のいずれにおいても機械的である切り方をして，2度以上同じ単語を見て断片的な情報を統合して認知に到る場合がかなりあるらしいということである。音韻的再符合化に関連して興味あることは，単語が分割を経て認知されるときに音声が喚起される傾向があることである(Carr & Pollatsek, 1985: 65-66)。

単語が全体的に1度見ただけで認知されるか，分割されて2度以上見られる必要があるかは，語の長さとともに使用頻度と関係があると思われる。すなわち，見慣れている単語は，たとえ長くてもその一部を見ただけで認知でき，見慣れない単語は比較的短くても分割されて何度か見る必要があるのかもしれない。使用頻度と文脈効果(context effect)の相互作用も考えられよう。これも将来解明されるべき問題の1つである。発音が喚起されずに純粋に視覚的に単語が認知される可能性を主張する研究者達は，主に使用頻度が高い単語に関してそれを主張しており，使用頻度が低い単語に関しては，分割され，発音が喚起されるのではないかと考えている。

このように，黙読における断片的，機械的な情報処理は，読解の過程が非常に複雑であることを示唆しており，読み手は，音韻論，形態論の理論のように常に整然と論理的に単語を区切ったり情報処理を行ったりしていないということが言える。単語の組成に関する知識の多少からくる個人差もあるらしいと言われている(Taft & Forster, 1975)。

以上は単語レベルの黙読に関する議論であるが，かなり飛躍し

て英語教師の観点から，文レベル，テクストレベルの黙読，音読について考えてみたい。文，テクストの処理は常に意味のある単位で行われているのであろうか。それとも句をなさない言語学的に半端な単語のつながりも有効に処理されているのだろうか。もちろん注意すべきことは，単語の認知，理解に関する知見を，即それより大きな単位である句や節の理解に当てはめるのは必ずしも適当ではないだろう。大きな単位である文章の理解を論ずるには，今までに提案された構文の処理(parsing)に関する理論や文章読解のモデル等をも参考にする必要がある。

単語認知における断片的な情報処理と関連して，母語においても第二言語でも，常に意味ある単位で区切られていないのではないかと考えさせられる英語教師の現場経験として，母語話者および第二言語学習者それぞれのテクストの音読と意味理解の関係がある。筆者の観察で，成人の英語母語話者が平易な英文を意味ある単位で区切って音読しないことがあったが，それはなぜだろうか。同様に，我々が経験するように，成人の日本語話者が語句の切れ目で正確に間を取って日本語を音読するのはそれほどやさしいことでないのはどうしてだろうか。日本語を母語とする英語学習者が，意味を理解しているにもかかわらず，意味ある単位で区切って英語を音読できないという大変興味深い問題をどのように理解したらよいだろうか。

これとは対照的に，第二言語としての英語学習者が，なめらかに正確に英語のテクストを音読するにもかかわらず，意味を理解していないことも英語教師は経験する。これは直接断片的な情報処理とは関係ないが，英語を教える上で注目すべきことである。このような例は，それほど不自然な現象ではないのではあるまいか。なぜなら，このような学習者は，意図的，無意図的に単語，文，段落の音韻的，形態的，統語的構造をつかむのが得意なのか

もしれないからである。言語の意味ではなく，形を捉える能力に優れているのであろう。その能力もテクストの読解に役立つであろうが，それだけでは不十分なのだろう。このような学習者に欠けているものは，単語の意味理解と個々の単語から得られる意味の統合に関する能力であろう。

したがって，音読は言語の読解力のテストになり得るかという問題が出てくる。特に母語での文章読解においては，形と意味は大変複雑に結びつき，意味ある単位でも断片的にも情報処理が行われているのではあるまいか。第二言語の音読指導では，語句の切れ目で正確に区切るよう指示することにより，音声という形式とその表す意味の対応を明解に学習者に教えていると言える。

序章において，第二言語で文を意味ある単位(meaningful units)に区切って音読することの重要性が論じられているが，第一言語，第二言語での音読のメカニズムの解明が今後進むことが期待される。すでに広く知られているように，音読のメリットは，表出と理解の2つの言語活動が同時に行えること，すなわち，脳の運動性言語中枢(Broca's area)と理解の言語中枢(Werniche's area)および両方をつなぐ経路を同時に活性化させることができ，効率のよい英語学習法であるということである。

上述のすべての音読の現象を理解するには，現時点で次のように考えられないだろうか。すなわち，母語においてはすべての話し手，読み手が構文，統語(syntax)の知識を少なくとも無意識的には持っており，意味のある単位でも文書理解は行われている。この言語の構造に関する暗黙の知識(implicit knowledge)がなかったらお互いに発話(utterance)が理解できず，コミュニケーションが成立しないだろう。しかし，意識的な文法の知識(meta-language の一部)の量および使用頻度には大きな個人差があり，それが音読での語句の区切り方を決定するいくつかの要因の1つ

ではないだろうか。第二言語においても，意識的な文法の知識と音読の仕方に関して似たようなことが言えるのではないか。したがって，母語および第二言語において，構文に関する意識的な知識を増やすことは，音読の上達，言語能力の習熟に役立つだろう。

　結論として外国語教育に有用と思われることは，黙読，音読において，特に母語では，単語が(あるいは語句も)必ずしも意味のある単位で処理されていないという認識と，断片的かもしれない情報処理に，第二言語の学習で得られる意識的な文法的(形に関する)知識を役立たせる方法の探究であろう。第二言語のほうが，単語や句の情報処理が，より頻繁に意味のある単位で行われているのかもしれない。

【キーワード】
語の認知　音韻的再符合化(phonological recoding)　音声ループ　作業記憶モデル(working memory model)　音素　無意味語反復テスト　心内辞書(mental lexicon)　断片的な情報

---

1) 1999年7月，サセックス大学の言語学セミナーにおいて，「2つの脳における視覚的な単語認知」と題された発表で，テクスト中の単語は機械的に2つに分割され，その視覚的な情報はそれぞれ左右両脳に送られ，両脳の協調により認知されるという実験結果が報告された。

2 語彙

宮浦国江

1 量より質の問題として

1-1 単語さえ知っていれば英語は読めるか

英語を読むのは苦手という学習者の多くは，つまずきの最大の原因は単語にあると感じているかもしれない。たしかに，読解において未知語の存在は学習者自身にとって最も自覚しやすい切実な障害であり，また上級レベルになっても容易に解消しない問題であろう。その結果「単語さえ知っていれば！」という声になるのも無理からぬことである。[1]

しかし同時に，「単語さえわかれば英文は読める」というのはあまりに短絡的であることも明らかであろう。誰しも既知語のみからなる英文を理解できなかった経験や，辞書を引いてもどの語義が適切か判断できず困った経験があることだろう。英語を母語とする子どもの場合でも，すらすら音読できたとしても，内容についての質問には答えられない例が多く報告されている。

英文を読むには，その文中の単語の意味を知っていることは必要である。しかし，それだけでは十分でないとはどういうことか，具体例に沿って考察しよう。

1-2　読解過程と単語の知識の中身

　英文を読んで理解するとはどういうことか，あらためて確認しよう。たとえば(1)を読んでみよう。

(1)　The pitcher threw to first base. The ball sailed into right field.　　　　(Singer, Revlin, & Halldorson, 1990)

読み手によっては，何の問題もなく，読み終えたと同時にある場面が頭に浮かぶ者もいる。しかし，すべての読み手が瞬時にそうできるとは限らない。仮に辞書に頼らざるを得ない読み手であれば，かなりの手順を踏まなければならない。この文中に，辞書によると2つ以上の意味を含むものがある。[2] *pitcher* は「水差し」か「(野球)投手」か。*base* は「土台」か「基地」か「(野球)塁，ベース」か「(数)底辺」か。次の文も，同様に *sail* は「帆走する」のか「出航する」のか「滑らかに飛ぶ」のか。[3] *right* は「右の」なのか「正しい」のか。*field* は「畑」か「野原」か「競技場」か「(野球)内外野」なのか(『新グローバル英和辞典』参照)。これらすべての単語の知識と野球の知識を持つ者には難なく理解できることが，実は，個々の単語の検索と意味へのアクセス，そして正しい選択肢の選択(ここに挙げただけでも 2 × 4 × 3 × 2 × 4 ＝192通り)とそれらの統合という複雑，かつ高度な知的作業であることがわかる。それだけではない。

　仮にそこまでの正しい選択がなされて訳せたとしても，その読み手が真に理解できているという保証はない。ピッチャーが「何を」投げたのかはどこにも書かれていないのである。「その投手が一塁に投げた(のはボールであり)，そのボールがライトに飛んでいった」というように，その「何か」を読み手が推論しない限り，この2つの文はつながらないのである。また，言語表現としては，*first　base* は「ファースト」と言っても，選手を指し，

right field は「ライト」と言っても場所を指す。さらに，ピッチャーが一塁に投げた球を一塁手が取り損ねると，ボールはそのまま外野のライト方向に飛んでいってしまうという野球場の空間理解も必要である。また，野球のルールを知らなければ，この情景の持つ意味もわからない。ピッチャーが一塁に投げるのは，一塁に走者がいて牽制球を投げるときか，打者の打った打球をピッチャーが捕り，アウトにするために一塁に送球するときである。ここでは *sail* という動詞が速い球の動きを表しているので後者かもしれないが，いずれにせよこの文は守備側にとってはピンチを，攻撃側にはチャンスを意味する。このような野球の試合の一場面が頭の中に浮んで，はじめて(1)は理解できたと言える(宮浦，1998)。すなわち，理解のためには心の中にこのようなメンタル・モデル(mental model)を描く必要がある。

このように見れば，読解過程では文中に現れる語にまつわるもろもろの知識が不可欠であることは当然であろう。また同時に，語の意味というのが，コンテクストを考慮しないで，単純に日本語に置き換えただけでは理解到達は不可能であるということも明らかであろう。

これまでのまとめをしよう。読解というものが，言語表現の適切な把握の上に，読み手の知識を活用した推論生成によって成り立つものである以上，文中の語の知識は不可欠であるが，問題はその語の知識の質である。コンテクストを配慮しない単一の訳語のような内実を伴わないものであれば，言語表現の表す事態を正しく描き出すことはできないであろう。自らの世界知識を背景とした柔軟でかつ具体性を帯びたものでなくてはならない。

以下では，上述したことを確認しながら，さらに読解における単語レベルの問題を掘り下げていく。はじめに，英語を母語とする子どもの場合に問題とされていること(→2-1)，曖昧性の解消

の問題(→2-2)，さらに多義語以外の例を取りあげる(→2-3)。ここまでは英語が第一言語(L1)である被験者を考察対象としているので，次に，日本人学習者のように第二言語(L2)として英語を学ぶ場合の問題点を考察する(→3)。その後で，L2学習者の到達目標とも言える L1 話者のメンタル・レキシコン——英語話者の頭の中の「辞書」——を取りあげ，英語話者の頭の中で単語の知識はどのように蓄えられ，活用されているかを見る(→4)。

2　読解における単語レベルの問題

2-1　英語を母語とする子どもの問題から

　読解が，単なる解読(decoding—ある文字連鎖を見て，それを英語の単語と認識し語彙情報を取り出す作業)ではなく，自身のすでに持っている知識を参照し，推論によって補い，文中に散在する情報を統合させるというような，より高次の認知活動であることは本書の随所で述べてきた。この事情は一般に r(reading ability)＝d(decoding skill)×c(comprehension skill)で表される(Stothard & Hulme, 1996等)。[4]

　以上を踏まえ，英語を母語とする子どもの単語レベルの問題を，Yuill & Oakhill(1991)に従って以下 4 点見ていこう。すなわち，語彙数の問題，語の解読に時間がかかることから起こる問題，語を認識する際にコンテクストが利用できるかどうかの問題，語の意味にアクセスできるかどうかの問題である。

1．語彙数の問題

　Yuill & Oakhill は，常に被験者の語彙認識能力だけでなく語彙知識を確認した上で実験をし，その結果，読解の困難は単に語彙のサイズだけでは説明できないという見解を示している。もちろん，多くの児童の場合，読解能力の高いことと語彙数が比例し

ているのは事実である。また9歳児を対象としたある実験では、テクスト内の単語の意味がわかっているときのほうがテクストの記憶が容易であったことから、語彙の難易度が読解に直接影響することが示された。Yuill & Oakhill は、これは語彙数も読解技能も一般的言語能力に含まれるからであろうとしている。

一方、語彙指導の効果は単文レベルのみに見られ、テクスト全体の理解力向上には影響しないという報告がある。また、子どもは知っている語だけで書かれたテクストを理解できない場合もあり、結論としては、語彙の貧困だけでは読解の困難さを説明することはできない。読解の対象となる言語表現を単語という個々の部分に分けて、その1つ1つを理解すれば、自ずとその総和として文章全体が理解できるという読解観に捉われている限りは、このような現象を説明できないだろう。逆に言えば、語彙の知識というものも、文ないし文章の全体的理解に資することができる知識でなければ読解力に結びつかないということになる。

2. 語の解読に時間がかかることから起こる問題

読解に成功するためには単語が素早く自動的にわからなくてはならない。たしかに、実験的にも、読解の苦手な子どもの語の解読処理が読解の得意な子どもより遅いことを示す例は多く報告されている。また、早期から語の解読に優れている子どもは、後によい読み手となることが多い。しかし、だからといって、効率のよい迅速な解読処理がよい読解を可能にすると結論づけるのは早急である。もし語の解読処理速度の向上が読解の上達の原因であるのなら、語の解読訓練が読解を上達させるはずであるが、そのようなことを示す研究はない。実験的にも、語の解読の訓練は解読速度を増すことはあっても理解力の向上には効果があまり見られない。また逆に、読解の得意な子は読書量も多いからその副産物として語の解読能力も向上するということもない。結局、語の

解読能力と理解力は別次元のスキルなのであろう。

　以上の議論で，1.では語彙数と読解，2.では語の解読速度と読解，といういわば，どちらも単語レベルでの量的な問題と読解の関係を扱った。両者において，明示的言語表現の表す事柄のメンタル・モデルの生成という意味での読解は，そのような量的規定では捉えられない行為であることが，逆に浮き彫りにされたと言ってよい。そして，これから見る3.と4.は，読解の本質に関わる，いわば単語レベルの質的な問題を含んでいる。

3. 語を認識する際にコンテクストが利用できるかどうかの問題

　読解の得意な子どもと苦手な子どもに英文を読ませたときの単語の読み間違いに関して興味深い報告がある。両者には量的な違いだけでなく質的な違いがあると言うのである。つまり，読解の苦手な子どもは一般的に得意な子どもよりも読み誤りの数が多いのだが，質的にも，コンテクストから見て不適切な間違いが多く，また読み間違えても，なかなか自分で気づかず訂正ができないのである。読解能力の劣っている子どもの場合，メタ認知能力——自分の理解をモニターし評価する能力——が劣っていることと関係していると考えられる。

　上記の事実から，よい読み手は読みながら何らかの形でコンテクストを活用していると言えるだろう。つまり，優れた読み手はコンテクストを利用して単語の読み間違いを防いだり訂正していると言える。ただし，優れた読み手がコンテクストに依存して単語の認識を行っているというのではない。たしかに，読み間違いが少ないと言うことは，単語の解読がうまくコンテクストの枠内におさまるように正しくなされているということであり，その限りでは，コンテクストをうまく使っていると言える。しかし，優れた読み手は単語を瞬時に自動的に解読できるので，そのために

コンテクストを使う必要はないのである。コンテクストに敏感ではあっても依存はしていない。

4. 語の意味にアクセスできるかどうかの問題

読解中に単語の意味にアクセスする速度と語の意味的カテゴリーの知識を使う能力は年齢とともに進歩する。語の解読と同様，瞬時に自動的に意味にアクセスできることが読解には必要であろう。読解の得意な子どもと読解のできない子どもでは，語がどのカテゴリーに属するのか(たとえば，*apple* という語に対して，*fruit* と答える)というようなタスクで差が出る。つまり，個々の意味概念がどのような関連を持っていて，カテゴリー・ネットワークのどの位置にあるのかといった知識へのアクセスで差が出るのである。また別の実験では，単語のリストを聞かせて何かタスクをさせた後で，その単語リストをどのくらい記憶しているか調べたところ，読解の得意な子どもと苦手な子どもでは，単語を聞いて，意味特性を段階評価させるタスクでのみ差が出た。単語を聞いて韻を踏む語を挙げるとか，単に暗記するというタスクの後では，読解の得意な子どもも苦手な子どもも変わりなく単語を記憶していたという。単語の意味特性を段階評価するというのも，その語の概念がどのカテゴリーに属し，またそのカテゴリーの中で典型的なものかどうかという知識である。

このようなことから，読解に問題のある子どもは，基本語の単なる解読やその語の表層的な意味的音韻的特性は迅速に認識はできるが，その語の意味が概念としてどのカテゴリーに属し他の概念と有機的にどのような連関をなしているかといった，より高度な意味内容へのアクセスは自動的に瞬時に行うことができないと言えるだろう。

3.と4.の議論から，よい読解にはコンテクスト参照能力と語の意味的な側面への自動的アクセスが関係していると言えよう。そ

してアクセスされるべき語の意味は，他の概念とも有機的ネットワークで結ばれている豊かな内容であることが必要である。

2-2 曖昧性の解消のために

英語には多義語(*bug, plant* 等複数の意味を持つ語)や同音異義語(*bank, bear* 等，たまたま同じ音/綴りを持つが本来別の語で当然意味も違う)が多くあり，文の中では適切な語義が選択されなくてはならない。たとえば，

(2)(a) After taking the right turn at the intersection, I...

というのは，「右に曲がった」のか「正しい交差点で曲がった」のか。この場合はどちらもあり得るし，ここだけでは話者がどちらの意味で使ったのか判断できない。この *right* のような多義語の曖昧性に対して，

(2)(b) After taking the left turn at the intersection, I...

の *left* は，この場合「左」の意味しかない。たまたま *left* は *leave* の過去形の *left* と同音異義語の関係にあるが，ここでは文法的な知識により排除される。おもしろいことに，この(2)(a)や(2)(b)のような途中までの文を聞かせ，その続きを作って文を完成させるように指示すると，(a)のような曖昧語を含む文は，(b)のような一義的な文に比べ，言い始めるまでに時間がかかり，口ごもったり，言い直したり，さらには非文法的な文まで作ってしまうという。「右」と「正しい」の両方の意味が活性化していると考えられる(Aitchson, 1994)。

しかし，もし(2)(a)が次の(2)(c)のような文として現れれば，どちらか一方だけを正しく選ばなくてはならない。

(2)(c) After taking the right turn at the intersection, I heard my father shouting, 'No, you should have turned left!'

ここでは文の後半の情報から，「私」が「右」に曲がってし

まったことが明らかになる。このように読み手は，コンテクストの中で適切な語義を選んでいかなくてはならない。

同音異義語 *bank* の例で見てみよう。*bank* は「銀行」という意味での使用頻度のほうが高く((3)では「主」とした)，「土手」としての頻度のほうが低い(「副」)。(3)のように，さまざまな文の末尾に現れると，英語話者は0.12秒後には，次のような活性化のパタンを示したという。文末の( )の中は，コンテクストの影響の強弱と意味の使用頻度を，「 」の中は活性化されている意味を示す。

(3)(a) I opened a checking account at the bank.
　　　　　　　　　　　(強バイアスー主)　　「銀行」
(b) The businessmen decided to wait by the *bank*.
　　　　　　　　　　　(弱バイアスー主)　　「銀行」
(c) The men decided to wait by the bank.
　　　　　　　　　　　(中立)　　「銀行」
(d) The fishermen decided to wait by the bank.
　　　　　　　　　　　(弱バイアスー副)　　「銀行」「土手」
(e) I pulled the fish up onto the bank.
　　　　　　　　　　　(強バイアスー副)　　「土手」
　　　　　　　　　　　　　(Simpson, 1994より)

英語話者の反応を見る限り，(3)では，(d)以外は，文を読み終わると，ほぼその直後には「銀行」か「土手」のいずれか1つの意味にたどり着いている。言い換えれば，読み手は文中の言語表現からさまざまな概念を活性化させて，ある情景を描き出し，それに合う形で曖昧語の語義の選択をした。その結果，その意味だけが活性化されたまま残り他方の意味は抑制される。次に文がもし続いた場合には，活性化している概念だけがコンテクストとして働くことになる。その意味では，(d)ではどちらの可能性も残され，語義の決定は次の文に持ち越されたと言える。

2-3 さまざまな活性化

　上述したように，同音異義語の場合，当該文中で確定するかどうかはさておき，読解を続けていくためにはどちらかの語義に確定していくことが必要である。そしてそれは概念の活性化とコンテクストに照らし合わせての収束という形で行われる，と同時に不適切な語義の概念は抑制される。

　しかし，たとえば *piano* のように一見なんの曖昧性もない語の場合は，そのような活性化と最適なものへの収束ということは起こらないのだろうか。次の例を読み比べてほしい。

　(4)(a) The men lifted the piano.
　　(b) The woman played the piano.　　　(Sanford, 1999)

どちらも「ピアノ」と訳せばよいとはいうものの，われわれがこれらの文を読んで理解したというのなら，(4)(a)ではピアノの重さ，大きさといった物理的側面が，(4)(b)ではピアノの楽器としての機能的側面が活性化されているだろう。このように，何も同音異義語や多義語の場合に限ることなく，どのような語のときでも，読み手は読解中に，コンテクストを参照しながら，語が活性化させるさまざま概念の中から最も適切なものを選択するのである。

　次の *eat* の例は(3)のような同音異義語と(4)の一見単一訳語で事足りそうな普通名詞との中間に位置するかもしれない。

　(5)(a) John eats an apple every day.
　　(b) John eats potatoes and gravy every day.
　　(c) John eats steak every day.　　　(Anderson, 1990)

同じ「食べる」でもそれぞれのメンタル・モデルの中では違う食べ方で捉えられているだろう。この(c)と同じ動詞句が，次のように異なる主語と共に過去形で使われると，またさらに異なったイメージが浮かぶ。

(d) John ate the steak.
(e) The baby ate the steak.
(f) The dog ate the steak.

次の(g)では動詞は目的語を取らず自動詞として使われている。今までの例より具体性が減っている。

(g) He couldn't eat or drink for a week after the operation.

ここまでは「食べる」ですむかもしれないが、次のような場合はどうだろうか。主語が無生物になり、一般には比喩的表現として解釈されるものである。

(h) Hydrochloric acid eats meat.
(i) The waves have eaten the cliff.

以上のような例から、*eat* という語が、実に多様な意味を秘めていることが窺える。そして、いったん読解の対象として目の前に置かれたときには、読み手の中にさまざまな関連概念を活性化させ、コンテクストの影響を受けて、さまざまな意味特性の中から最も適切なものを浮かび上がらせるのである。そして最終的には、1つのまとまりのある事態が読み手の頭の中に描かれる。

このようなことからも、1つの単語に対して、一対一の単なる辞書的な語義をあてがっただけでは理解につながらないことが明らかであろう。語義とは、さまざまな関連概念を活性化させうるような、世界知識を背景とした具体的で柔軟なものでなくてはならない。語には、「辞書的意味」と「百科辞典的意味」とが別々にあるわけではないのである（山梨, 2000）。

3 第二言語学習者の問題

新しい言語にはじめて接するとき、話されるのを聞いて、たとえ同じようにまねすることができたとしても、それは単なる音でしかない。その音連続の中から意味ある単位として単語を取り出

せたときが，その言語の習得の始まりと言えるだろう。そして語彙の習得は，その言語を学び続ける限り続くのである。当たり前のことのようだが，ある語を知っているというのはどういうことであろうか。Laufer(1990)によれば，次のようなことになる。

(6)(a)語形

語の音声的，書記的形態を認識すること。正しく発音したり綴ったりできること。

(b)語の構造

基本的な自由形態素，拘束形態素を認識すること。
語の派生形を作れること。

(c)文法

句や文の中での統語的パターン。

(d)意味

指示的意味，感情的意味(語の暗示的な意味)，語用論的意味(特定の場面においてその語の使用が適当かどうか)。

(e)他の語との関係

同意語，反意語，上位語，下位語。

(f)連語関係

普通どのような語と連語となるか。

これまでも読解に深く関わる意味面を中心に取り上げてきたが，ここではさらに二言語間の語彙と概念について問題となることを見ていく。

すでに指摘したように，第二言語(L2)学習者がある英単語に対して，単に1つの訳語を与えて覚えるような形では，語の知識として不十分であり，英文理解に至ることはむずかしい。しかしながら，学習者がすでに日本語を習得し，日本語で世界知識を獲得している以上，その干渉を受けることは避けられないだろう。そしてたいていの場合，英語の単語を覚えるのにも日本語訳をあ

てて，その訳語を覚えることが単語を覚えることと同じになってしまっている。このような状況を Kroll & de Groot (1997) は図1のモデルで表した。

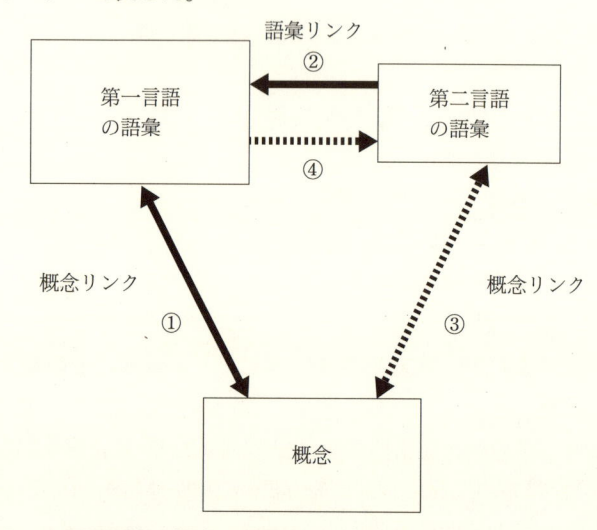

図1　二言語話者の概念・語彙モデル (Kroll & de Groot, 1997)

たとえば，英語の *girl* という単語を覚えるのは概ね次のようになされる。はじめに第一言語(L1)が獲得されているので，「若い女の子」という概念が L1 語彙「少女」という語に①の概念リンクで結ばれている(『新明解国語辞典第四版』より)。そして *girl* という L2 の語彙は，まず②の語彙リンクで L1 語彙の「少女」と結びつく。そして①経由で「若い女の子」という概念とリンクされる。習得が進むと次第に③のリンクで直接 L2 の語彙と概念とが結びつくことが可能である。しかし L1 語彙「少女」とその訳語 *girl* とのリンク②は消えない(①②の実線に対して③の破線)。

また語彙全体を見ても，どんなに L2 が上達しても，やはり

L1 の語彙数ほど大きくなることはない(左上の□が,右上の□より大きい)。L2 の語彙 *girl* と L1 の語彙「少女」の間の関係は,最初に覚えたときが L2 を L1 で置き換えるという②の方向だったので,それがいつまでも残り,翻訳をするのにも L2 を L1 に訳すほうがいつまでも,その逆よりも速い(②の実線に対して④の破線)とされている。

　Kroll 等のこのモデルは,日本人の英語習得の実態をかなりよく捉えているように思われる。ただし,このモデルでは L1 と L2 とが語彙は違っていても同じ概念を表していることになっている。実際には,英語の語彙と日本語の語彙とでは,その語が活性化する概念は異なっていて,たとえば,(5)で見た *eat* は,「食べる」という日本語と対応させて覚えたとすると,その概念はぴったり重ならない。英語圏と日本とでは,食事の内容やマナーの点でも,社会的な機能の点でも,異なる世界知識を背景としているのであるから。したがって,たとえば英語では *eat soup* という表現を取りうるが,日本語では「スープを食べる」という表現は,奇異にとられる。それぞれの言語と結びついている概念は完全にずれることもないが,完全に同一ということはあり得ず,その点,**図1**は単純すぎると言えよう (Kroll & de Groot(1997) も後で見るように,別のモデルを提示している)。

　Jarvis(1998)も,L1 と L2 の概念構造について,同様の指摘をしている。L2 学習者は,L2 を学ぶときに,その音韻,文法,形態的特徴は L1 とは異なっているだろうと予想する。にもかかわらず,L2 の単語が表す意味については L1 と同じものだろうと思い,だからこそ,一対一対応の訳語をあてがうことに疑いを持たない。また,Jarvis は異なる L1 を持つ学習者が,ある物や出来事を指し示すのに何という英語の単語を主に使うかを研究して,英語の語彙選択に L1 の影響が大きいことを示した。つまり,同

一指示対象が，それぞれの母語の概念構造の影響を受け，別の単語で指示されると言うのだ。具体例としては，映画『モダン・タイムズ』でポレット・ゴダードの演じる女主人公を指すのに，日本語をL1とする被験者の88％が *girl* を使い，韓国語の被験者の77％は *woman* を使ったという。また，同映画の中で，その女主人公が他の人とぶつかった場面を表すのに，アラビア語がL１の被験者は *accident*，スペイン語の者は *crash*，日本語，韓国語の者は *meet* を好んで使ったという。このことは，われわれが日本における英語教育で，ごく普通に使っている一対一対応の訳語さえ，すでに元の英単語の意味するところと照らし合わせてみるとずれている可能性があることを示している。たとえば，*head, shoulder* 等の身体部位の切り取り方の違いはよく知られている。

　L1とL2の語彙では，概念素性の束ね方にずれがあるという点は，非常に単純ながら，次の図2が表している(Kroll & de Groot, 1997)。彼らは，具象語では素性の重なりが大きく，抽象語では素性の重なりが少ないとしている。しかし，具象語だからといって必ずしも多く重なっているとは言えないということは上述した通りである。

　静的な語彙論的比較というだけでなく，このL1, L2間の対応語の概念構造の違いは実際の読解活動の中ではさらに明らかになる。宮浦(1997)では，高校生対象の読解実験で，被験者が何という訳語を使ったかによって，その後の推論の方向が異なっていったことを報告している。*farmer* という語を「お百姓さん」と訳した者は，その後の読解過程で「貧しい」と共起するような推論生成に基づいて話を解釈していったが，一方「農場経営者」と訳した者には，そのようなものは見られなかった。いったん日本語に置き換え日本語の中で話を理解しようとしたので，当然，日本語の語彙が活性化する概念が推論として現れたということであろ

概念素性

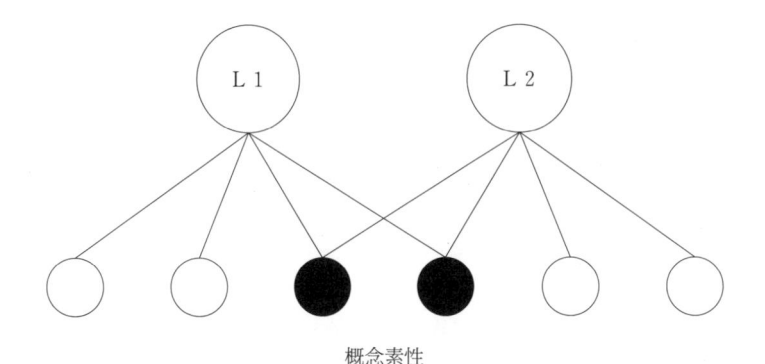

図2 分散概念素性モデル(Kroll & de Groot, 1997)

う。*farmer* に対応する訳語を何とするかで，*farmer* と共有しうる概念素性がずれてくることを，仮に図2にならって図示すれば，図3のようになるだろう。多くの辞書が *farmer* の訳として，「農場経営者」を第1に挙げている。おそらく現在のアメリカ社会の中で *farmer* が指示するのは広大な土地をトラクター等の大型機械を使って耕作する人々であり，それを指すとすればこの訳語は妥当だろう。その人々を「お百姓さん」と呼ぶのは躊躇される。しかし，語はその言語体系の中の，他の語との関係の中で存在している。日本語の中で「農場経営者」という言葉はプロトタイプではなく，周辺的である(Jarvis, 1998)。日本語でなら「農家(の人)」のほうが普通の表現だろうが，訳としてうまくおさまらないかもしれない。また，*farmer* に「お百姓さん」は釣り合わない，と述べたが，"The farmer in the dell" の歌は，日本では「森の中のお百姓さん」と歌われている。そしてこの場合には，英語の歌の中の *farmer* と「お百姓さん」はずれがあまり感じられない。結局，訳語を使うとしたら，コンテクストごとに柔軟に対応させていくしかないだろう。

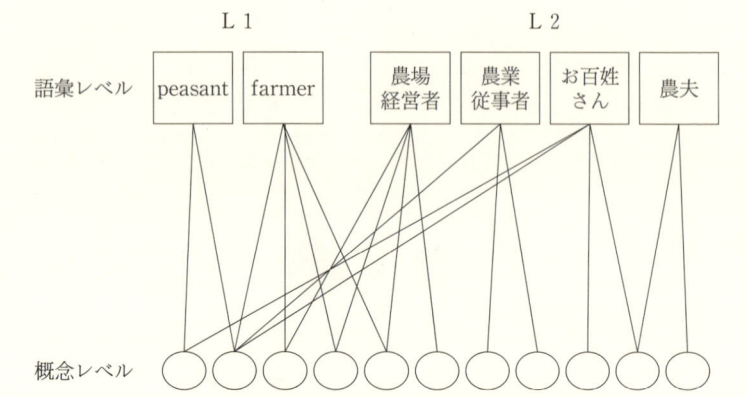

	L1		L2			
語彙レベル	peasant	farmer	農場経営者	農業従事者	お百姓さん	農夫

概念レベル

図3　分散概念素性モデル：FARMERの場合

　このように，二言語間の語彙の問題は決して単純な話ではない。しかし，外国語学習においては，すべてのL2の語彙をL1を介在させずに概念と直接リンクすることが不可能である以上，L1とL2の間に語彙リンクを張らざるを得ないであろう。慎重かつ柔軟な対応語の選択が望まれる。と同時に，やはり早い段階からL2の語彙と概念が直接リンクで結ばれるような方向に持っていくのが重要であろう。

　L2語彙と結びつく概念構造は，当然その言語をL1とする話者のものに近づけるよう指導しなければならない。そのためにはL2のさまざまな言語データや，具体例を用いて，そのつどL2語彙との概念リンク形成していくのが結局は回り道に見えても早道であろう。その意味でも1回ごとの読解活動を大切にしたいものである。

4　メンタル・レキシコン——頭の中の「辞書」

　読解を成功させるには，単に語彙が多いことではなく，その中身が問題である。世界知識を背景とした柔軟な内実を伴ったもの

であれば，読解過程において関連知識を活性化し，推論を促し，適切な語義や特性への収束に役立つことができる。逆に言えば，語の意味内容が，単に英語を日本語に置き換えただけで，背景知識もイメージもない空疎なものであれば読解はおぼつかない。と言って，われわれがL2として英語を学習している以上，日本語の語彙，概念体系からの制約を全く無視することはできない。ただ，ここでも学習者は，L1である英語話者の頭の中で語彙と結びついている概念構造がどのようなものか，読解等を通じて少しずつでもそれを知ることが肝要であろう。

では，語彙の知識はどのようになっているのだろうか。膨大な語彙はどのように蓄えられ，どう引き出され，また，どのように理解に活用されるのか見てみよう。これは，メンタル・レキシコン(mental lexicon)にまつわる問題として多くの言語学者，心理学者が論じてきている(Aitchson, 1994)。メンタル・レキシコンとは，いわば個々人の頭の中にある「辞書」である。

今までに提案されているモデルには，さまざまなものがあるが，ここでは読解に関わる意味的側面に絞って，プロトタイプ理論，ドメイン，メタファとメトニミ，ネットワークの視点から見ていく。

4-1 プロトタイプ——具体的な代表例

たとえば *bird* という名詞を考えてみる。「*bird*って何ですか」と尋ねられたときに，「羽があって，飛べて，くちばしがあって，卵を産んで…」と，その属性を挙げていくやり方の他に，「スズメとか，ハトとか，ツバメとか…」と具体例を挙げていくやり方がある。これは，BIRDというカテゴリーに入ってくる具体的な指示対象の集合を示すやり方である。最近の認知言語学では，カテゴリーは〈中心−周辺〉の構造を持っているとされる。つまり，

BIRD の輪の中に入ってくる,具体的なさまざまな種類の鳥は,真ん中に位置するものも端のほうにいるものもある。もちろん,真ん中に来るのは,いわばそのカテゴリーの代表例,つまりプロトタイプである。プロトタイプは大多数の人が「鳥」と聞いて真っ先に思い浮かべるものであり,また,たくさんの鳥の種類をリストにしておき,それぞれの「鳥らしさ」を7段階で評価させたとき(7＝最も鳥らしい鳥から,1＝全然鳥らしくない鳥),平均値で最も高いポイントを与えられたものである。カテゴリー内で中心に来るものがプロトタイプと呼ばれる典型例である。また,われわれは飛べない OSTRICH や KIWI も鳥の仲間として BIRD のカテゴリーに入れることがある。直立して歩く PENGUIN も,また生物学的には正しくない BAT すら BIRD のカテゴリーの周辺部に入り込むことがある。この BIRD の例では,英語圏では ROBIN がプロトタイプとなっている。もちろん文化的な要因も関係するし,その言語の話者を取り囲む現実に即した世界知識も関わっている。

　また,面白いことに,プロトタイプは外延(個々の具体例の集合)での規定の仕方に関係するものであるにもかかわらず,実は内包的な規定にもなっているのである。あるカテゴリー(BIRD)の代表的なもの,つまり,プロトタイプ(ROBIN)には,そのカテゴリーの属性が最も数多くあてはまるのに対し,カテゴリーの周辺にあたるもの(OSTRICH, PENGUIN)にあてはまる属性の数は少ない(Ungerer & Schmid, 1996)。プロトタイプに関しては,他にも色彩語や,FURNITURE,CUP / BOWL / VASE 等が例にあげられる(Taylor, 1995; Ungerer & Schmid, 1996等)。

　プロトタイプ理論は,具体的な例とともにわれわれの概念構造や言語化の原理のようなものを示し興味深い。現実世界の知識を背景にして,われわれのものの捉え方が中心に厚く周辺が薄く,

さらに境界線はぼやけて隣接するカテゴリーと重なり合っていることを示している。この論では，語の意味は単に言語体系内の知識だけでなく，広く一般知識，百科辞典的知識と分かち難く結びついているということがわかる。

4-2 ドメイン

認知言語学では，語の意味というのはあるドメインにおけるベースとプロファイルの関係で捉えられる。簡単な例で言えば，*arc* という語の表す ARC という概念は二次元空間のドメインで CIRCLE というベースがあってはじめて捉えられるものである。ただの少しカーブした線だけでは ARC の概念は見えてこない。同様に HYPOTENUSE も，直角三角形というベースがなければ意味をなさない(Langacker, 1987)。

もう少し複雑な例では，MOTHER は，遺伝，系図，婚姻，出産，養育のドメイン（フレームとも呼ばれる）の重なりをベースにしており，このすべてを満たしている人が典型的な MOTHER（私の父親の妻であり，家系図で1つ上の直系にあたり，私に遺伝子を伝え，私を産み，育ててくれた人）である。*surrogate mother, working mother, Mother Nature* 等というときにはこれらのうちのどれかのドメインが浮かび上がっているのである(Lakoff, 1987)。

4-3 メタファとメトニミ

Lakoff & Johnson(1980)以来，メタファが人間の言語だけでなく認知や思考にも大きな役割を果たしていることが明らかになってきた。メタファは単なる飾りことばではなく，人間がものをどう捉え，どのように言語化するかに大きく関わっていることが示された。たとえば，

> He's wasting his time.
> This method will save your time.
> Will you spare me a few moments?

等の言語表現においては TIME IS MONEY というメタファが下敷きになっている。抽象的な TIME という概念を，熟知している MONEY の概念を使って組み立てているのである。われわれが英文を理解するとき，単なる字面だけでなく，その奥にあるこのような比喩的概念化についても理解する必要があるだろう。

同時に，メタファ的思考は語彙の習得に役立つだろう。語の意味のメタファ的拡張の例はあらゆるところに見られるからである。

> He jumped at the conclusion.
> The rumor flew through the town.

等は JUMP, FLY という本来は物理的な移動を表す動詞が抽象的な移動に拡張された例である。同様に，*in* 等の前置詞は元来の空間的概念から時間的概念さらに抽象的概念へと比喩的に拡張している。

> The ball is in the box.
> That accident happened in 1955.
> She is in love.

における *in* の用法はこのように考えればよいであろう。

以上のように，なにか抽象的な理解しにくいものを理解するのに，熟知している具体的な概念を使うのがメタファであるのに対し，次のようなものをメトニミという。1-2の(1)で見た *first base* で「一塁手」と人を表すもの，*Washington* と首都名で「アメリカ政府」のようにそこにある政府や施設等を指すもの。このメトニミのメカニズムは普通は隣接性で説明される。つまり，言い表したいものを直接指さずに，その近くにあるもっと目につきやすいものの名前を使うのである。言い換えると，メタファには2つ

のドメイン(ターゲット・ドメイン——上記の例のTIME,とソース・ドメイン——上の例のMONEY)が関わっているが，メトニミは1つのドメイン内のことである。

英語だけでなく，日本語の中にもメタファ，メトニミは溢れている。この「溢れている」がすでにメタファである。いったん気づき出すと，言語の中にはメタファ的拡張とメトニミ的拡張があまりに多いので驚くだろう。そのうち，日本語と英語で同じようなメタファも見つかる。1例として，ものを理解すること，わかることを *I see.* のように見えることで捉えたり，また *I got it.* とつかむことで表現する。日本語でも，「話が見えない」「先見の明」のように見えることで表現したり，また「把握する」「話の筋がつかめない」等とつかむことで表す。

メタファやメトニミは人間が，さまざまな概念，知識を得るのに，(理にかなったやり方で)手持ちの表現を拡張して成長してきた証のように思える。言語表現からその言語を話す人たちのものの捉え方の仕組み，言語化の仕組みが見えるのである。

4-4 ネットワークとフレーム

言語体系の中で，どの語も他の語との関係の中で存在しているように，それらの語の表す概念は頭の中で他の概念と結びついてネットワークを作っている。どのような概念同士がネットワークを作っているかは，さまざまであろう。上述したメタファ，メトニミの関係もある。同一ドメイン内にある概念同士も連関を持っている。たとえば，MONDAYには必ずTUESDAY...WEDNESDAY...SUNDAYまでの語がつながっている。*blue Monday* 等という表現もこの「週」というドメインと，その中での順序，さらに週末のあけた次の日等々の世界知識が一緒に頭の中にあるからこそ理解できる表現である。ほかにも，同意語，反意語等の関係

にある語と，その概念はネットワークをなしている。

また，もう少し大きいフレームというものも世界知識を背景に，1つの場面で共に関係しあっている個体や関係をまとめあげる。HOSPITAL には DOCTOR−PATIENT−NURSE−OPERATION−MEDICINE−BED−BOREDOM−PAIN−DEATH−RECOVERY 等が相互に関係しあって蓄えられているし，読解のときにこれらの概念が容易に活性化されるのである。

このように語の意味は，いわゆる辞書的な意味だけでなく百科事典的な知識と密接に結びついて，われわれのメンタル・レキシコンに入っているのである。読解のときにもこれらの語の概念が容易に活性化されるのである。自身の言語知識だけでなく，それと分かち難く結びついた世界知識を活用してはじめて，読解は成立する。そして読解で得た知識により，また自分の世界知識が広がる。読解がそのような知識獲得の知的な喜びの活動になるかどうかは，自分の知識を活用するかどうかにかかっているのである。

【キーワード】
推論生成　コンテクスト　曖昧性　多義語　活性化　メンタル・レキシコン　プロトタイプ　ドメイン　メタファ　メトニミ　ネットワーク　フレーム

---

1) 平均的な英語話者の語彙は約50,000語(Aitchson, 1994)。
2) ここでは多義語(base, field 等)か，同音異義語(pitcher)かは問わない。
3) *Longman Dictionary of Contemporary English* では "to move quickly and smoothly through the air" という語義を載せている。
4) Oakhill & Yuill(1996)は，単語認識よりも読解困難にとって重要な要素として，推論の生成，テクスト構造の理解，理解のモニタリングの3点を挙げている。

3 文法

村杉恵子

1 読解に文法はいらない？

Ahi quanto a dir qual era Ë cosa dura
esta selva selvaggia e aspra e forte
che nel pensier rinova la paura!

これは,イタリア語によるダンテの「Canto I」からの一節である。イタリア語を知らない人で,この文章の意味を理解できるという人は,よほどカンが鋭いか,本文を「読まず」ともこの作品については,字の形まで暗記しているかのいずれかであろう。

読み手が,どんなに世界知識が豊富で,文章構造に関する知識も豊富であったとしても,文法を知らない言語で書かれた(絵も音も伴わない)テクストを「読解する」ことはできない。それは,ちょうど地理を知らずに,登ったことのない山の頂上に辿り着こうとするのと同様に不可能なことである。しかし,当該の文法を知っているからといって,優れた読み手であるとは限らない。立派な地図を持っているからといって,理想的な山登りができるとは限らないのである。

序章で述べたように,読解の過程では言語に関する知識は無論のこと,認知記憶(7章)や,推論(9章)等のさまざまな能力が相互に作用(影響)しあう。文理解・文章理解の基礎となる「字づ

ら」の基礎的意味のみならず，パラグラフ構造(5章)についての知識や，文化知識(11章)等の一般知識や世界知識が駆使されるのである。しかし，読み手がどんなに種々の知識に豊富でも，そして，たとえ当該の言語の「文字」や「語彙」をよく知っていたとしても，文法を知らない言語で書かれた文(章)を「読む」ことはできない。日本語の例をとって考えてみよう。

　すもももももももものうち
　にわにはにわにわとりがいる
　このかわうそのかわほんとうのかわうそのかわかはかわからはわからない

これらを「スモモも桃も，桃のうち。」，「庭には二羽，鶏がいる。」，「このカワウソの皮，本当のカワウソの皮かは，皮からはわからない。」と「読む」ためには，(無意識に持っている)文法知識――どこからどこまでが，「意味のまとまり」を作る構成素であるか，各構成素がどのような文法特性を持ち，そしてそれぞれがどのように結びつけられるか等――が必要となる。

この節では，文法が，読解の上でどのような役割を果たし，どのような手がかりを与えうるのかについて検討しよう。

序章で述べたように，読解過程で出会う困難とその原因には3つの特徴があることがYuill & Oakhill(1991)で指摘されている。

(1)(a)　語の解読(decoding)における困難

(b)　統語(syntax)，意味(semantics)における困難

(c)　テクスト段階での困難

第1点目の語彙の重要性については第2章で，また第3点目については第4章で詳細に扱う。この章では特に第2点目の統語や意味における困難な点に焦点を当てよう。

具体的には，文と文章との関係を概観した上で，まず第一言語獲得者および第二言語学習者における文章の読解力と文法知識の

関わりについて，理論的実証的研究を紹介する。次に，読解（特に文の解釈）で出会う統語上の問題について考える。日本語話者が英語読解を行う場合を念頭におき，文章を読解する手がかりを与える統語的なストラテジーと文法との関係について考察する。最後に，文理解における，より一般的な問題を取りあげ，文法知識とコンテクストの関係を検討する。

2 文と文章

　文章理解における文法の役割を考える際，その前提として文と文章の読解における関係を明らかにする必要がある。文とは何か。そして，テクストとは何か。それぞれの関連について概観してみよう。

　文には音と意味がある。音と意味は，文法原理や文法規則に基づいて結びつけられ，文が生成される。個々の文は論理形式のレベルにおいて意味解釈がなされ，それらの文がいくつか連なって文章が作られる。文章は文の集合体であり，文は文章の部分集合のように見える。しかし，文を理解する過程と文章を理解する過程は同じではない。読み手が，それぞれの文の統語構造や意味を理解できることは，文章が理解できることを必ずしも内包しない。1文1文の意味がそれぞれ個として理解されても，それが連なったとき全体の意味が理解されるとは限らないのである。すなわち，人間の脳に内在する言語理解のメカニズムのもとで，文章は単に文の集合体ではなくなるのである。

　文と文章のパラドクシカルな関係は，人間の脳に，文章が単に文の意味の組み合わせとして理解されるというだけでは説明され得ない，文（章）理解に関する特殊なメカニズムが実在することを示唆している。

　人は何を手がかりに，文と文との関係を理解するのか。たとえ

ば，読解過程において，隣接する文との関係を接続詞(but, and, as 等)や指示詞，代名詞(this, it 等)等をヒントに意味を統合させていく。この規則はミクロルールとも称され，文章の部分を統合して文章全体の意味を引きだすマクロルールと共に，読み手がテクストの意味を構成する上で重要な働きをすると考えられている。

マクロルールは事柄を上位概念により一般化する規則，末梢の情報を削除する規則，行為や出来事を統合する規則，全体を「まとめ」ていく構成に関する規則等からなる。読み手はそれらの規則を使い，心(脳)に備蓄されたさまざまな(背景)知識，推論能力，文章構造についての知識等とテクストとの相互関係を持たせつつ読解を行うのではないかという仮説が理論的実験的に議論されている。

読み手の脳(心)に備蓄されたさまざまな背景知識は，スキーマあるいはスクリプト等と称される。カントによって紹介された「スキーマ」という概念は，Bartlett(1932)の研究をはじめとして，人間の持つ知識構造に関する仮説として心理学および言語学の研究対象となっている。年齢や経験とともに，脳に内在する知識構造は，どのような「原則」に従って人の心に備蓄され，どのように読解に用いられるのかが心理言語学のひとつの重要な研究項目となっている。

スキーマを支配する原則の1つに，階層性があるとする提案がある。スキーマはそれ自体，階層的な体系を持ち，一般的な情報は上位層に，特定の情報は下位層に位置づけられていると考えられている。そして，人は文章を理解する際に，この階層性を処理過程に用いる可能性が，多くの研究で指摘されている。

文章を読解する際，読み手が行う処理の仕方には2種類あると言われている。たとえば，スキーマの上位層を喚起してその文章の意味するところについて予測を立て，スキーマの下位層を選択

して活性化し予測が適合するかどうか判断する。これがトップダウン処理(conceptually driven processing / concept-driven processing / 概念駆動型処理)と称される処理過程である。それに対して，具体的な入力情報に基づいてスキーマの特定の下位層が活性化され，そこからより上位層に位置づけられる一般的な(全体的な)概念を推し測る過程がボトムアップ処理の過程(text-driven processing / データ駆動型情報処理)である。この2つの処理法については，第7章において認知記憶システム(メモリーシステム)との関連で，第10章では読解のストラテジー，そして第13章においては多読の有効性との関連で詳細に述べられているので参照されたい。

実際の読解過程ではこれら2つの処理が相互作用を持ち，文章が処理・理解されると考えられるが，一般的に，優れた読み手は文章を理解する上でトップダウンの戦略を取って読みを進める傾向があると言われる。一方，未熟な読み手はボトムアップの処理に固執しすぎるがゆえに，個々の統語範疇(名詞句，動詞，形容詞等)の持つ意味と全体の意味とを結びつけるのに時間がかかるか，あるいは結びつけられないことが多いと考えられている。

この仮説に基づけば，文の構成を構築することはトップダウンの読みをするための前提となる。ある程度の文理解があって，はじめて適切なスキーマ上位層の喚起が可能になると言える。このことから考えると，文法知識は文章構造に関する知識，世界知識，文化知識等の一般知識等の能力とは独立し，かつ，互いに作用(影響)しあうモジュール(機能単子)をなすと言える。その意味で，文法は文章読解をする上で重要な鍵となる。

3 文理解と文章理解との関係：第二言語習得の見地から

文章の読解力と文法知識との関係について，まず実証的な研究

を取りあげて考えてみよう。第二言語における読解の特徴は、2種類の理論的見解(言語相互依存仮説(Linguistic Interdependent Hypothesis)と言語閾値仮説(Linguistic Threshold Hypothesis))のもとに実証的な研究が進められている。言語相互依存仮説は、たとえ第二言語(文法)に熟達しているからといって読解力があるとは限らず、むしろ第一言語の読解力と第二言語の読解力に相関関係があるとするものである。一方、言語閾値仮説は、読み手が第二言語についてある一定の熟達度に達していないと母語での読解能力と同等の能力を発揮できないとする仮説である。

前者の立場を取るものとして、Block(1986), Lee & Musumeci(1988), Fitzgerald(1995), Horiba, van den Brook, & Fletcher(1993)等の研究を挙げることができる。たとえば、Block(1986)は、第一言語において優れた読解方略を用いることができる読み手は、他の言語にもその方略を転移することができるとしている。3種の言語(スペイン語、英語、中国語)を母語とする被験者を対象としたこの研究では、どの言語を母語とする被験者においても読解方略に普遍的な特徴が見られた。すなわち、読解方略はどの言語話者も持ちうるもので、それは外国語読解にも転移されうるものであるという。またLee & Musumeci(1988)は、第二言語に関する読解方略について大学生を対象とした実験的研究を行い、読解方略を用いるか否かは第二言語の熟達度には依存しないとする結果を得ている。

後者の立場の研究としては、Clarke(1980), Cziko(1980), Bernhart(1986)等が挙げられる。そこで示されている結果は、第二言語の熟達度の低い学習者は、たとえ母語については優れた読解力が認められても第二言語については読解力が低いというものである。これらの2つの仮説については、第8章(言語習熟度)において詳述されているので参照されたい。

これらの2つの立場は一見相反した学説のように見えるが，厳密にはそうではない。Block(1986)らの研究は，第二言語における読解ストラテジーの使用は言語の諸特徴や第二言語の文法知識の熟達度とは独立した問題であることを示している。そして，むしろ母語において優れた読み手であることが，第二言語において読解ストラテジーを用いるときの重要な要因となることを示唆している。

　一方，Clarke(1980)による研究では母語と第二言語の文法知識に差があることに注目し，母語で読解ストラテジーが効果的に使える場合でも第二言語の文法についての知識に問題がある場合，母語の読解方略を転移しにくいと述べている。これら2つの研究は読解ストラテジーと文法知識の双方が，読解能力において重要な要素であり，後者はある程度，前者の前提となることを明らかにしていると言えよう。

　Block(1986)によると，普遍的な読解のストラテジーとは①テクスト構造を知っている，②情報を統合でき，新しい情報と既に述べられている情報を結びつけることができる，③一般知識や連想を利用することができる等であると提案している。これらは，統合すべき新旧の情報を発信する文の基礎的意味や，テクスト構造に関する知識をあてはめる「字づら」の基本的意味が理解されていなければ，定義上機能することはできないことを示唆するものである。人がテクストを読むとき，（無意識の知識として獲得した）母語であろうと，（程度の差はあれ意識的に学習して文法を獲得した）外国語であろうと，効果的な普遍的読解ストラテジーを持ちうるという事実は，文章理解に関する普遍的な特性が，文法とは独立して存在することを意味する。しかし，次に述べるように，読解ストラテジーの適用は，文法知識を前提とするのである。

4 文理解と文章理解との関係:第一言語獲得の見地から

　それでは,第一言語の文法獲得と読解ストラテジーの獲得はどのような関係にあるのだろうか。それぞれはまったく独立したものとして獲得されるのであろうか。それとも後者は前者を前提とするのであろうか。

　健常者の第一言語の文法獲得は,よく知られているように比較的,短期間に行われ,5歳頃までには主な文法知識が獲得される。一方,物語文の理解については6章で紹介されているように,5歳頃には物語の中心テーマが理解されることを示す実証研究も報告されている(Freedle & Hale, 1979; Stein & Glenn, 1979)。いずれも,質的にも量的にも限られたインプットや学習をもとに,子どもが短日時に獲得することができる能力である。その意味で,いずれも人間に備わった能力であると言えるが,それらの獲得の時期的な差について,実証的に明示することはむずかしい。

　ところが,最近の読解研究の中で当該の言語の文の構造や文法そのものを獲得し,文の意味が理解できることは読解力との相互関係を持つとする報告がアメリカ手話(American Sign Language=ASL)の研究からなされている。ここでは,アメリカ手話における読解研究を,母語獲得と読解力の関係についての実証研究として紹介する。

　聴覚障害者の多くは手話を第一言語とする。しかし,その言語獲得の時期は健常者の場合に比べて個人差がより大きい。その理由は,彼らの言語環境のむずかしさにある。彼らの親が聴覚障害である場合には,手話が第一言語として早期に入力される確率が高いが,必ずしもそのようなケースばかりではない。親が健常者であるがために,聴覚障害を持つ子どもがある一定の年齢に至るまで聴覚障害者であることに気づかれなかったり,または言語環

境において手話を獲得する機会に恵まれなかったりすることが少なくない。このようなことから，手話を第一言語として獲得する時期は健常者ほど一定ではないのである。

Padden & Ramsey(2000)は，アメリカ手話において聴覚障害者が手話文法を獲得する時期が早ければ早いほど，(ASLの文法に基づき)書かれたテクストの読解能力が高いとする報告をまとめている。そこでは同じ聴覚障害を持つ子どもであっても，聴覚障害を持つ両親を持つ子どもは，聴覚障害を持たない両親を持つ子どもに比べて，読解能力が高いことが"read aloud"手法等による実験的研究によって示されている。たとえば"read aloud"の実験において，被験者はASLで書かれたテクストを読み，それを手話でサインすることを要求される。その結果，子どもの反応は2つのパターンに大別される。1つは，"attacking and analyzing words"(個々の語彙の分析に固執する)タイプで，いま1つは"seeking meaning"(その文(章)の意味を求める)タイプである。

この2つの対立したパターンを示す代表的な被験者として，BillyとRoyの2人の聴覚障害者(小学校5年生)のケースが逸話的に報告されている。Billyの母は聴覚障害者で父親は健常者である。一方，Royの両親は2人とも聴覚障害者である。そして，Padden & Ramsey(2000)は，Billyが前者の"attacking and analyzing words"タイプで，Royが後者の"seeking meaning"タイプの被験者であると分析する。

Billyの読解の方法は，常に個々の語彙に注意が向けられていることが特徴的である。Billyが用いる読解のストラテジーは，Padden & Ramsey(2000)によると，"mapping individual signs onto print words or morphemes"と言えるようである。たとえば，実験上，野球についてのテクストを与えられたBillyはそれ

を読み，"bat" という語彙を "flying mammal"（コウモリ）として "read aloud"（手話で示し），"swing" という語彙については "swim"（泳ぐ）の手話をしたという。"read aloud" の実験手法は，読み手の読解の過程が明らかな形で示される可能性が高い実験手法の１つである。Billy の示したこの反応は，彼が "bat" の意味について誤った意味解釈を行っていることを示すと考えられる。野球についてのテクストの中で "bat" はバットを意味し，"swing" は（バットを）振ることを意味する。Billy は文の切れ目や，会話文での話者のシフト等も実験上示すことができず，また，読後そのテクストの内容について再度話すことはできなかった。

それに対して，Roy は同実験において，まず手話をする前にその与えられたテクストをざっと一読し，手話で "read aloud" の反応をする際にはテクストをじっと見つめ，文の切れ目や会話文での話者のシフトにも敏感に反応した。また，自分の間違いを直しながら手話をした。その手話は「逐語訳」ではなく，その方略は文の意味をより広いテクストの中で捉え，意味に首尾一貫性（coherence）を持たせるように努めているものであったという。

Padden & Ramsey(2000)では，そのほか，被験者が聴覚障害児として認識された年齢や学校の種類および在学期間等の変数について，実験的な研究を報告している。彼らは聴覚障害であることが早く発見され，そのための学校に通う等の適切な教育を施され，手話言語を学んだ子ども（典型的には，聴覚障害を持つ両親のもとで育つ子ども）が，「優れた」読解の方略を用いる読み手であると考察している。

第一言語それ自体の獲得が遅れる可能性がある言語の話者を対象とした，この手話に関する実験的研究は，子どもに聴覚障害が判明するやいなや，できるだけ早い段階で手話（言語）獲得の環境を整えてやることが他の能力の発現の上にも必要であることを示

唆している。そして、そればかりではなく、この研究は文と文章の関係について、重要な示唆を与える。第一言語の文法知識の獲得が、第一言語の文章理解と独立した関係を持ち、かつ、前者は後者の前提条件であると考える実証的根拠を提示しているのである。

そしてさらに、この研究は Block (1986) の研究結果をふまえるとき、第一言語の読解についてのみならず、第二言語の読解に関しても重要な示唆を与えるものとなる。第一言語獲得の遅れが読解ストラテジーの獲得に遅れをもたらすとすれば、さらにそれは外国語の読解においても遅れが生じることを予測する。なぜなら、Block (1986) によれば人が持つ読解ストラテジーは、言語の特徴や母語/外国語の区別に関わらず、普遍的なものであるからである。したがって、聴覚障害者を持つ社会や親は子どもが障害を持つ事実を早期に発見し、手話文法ができるだけ自然に獲得されるよう言語環境を早期に整えることが肝要である。早期の手話文法獲得が、聴覚障害者の読解力を高める上にも、彼らが読解という知的活動を通してそれぞれの世界を広げていくためにも、きわめて重要であると言える。

5 読解過程で果たしうる文法知識の役割

5-1 文法の基礎知識と読解

文法が文章理解において独立したモジュールとして重要な働きをする。では文法知識は読解過程においてどのように統語的なストラテジーとして活用されるのか。次の文章を読んでみよう。

(2) The hunter was sitting still behind the barn. He said to himself, "(A) Turkey is good for Christmas." Two turkeys were chased by a hunting dog in the yard, and went into

the bush. (B) <u>The hunter knew that the turkeys like the bush owned by the old man living alone in a red house in Coventry, Connecticut</u>. He shot the gun soon after a turkey came out of the bush. (C) <u>The turkey "raced" passed the barn fell</u>. He took home the turkey to cook.

The next day, the hunter had a Christmas party with his relatives from (D) <u>Turkey</u>. He prepared for the food, and (E) <u>displayed</u> Christmas ornaments here and there. (F) <u>Visiting relatives</u> were very much impressed with the fresh turkey and the Christmas atmosphere.

(G) <u>Everyone had two pieces of turkey, and a present was given to each family</u>. (H) <u>Outside the window, it started snowing</u>.

読み手はいかなる過程を経て，この文章が「アメリカはコネチカットでのクリスマスの頃の出来事を綴ったもの」とする理解に到達するのだろうか。個々の語や文の意味のすべてがわからなくとも，何故，読み手は語彙の意味，文の意味，文章の意味を理解しうるのであろうか。下線を施した部分は，読解において「文法」が果たすさまざまな役割を示す例として考えられるものである。順を追って見ていこう。

まず(A)と(D)の"Turkey"の多義性について考えてみよう。読み手が(A)の"Turkey"の基礎的意味，すなわち，七面鳥であることは理解できたとしよう。その上で，読み手はテクストからクリスマスで食す七面鳥の味について，「これは，どんなものなのかわからない。でも鳥類なのだから，鳥肉の味に似ているのだろうか」等と思いを巡らせるかもしれない。国際化が進む中，日本においても祭日等に七面鳥を食す機会が増えてはいるものの，それを食した経験のない者は，その味覚についてすら自分の持つ知識(七面鳥が鳥類である事実や，一般的に鳥類の味には共通点が

あることの知識等)を用い，心に思い浮かべるかもしれない。次に，第2段落で(D)の"Turkey"の名詞句に出会うが，当該の「言語を知っている」読み手は何らかの手段で，その意味が(瞬時的にではなくとも)「トルコ共和国」の意味であり七面鳥を意味しないことに到達する。そこで用いられる手段は何か。コンテクストから推論することもできるかもしれない。しかし「文中でありながら大文字で始まる語は地名等を表す名詞句である」という知識，および，または「当該の言語における同音異義語」に関する語彙知識はまったく用いられないのだろうか。その答えは否である。この語の意味理解について，たとえ何らかの読解ストラテジーが可能であったとしても，"Turkey"という語が「七面鳥」と「トルコ共和国」という多義性を持つことに関する知識が，コンテクストから意味を抽出する範囲を限定する。そして，そのときその読み手は，七面鳥の味についての自分の世界知識に照会する必要はない。

　また，読み手の多くは(B)の文内の"Coventry"という語に出会ったことがないかもしれない。しかし，この語が"Connecticut"という州名に前置し，大文字で始まり，かつ屈折を伴わない語であることから，この語は地名を表す名詞句である可能性を知るだろう。また，地名が複数並記される場合，より小さい単位が大きい単位に先行するという，修飾句の構造的位置に関する知識を手がかりにするかもしれない。その上で種々の状況から，そこが自然に恵まれた地域である情景を思い浮かべるだろう。

　また文中の(E)の"displayed"の意味がわからない読み手は，コンテクストからその意味を読み取るかもしれない。しかし，それには手がかりが必要である。その1つとして，これが動詞であること，この文の主語がHeであることを引きだす知識，すなわち文の構造や格，および削除に関する知識等が手がかりになりうる。

英語において，edの屈折形態により過去時制がマークされるのは動詞だけである。このとき，手がかりとして機能するのは文法知識そのものである。

いくら推論を働かせても，英語の基本語順を知らなくては冒頭の文において，"The hunter"が（たとえ意味の方略を用いて文のトピックであることは予測できたとしても）主語であることはわからない。言語のすべてにおいて文頭の名詞句が主語とは限らないのである。また，推論のみでは，(G)に示す "Everyone had two pieces of turkey, and a present was given to each family." という文内の数量詞の厳密な意味解釈は得られない。

代名詞の解釈においても文法は重要な役割を果たす。文章をしめくくる最後の文(H)の "it started snowing" の it が指すものは何か。読み手は，代名詞 it の先行詞は表面的に（線的順序として）最も近い名詞句である window ではなく，これがいわゆる「天候の it」と称されるものであることを理解しなくてはならない。それは文法を基に理解されるのである。この天候の it に関する文法のメカニズムについては5-2で述べる。

すべての文を理解できない場合にも，文章の意味するところは理解されうる。しかし，それを可能にするためには読解ストラテジーを機能させるための手がかりが必要である。そして，それは文法知識と，それに基づく統語上のストラテジーによって与えられる場合が多い。

5-2 文法理論と統語的方略

読解過程で出会う統語上の困難な要素について，具体的に日本語話者が英語を学習するときの諸問題に照らして考えてみよう。

英語読解における一般的な統語の方略とはどのようなものか。Clark & Clark(1977)では，統語の方略として，たとえば次のよ

うなものを挙げている。

(3)(a) 冠詞(a, the 等)や数量詞(some, all, many 等)を見たら，新たな名詞句のはじまりと考え，その句の終わりを示す名詞を探す。(例：a man)
(b) 関係代名詞(who, that 等)を見たら，新たな関係節のはじまりと考え，その主語，述語，およびそれが修飾する語を探す。(例：the man who is tall)
(c) 前置詞(in, from, at 等)を見たら，新たな前置詞句のはじまりと考え，その句の終わりを示す名詞を探す。(例：from Tokyo)
(d) 最初の節は，従属節であるという標識がない限り主節と考える。
(例：I think [that John is coming to school tomorrow].)

範疇や言語の構造に関する知識が統語方略の重要な鍵を握ることがわかる。特にここでは，Clark and Clark (1977)が呼ぶところの「機能語」(冠詞，関係代名詞，前置詞等)や，主節と補文の「順序」が，読解方略として重要であることが指摘されている(天満(1989)を参照されたい)。

これらの統語ストラテジーは第一言語について提案されたものであるが，統語ストラテジーは一般的に第二言語にも同じように働きうるのであろうか。その問いは，とりもなおさず第二言語習得話者である読み手は，どのような「文法」を脳の中に持つのかという問いに還元される。

英語教育の中で，「文法」はさまざまな教授法に基づいて提示される。そして，第二言語学習者である読み手は，そこで学んだ「文法」を駆使して文を読解しているかのように見える。しかし実際には，読み手は当該のテクストを読解する際，どのような文法を第二言語の知識として，脳に内在させ，文を理解しているのかは明白ではない。教授されたそのままの形で脳の中に第二言語

文法を内在させているとは限らない。むしろ，自らの言語獲得装置に基づいて学校文法(たとえば5文型のパラダイム)とは別の形で新たに文法を形成している可能性がある。

その可能性に関する仮説の1つが，生成文法理論の見地から提示されている。そこでは普遍文法(Universal Grammar)が第二言語習得に働いている可能性が指摘されている。普遍文法が第二言語習得に働くという仮説は，母語からの干渉が第二言語習得において見られる事実と必ずしも矛盾するものではない。普遍的な文法はいくつかの原理からなり，その原理がいくつかのパラメータの値を持つ。第二言語学習者が当該の原理に関して第2言語と母語が異なるパラメータの値を持つにも関わらず，母語のパラメータの値を「誤って」あてはめる。これが，ここでいう母語からの干渉であるが，これも，普遍文法の規定の範囲の中での「誤用」と考えられる。そのパラメータの値の違いが言語間の違いに通ずるものであるとすれば，第二言語の文法を獲得するということは，すなわち母語と第二言語のパラメータの値の共通点と相違点を認識するということになる。

一方，第二言語習得に普遍文法が働かないとする考え方も根強い。Bley-Vroman(1989)が述べるように，第二言語習得においては動機づけや学習態度等の変数が重要な役割を果たすとするものや，Birdsong(1989)のように実験方法に関する問題を指摘するものもある。たとえば，Birdsong(1989)は文法性判断の実験が用いられる生成文法理論に基づく第二言語習得実証研究には，その実験方法において文法的直感以外のメタ言語知識を問う部分が含まれており，第二言語学習者の真の知識を引きだすものではないとしている。批判の多くは，第二言語習得が第一言語獲得に比べてより多くの変数を含む点を指摘するものである。

しかし，この問題と独立した事実として，先に述べたように，

文章理解を行う上で，文の構成や文法についての知識がないところに読解方略を起動させることがむずかしいことは明白である。「コンテクスト」から文や語彙の意味を推論するとしても，文章読解において，コンテクストを作り上げるのはやはり前後の文（のまとまり）なのである。したがって，日本語話者が英語の「文法」を何らかの形で脳に内在させていなくては適切な英文読解はなされ得ない。

　生成文法は文の構造や仕組みについて研究する分野である。原理とパラメータの枠組みの中で，たとえば句構造にも普遍的な原理と個別の文法を特徴づけるパラメータがあると考えられている。当該言語の文を1つ1つ見ていくと，一見，何十，何百という数の句構造規則が必要であるかのように見える。しかし実際は，子どもがそれだけの数の規則を学習するとは思えない。一見，莫大な数に見える文の句構造規則には，さらにそれらの規則を支配するよりシンプルな原理があることが提案されている(Chomsky, 1981; Jackendoff, 1977)。

　言語事実についての研究と生成文法理論の発展の中で，文(IP)は時制等を含む屈折(Inflection)の最大投射であり，補文(CP)は補文標識(Complementizer)，限定詞句(DP)は限定詞(Determiner)，名詞句(NP)は名詞(Noun)，動詞句(VP)は動詞(Verb)，後置詞句や前置詞句(PP)は後置詞や前置詞(Postposition/Preposition)の最大投射との結論が導き出されてきた。そして前者3つは機能範疇と考えられ，後者3つは語彙範疇と考えられている。すべての句構造規則を支配する原理とは，「すべての句の最大投射(XP)は，指定部とX'，そして，X'は，主要部(X)と補部(YP)からなる」として表される。普遍的に，人間はそのシンプルな句構造に関する原理と基礎的な範疇を持つのである。

しかし，すべての言語の語順が同じであるかと言えばそうではない。よく知られているように，日本語と英語の最も顕著な相違点の1つは「語順」である。それは日本語の基本語順がSOVで，英語がSVOであるというような文のレベルに留まらない。より一般的に，句の中心となる主要部が日本語においては最後に来るのに対して，英語においては最初に来る。以下の例で[　]は句のまとまりを，下線は主要部を示している。

(4) 名詞句
   (a) [背が高い**男性**]
   (b) [*the man* who is tall]
(5) 動詞句
   (a) その男性は[車を**運転した**]
   (b) the man [*drove* a car]
(6) 後/前置詞句
   (a) [東京**から**]
   (b) [*from* Tokyo]
(7) 補文
   (a) 私は[ジョンが明日学校にくる**と**]思う
   (b) I think [*that* John is coming to school tomorrow].

名詞句においては名詞が，動詞句においては動詞が，そして，後/前置詞句では後置詞あるいは前置詞が，補文においては補文標識がそれぞれの句の主要部となるが，どの句を取っても日本語においては主要部が一斉に右側に，そして英語では左側に表れるのである。生成文法理論においてはこれを句構造に関するパラメータの値として捉える仮説や，英語が基本語順で，日本語のような言語においては目的語が移動しているとする仮説等が提案されている。いずれにせよ，一見複雑に見えるさまざまな範疇における語順の問題はよりシンプルな要因，すなわち主要部に関するパラメータの値の違い，もしくは移動に関するパラメータの値の

違い等に起因すると考えられている。そして第一言語話者はこのパラメータの値をわずか2歳ほどの年齢で設定するのである。

興味深いことに、Clark & Clark(1977)に述べられた統語ストラテジーは文、名詞句、前置詞句等機能範疇と語彙範疇の両方においてストラテジーが働いていることを示している。そして、(3a)～(3c)においては、各範疇の主要部(たとえば前置詞句では前置詞)が重要な手がかりを与えている。たとえば(3a)～(3c)で述べられたClark & Clark(1977)の提案する統語ストラテジーは、部分的には(8)のようなシンプルな原則として表すことができる。

(8) 主要部Xがきたら、補部にはYを探す

主要部と補部の順序(すなわち主要部が前か後ろかについてのパラメータ)は、その原則を記す上で、条件節においては主要部に関して、そして帰結に補部について述べることによって表される。主要部が何のときに、補部には典型的にどの範疇がくるのかを同定化することが具体的な方略となる。たとえば、補文標識(関係詞)がきたら、補部には文がくる。名詞句の中で、XがDeterminer(限定詞)であるときはYは名詞句、Xが前置詞であるときはYは名詞句という具合である。Clark and Clark(1977)で表されたような個々の統語方略は、それほど複雑な形で数限りなく学習しなくてはならないものではないはずである。そして優れた読み手になる過程で、意識的、無意識的に構築されるこのストラテジーには一定の「型(パターン)」があるはずである。各言語の統語方略を、(8)のような「型(パターン)」に一般化することによって、統語方略における言語間の共通性と相違も、より明確になろう。

言うまでもないことだが、(8)の統語ストラテジーを支配する原則がそのままの形で学習者に与えられることで、効果的な読解ス

トラテジーが得られると述べているのではない。学習者の年齢やレベルによって指導方法は異なる。また，どの母語話者がどの第二言語を学習するのかによってストラテジーの用い方とそれらの有効性には差がある可能性がある(MacWhinney & Bates, 1989; Sasaki, 1991等)。しかし，ここで重要なのは英語の統語方略自体が句構造の普遍性や，主要部の位置に関するパラメータ等，文法に属する要素に規定されている点にある。

統語に関しては，語順以外においても日本語と英語にはさまざまな相違点がある。たとえば，日本語は「音声的に実現されない項(pro)」を許すが，英語は許されない。*は当該の文が非文法的であることを示す。

(9)(a) (私は)(あなたが)好きです
  (b) I love you.
  (c) *Love.

日本語では，動詞の項である主語や目的語が pro として音を伴わずに表れることができる。別な言い方をすれば動詞の項は「省略」できる。それに対して，英語の場合はそれが許されない。英語で愛を告白をしようとして(9)(c)のような文を言ってしまっては，その人は非文を産出したか，「愛」という名詞を産出したかのいずれかをしたのであって，愛を伝えるという発話行為は成り立たない。

英語が音形を伴った項を必ず持たなくてはならないことは，いわゆる「天候の it」と呼ばれる不可思議な代名詞の存在をも説明する。

(10)(a) It snows.
  (b) *Snows.

スペイン語は日本語と多少異なり，主語の項のみが pro で表

れることができるが，このような言語においても英語に見られる「天候の it」は必要がない (Jaeggli & Safir, 1989)。英語は，何らかの形で必ず音形を持つ(代)名詞を必要とする言語だからこそ，代名詞の中でデフォルト的な it がここで用いられる。ここでの it は指示するものがないにも関わらず，主語として，文の中で機能しているのである。このとき，たとえば読み手が「代名詞がくると先行詞を探す」ストラテジーが統語ストラテジーとして持っていたとしても，それが起動することを文法知識は阻止しうるのである。(2)のコネチカットのクリスマスの話を思い出してみよう。(H)の文，"Outside the window, it started snowing." の中で，代名詞 it に最も表面的に(線的順序で)近い名詞句は，"window" である。しかし，読み手が持つ pro に関する文法知識は，window が it の先行詞である可能性を消去するのである。

日英語の違いについてはほかにも移動に関するものや，削除に関するもの，また(関係節等の)構造に関するもの等，いくつかの仮説が提案されている。これらの相違点のすべてが，そのまま第二言語学習者にとって困難なものとなるとは限らない。文法自体が(あるいはパラメータの値が)階層的になっているとすれば，デフォルト値を第一/第二言語習得においても，初期の文法獲得段階においてあてはめる可能性がある。すなわち，そのデフォルト値が第二言語の値と一致する場合は，その習得が困難なものではない可能性がある。

しかしながら，その習得が困難なものであろうとなかろうと，第二言語のどこが母語と異なり，どこが同じであるのかを意識的に知ることができる年齢/レベルにある学習者にとっては，少なくともそのメタ認知的な学習方法が効果的である可能性がある。

たとえば，大学の英語未履修の留学生などを対象とした初級英語クラスにおいては，この種の意識的な文法教育は効果的であろ

う。近年，国際化が進む中で，英語を学んだことのない留学生が，大学に入学するケースが増加している。このような多様性に対応して，南山大学では，英語未履修者を対象とした初級英語クラスを開設している。大学で初級英語を学ぶ学習者の年齢は，18歳以上と高く，自ずと幼児や小学生，中学生に比べ，言語をメタ言語的に分析する能力も高い。このような学習者には，母語(例えばチベット語)や既習言語(例えば中国語)と，学習対象言語となる英語の文法を対照させ，平易な言語を用いて文法を比較して教えることは，効果的であろう。

　文法は，文を理解するためのみならず，読解に有効な方略の基本ともなりうる。この仮説が正しいとすれば，文法が文章理解の上で果たす役割とはちょうど山登りにおける地図や，航海における羅針盤のように，その基本的な指針を示すものであると言えよう。地図のない山登りや，羅針盤のない航海の果てに目的地についたとしたら，それは偶然か，もしくはよほど運がいいかのいずれかによるものにすぎない。文法を知らずにその言語で書かれた(絵も音もない)文章が理解できたとしたら，それは偶然か，よほど読者のカンが鋭いかのいずれかによるのである。

5-3 普遍的な文理解に関する諸問題

　以上，基本的な文の意味を理解する上での文法の役割について述べてきたが，文法が脳に内在しているとしても文理解が困難である場合がないとは言えない。

　先述したコネチカットのクリスマスについての文章を思い出してみよう。(B)や(C)に表された文，すなわち "The hunter knew that the turkeys like the bush owned by the old man living alone in a red house in Coventry, Connecticut." や，"The turkey "raced" passed the barn fell." という類いの文は，理解

が困難な文としてよく知られている。(11)(a)は埋め込みが多い例で，(11)(b)は garden path phenomenon（袋小路文）(Garrett, 1970) と称される文である。

(11)(a) The man knew that turkeys like the bush which was owned by an old man who is living alone in a red house in Coventry, Connecticut.
(b) The turkey hurried past the barn fell.

(11)(a)は，「コネチカットのコベントリーで，赤い家に独居している老人が所有する雑木林は七面鳥が好む場所であることを，その猟師が知っている」という意味である。日本語においても埋め込まれた節が多く，何ともはや，実にわかりにくい文である。これらの文は当該の文法の知識がない限り，到底理解できる文ではないが，文法知識を持っていたとしても読むのに手間取るものである。これらの文理解に伴う（文法以外の要因に関わる）諸問題は，母語話者においても第二言語話者においても起こりうる。

また(11)(b)を読んだ読者の中には，「hurried」という動詞に至ったとき「七面鳥が急いだ」という意味解釈をした人はいないだろうか。この文は，実は「納屋の向こうまで追い立てられた七面鳥がころんだ」という意味の文である。（母語話者が）文解析をするとき，いったん最初の動詞(hurried)を見ると，そこで文が終わったと解析してしまい，fell を読んで改めて文頭に戻り，文構造を構築しなおすというように，文解釈において再構成化を要することがある。

1つの文や句が唯一の意味を担うとは限らないことも，文理解を困難にする要因となる。(2)で語彙が多義的である例（"turkey"）について前述したが，1つの文や句がいくつかの意味を担う場合もある。これらは多義文あるいは多義的な句(ambiguous sentences or phrases)と称される。たとえば，コネチカットのクリスマスの話の中の(F)で示した "visiting relatives" がその例である。(F)の例を(12)でもう一度見てみよう。

(12)(a) visiting relatives
　(b)　　VP　　　(c)　　NP
　　　　／＼　　　　　　／＼
　　　V　　NP　　　　VP　　N

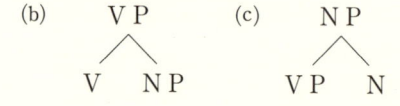

　これは1つの句について複数の文法構造が可能であり，よって複数の解釈がありうる例である。1つの読みは「親戚を訪問すること」であり，もう1つは「遊びにきている親戚」という読みである。それらの概略的な構造はそれぞれ(12)(b)と(12)(c)に示されているように，前者が動詞句(VP)であり，後者が名詞句(NP)である。このような例においては当然，文法のみに基づいてはその意味を一義的に決定することができない。しかし，同時にこれらの多義的な可能性(すなわち複数の構造の可能性)を知らなければ推論するにも選択肢がないのである。この事例は文(章)理解のメカニズムにおいて，文文法と文文法以外のモジュールとが相互関係を持って文の意味を決定する場合があることを典型的に示すものである。

　しかし，ここで重要な点は文文法以外の情報のみでは多義的な文や句の意味が一義的に決まる可能性がきわめて低いことである。読み手は，文文法に基づき当該の(多義文の持ついくつかの)可能な句構造を知っていてはじめて，文文法以外の知識を駆使し，いくつかの選択肢の中から1つの構造を，すなわち1つの意味を決定することができるのである。

　文文法と文文法以外のモジュールとが相互関係を持って文の意味を決定する場合があることは，特に代名詞の先行詞の決定に関

して顕著に見られる。たとえば，次のような文において He の先行詞は何か。

(13) He is looking at the picture of Santa Claus.

この代名詞 He の先行詞は Santa Claus ではあり得ないことを英語の母語話者は(無意識ではあるが)知っている。この場合，話者は一様に代名詞の先行詞は Santa Claus 以外の誰かである解釈が自然であると文法判断する。Murasugi(1988)においては，3歳の英語を母語とする幼児が，(13)のような文について大人と同様の解釈をすることを理論的実証的に示している。

では，文内で代名詞と固有名詞がどのような関係にあるとき同一指示が許され，どのようなときに許されないのか。この人間に一様に与えられた無意識の知識はどのように規定されることができるのか。代名詞と先行詞の関係は「代名詞は先行詞に先行してはならない」というような文法であったとすれば，それはシンプルでわかりやすい。たとえば(14)(a)のような例は，この文法によって説明されうる。

(14)(a) He thinks that John is smart.
  (b) Before he left the town, John stopped by the famous museum.

代名詞は John に先行し，John を指すことはできないからである。しかし，(14)(b)のような文について，英語の母語話者は一様に，代名詞が John を指すことができると判断する。この母語話者の(無意識)の文法知識は，代名詞の指示についての文法が，単に線的な順序によって決められているのではないことを明示している。この場合，代名詞(he)が John に先行しているにもかかわらず，he は John と同一指示になりうるのである。

生成文法理論では，同一指示に関する下位理論として，Binding(束縛)理論を提案している。それによると，文内における代名詞と固有名詞の同一指示の可能性は文法構造上の関係により規定される。構造に依存した原理が，(13)や(14)等の例に見られる同一指示の可能性を正しく説明するのである(たとえば，Reinhart, 1983を参照されたい)。

しかし，この理論は(14)(b)のような例において，実際にJohnがheの先行詞であることを予測するわけではない。このような関係が文法上可能であることを示すのであって，(14)(b)が文章内の一文として表れたときにheがJohnを指すのか，あるいはJohn以外の人を指すのかは文法以外の要素によって決定される。この状況は多義的な文や句の場合と同様である。文法が代名詞の先行詞に関する選択肢を規定し，文法以外のモジュールがその選択肢の中から実際の先行詞を決定するのである。

6 文と文章の意味：チョムスキーとサールの論争

この章では読解における文法知識の役割を検討し，以下の結論に達した。

(15)(a) 言語獲得において，文法知識の獲得は，読解方略獲得の前提となる。
  (b) 文法知識が，実際の読解過程において重要なヒントを読者に与える。
  (c) 文解釈の統語方略は，文法を反映したものである。

文法が，談話，文章，コミュニケーション等とどのような関係にあるのかという問題は決して新しいテーマではない。本章の締めくくりとして，ノーム・チョムスキー(Noam Chomsky)とジョン・サール(John Searle)の「言語」に関する論争を本章の

議論に関係づけて紹介したい。

　Searle(1969, 1975)は，Chomskyの言語論を批判しつつ，言語の本質はコミュニケーションにあり，この本質から離れたところで言語分析は成立しないとの論を展開する。この論に基づいて，文の意味もまた，文自体が持つものではなく，その文のコミュニケーションにおける機能として定義される。たとえば，食卓における "Can you pass the salt?" という発話を考えてみよう。この文の文字通りの意味は聞き手の能力を問うものである。しかし，この発話は「塩を取ってください」というリクエストとしてコミュニケーションの上では機能するのである。Searle(1975)では，このコミュニケーション上の機能こそが重要な意味であるとして，それを文自体の意味，コンテクスト，一般的な知識，推論等から説明することを試みている。

　この批判に対する「反批判」は，Chomsky(1975)において詳細に展開されているが，ここではChomskyの1つの指摘を紹介するにとどめたい。それは，Searleのコミュニケーション上の発話の機能の説明が，文の文字通りの意味に依存していることである。"Can you pass the salt?" がリクエストとして機能するとの説明に，Searleは文の文字通りの意味を使っているのである。このことは，もしSearleの言うように発話のコミュニケーション上の機能こそが「意味」であったとしても，文自体の意味も存在し，重要な役割を果たしていることを示す。さらに，説明の循環性を避けるためには，文の文字通りの意味はコミュニケーション上の機能とは独立したところで理解されなければならない。

　上述したChomskyの指摘は文と文章の関係にもあてはまる。文章の中の文は，文字通りの意味以上のことを表す。同じ文であっても，それは文章の中で議論の仮定として機能することもあれば，結論として機能することもある。また，それが引用を表す

こともあれば，著者の主張を表すこともある。文の文章内の機能を正しく把握することは文章読解の重要な鍵である。しかし，このことは，文の文字通りの意味の理解が不必要であることを意味しない。文の文章内の役割を把握するためには，コンテクスト，一般的な知識，推論に加えて，文それ自体の意味の理解も不可欠であろう。

　文章読解における文理解では，前後の文が考慮されるべきコンテクストの一部となる。そして，前後の文を理解するためには文の基本的な意味が重要な役割を果たす。したがって，文の字づらの意味を理解することは "Can you pass the salt?" の場合に比して，文章読解においては，より大きな要素となりうるのである。文の意味解釈が文法知識に支えられたものであるとすれば，文章読解において文法知識が重要であることは当然であると言えよう。

【キーワード】
モジュール　文法　文理解　文章理解　American Sign Language　統語的ストラテジー　普遍文法　句構造規則　Noam Chomsky　John Searle

4 意味

宮浦国江

1 1+1が2より大きくなる世界

　英文の1文1文は訳せても，全体として何を言っているのかが理解できないという場合がよくある。どういう場面なのかよくわからない，作者の言いたいことがつかめない，段落の主題がわからない等の場合である。読解研究においても，未熟な読み手の問題点は単文レベルではなく，この複数文からなるディスコース・レベルにあるのだという指摘は多い（英語がL1の子どもの場合についてはYuill & Oakhill, 1991; Oakhill & Yuill, 1996等。L2学習者の場合についてはLong, Oppy & Seely, 1997等）。Long *et al*. (1997)が大学生を対象に行った実験では，優れた読み手とそうでない読み手の違いは単文レベルの理解においてではなく，テクスト内に散在する情報を統合できるかどうかに現れたという。

　どうして，1文ずつは読めても全体がわからないということが起こるのであろうか。1文ずつの読解に加えて何が必要になるのか，次の例で見てみよう。

(1) Tommy was lying down looking at a reading book. The room was full of steam. Suddenly Tommy got some soap in his eye. He reached wildly for the towel. Then he heard a splash. Oh no! What would he tell his teacher? He would

have to buy a new one. Tommy rubbed his eye and it soon felt better. (Yuill & Oakhill, 1991)

このテクスト中の単語がすべてわかり1文ずつ直訳できたとしても,必ずしも場面が理解できたとは言えないだろう。ここにはTommyがお風呂に入りながら本を読んでいたこと,その本がお風呂の中に落ちて濡れてしまったこと等は直接書かれていない。読み手が文中の語を手がかりに推論してはじめて浮かび上がってくるのである。場面については, *lying down*, *steam*, *soap*, *towel*, *splash* からBATHの概念が得られることが,本については *splash* から風呂の中に落ちて濡れてしまったと推論される必要がある。さらに読み進めて, *tell his teacher*, *buy a new one* から(それに *oh no* も含めて)それが自分の本ではなく,SCHOOL-BOOKであり,Tommyが先生に話して弁償しなくてはならないことで困ったことになったと思っていることがわかれば,先ほどの推論は裏付けられ話が1つの流れとして捉えられる。さらに,優れた読み手は,この出来事が石鹸が目に入りあわててタオルを取ろうとして起こったという因果関係も理解するだろう。このようにして全体が緊密なつながりで連結され1つのまとまりをなすとはじめて読み手は「わかった」と実感できる。単に1文ずつの直訳ができても,各文の表す事態が有機的に結ばれていないときには,単なる文の寄せ集めでしかない。

つまり,英文読解には各文の読解だけでなく各部分を連関させて破綻のない全体を作り出すことが必要である。そして,そのいわば接着剤の役目をするのが読み手の持つ言語能力や世界知識であり,それに基づいて読み手が生み出す推論である。

2 意味的なまとまり

上記で見たようなテクストの読解過程をDevitt(1997)は図1

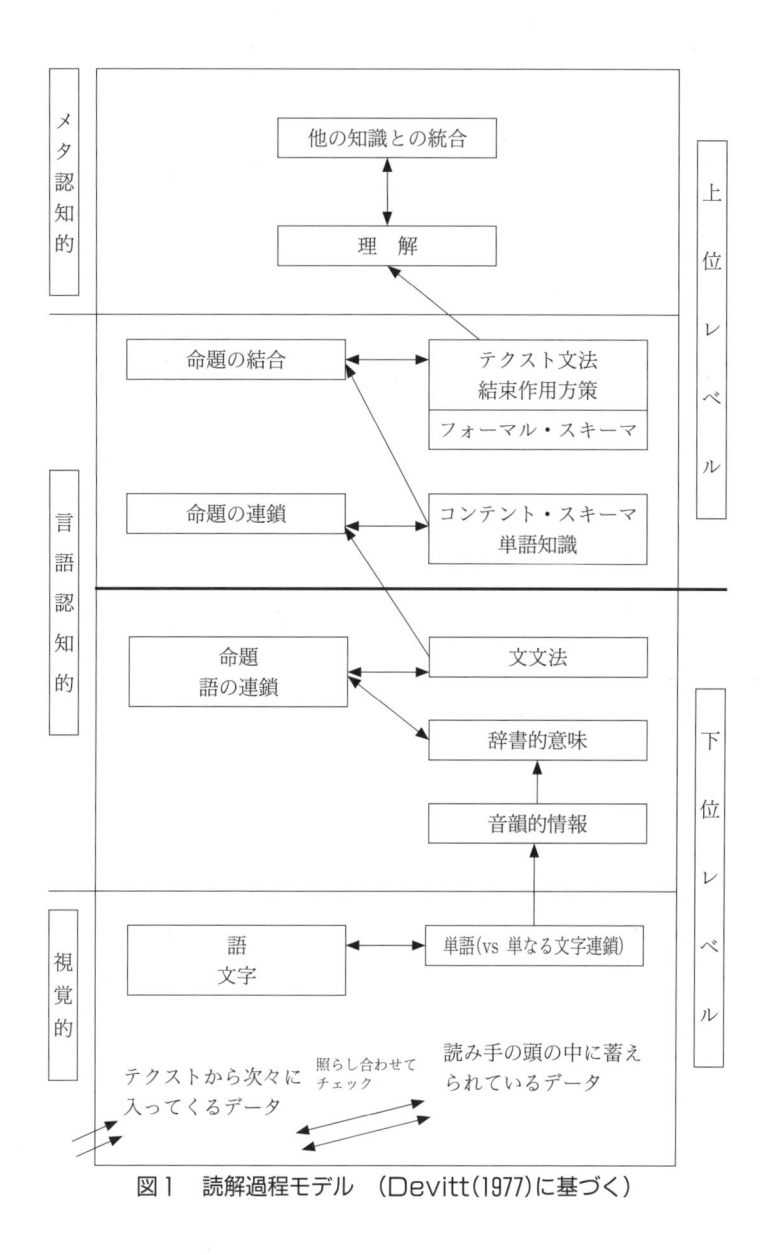

メタ認知的	他の知識との統合 ↕ 理解	上位レベル
言語認知的	命題の結合 ⟷ テクスト文法 結束作用方策 / フォーマル・スキーマ 命題の連鎖 ⟷ コンテント・スキーマ 単語知識	
	命題 語の連鎖 ⟷ 文文法 辞書的意味 音韻的情報	下位レベル
視覚的	語 文字 ⟷ 単語(vs 単なる文字連鎖)	

テクストから次々に入ってくるデータ　照らし合わせてチェック　読み手の頭の中に蓄えられているデータ

図1　読解過程モデル　（Devitt(1977)に基づく）

第4章　意味 —— 89

に示すモデルで説明した。テクストから次々に入ってくるデータを，読み手が自分の持っているさまざまな知識と照らし合わせながら理解に至る過程がレベルを追って示されている。文字列が単語であることを認識し，単語の意味と文文法の知識を使えば語の連鎖は1文として1つの命題(誰がどうした)が捉えられる。しかしながら，この1文ごとの理解まででは，図1の右側に書かれているように単に下位レベルの言語処理を終えたにすぎない。もし読み手が1文ごとの直訳を繰り返しているのなら，それは単に命題の連なりを得ていることにすぎない。何らかの結合体として構築されるには，これらの命題の連鎖は単語の知識や内容に関するスキーマ，文章の形式的修辞的構造についての知識や，文中の要素を結束させる方策(cohesion devices)についての知識を参照しなければならない。

(1)の例では，内容については TAKING A BATH, SCHOOLBOOK, GETTING WET IN WATER 等のまとまった知識，構造については物語スキーマが照合されるだろう(第6章)。これらの知識と照らし合わせて，テクスト全体の命題が有機的な結合体となったときはじめて理解に至ることになる。その上で，このテクストの命題は読み手がすでに持っている知識と統合される。言い換えれば，あるテクストを読んだ結果，読み手は自分の世界知識を広げたり増強したり，修正したりすることになろう。(1)の場合であれば，1つの話を読んで，読み手の頭の中にエピソード記憶が経験として加わるのである。

ここでは，テクストの統合に関わる単語知識と内容スキーマという意味的側面を見ていく。構造・形式面に関しては，第5章でパラグラフ構造について，第6章でテクスト・タイプに関わる問題について見ることになる。また，以下では読み手は取りあえず単語や1文の文法面での障害はないものとして話を進めていく。

もちろん実際には，すでに第2章，第3章で見たように，語彙や文法の知識の質や量が読解には大きく影響する。

さて(1)に戻ろう。図1によって，もしうまく理解できなかったとしたら何が欠如していたかは明らかになったが，読み手の問題がそれで解決するわけではない。実際に読んでいるときに，たとえば日本人学習者は *lying down* から BATH をすぐに思い浮かべることができるだろうか。また，なぜここに *teacher* が突然出てくるのか理解できるだろうか。読み手にとってまさに問題なのは，具体的にどのスキーマを膨大な知識の中から取り出すのか，またその知識を利用してどのような意味連関を持った全体像を頭の中に描くかであろう。さらに，もし適切なスキーマを利用できず間違った推論を生成したとき誤りに気づいて修正できるだろうか。できるとしたら，どのようなきっかけで，どのようになされるのだろうか。このようなことを考察する必要があろう。

その前に，図1のモデルについて2つ指摘すべき点に触れておく。1つは一見して明らかなように，図1のモデルは読解過程におけるボトムアップ処理を説明している。視覚的に取り込まれた文字という小さい単位から次第に，語，文，全体というように大きい単位にまとめ上げられていくのが上向きの矢印で示されている。しかし広く知られているように，読解過程にはトップダウン処理も関わっているのである。たしかに，図1にはスキーマという，トップダウン処理に使われるとされる知識も含まれている。しかしその知識が逆に，より下位レベルの活動にも影響し文の統語分析や語の意味の確定，さらには文字列の読みとりを容易にするという側面を描いていない。いわば下向きの矢印も加えられるべきである。もう1点は，図1のモデルが読解過程を時間軸を捨象して描いている点である。実際の読解過程では上述したように，途中で間違うこともあれば修正が必要になることもあり，一直線

に均質的に理解に向かうというわけではない。読解の始まりから終わりまでの過程をさらに詳しく検討する必要があるだろう。

以下で，まず読解についての基本的な考え方を提示する(→3)。次に，(1)の例文にそって読解過程の詳細な検討を行う(→4)。最後に，他の読解例で議論の確認をしまとめとする(→5)。

3 テクストを読んで理解するという行為

テクストを読んで理解するというのはどのような活動だろうか。それを理解するためにまず次の3点を出発点として確認しておきたい。

(i) 人は，基本的に，目の前のテクストに意味を見いだそうとする(search after meaning) (Graesser, Singer, & Trabasso, 1994)。

(ii) 読み手はテクストの描き出す事態を頭の中にメンタル・モデルとして構築する。読み手は文に明示されている言語表現からさまざまな概念を活性化させ，その概念について自分が持っている世界知識に基づいて推論を生成し，整合性のある首尾一貫した状況としてメンタル・モデルを構築していく(coherence in constructing mental models) (Garnham 1981; 宮浦, 1997a; Miyaura, 1997b; 宮浦, 1998; Oakhill & Garnham, 1992)。

(iii) 首尾一貫性はテクストに存在するものではなく，テクストの言語表現を手がかりとして，読み手が心の中に打ち立てていく心的な現象である(coherence in mind) (Gernsbacher & Givón, 1995; Givón, 1995)。

(i)にあるように，人は基本的にテクストについてだけでなく自分を取りまく環境からの情報に意味を読みとろうとする。時には砂原の風紋にも何かを読みとろうとしたり，日々の作業や生活に

影響を及ぼす空の雲や風の様子からの情報にも積極的に意味づけを行う。もともと多くの情報を持つ言語に意味を見いだそうとするのは当然であろう。文法的だが意味をなさない文の例として，しばしばあげられる *Colorless green ideas sleep furiously.* という文にも読み手は解釈を試みるのである(岩田, 1988)。[1] そして2文が並んで書かれているだけで，われわれはたいていの場合，その2文を連関をなすものとして読みとろうとするのである。

(ii)については，次の「4 メンタル・モデルの構築，修正，精緻化」で具体的に見ていく。(iii)については，一般には首尾一貫性はテクストの中に見いだされる特質として捉えられ，テクスト性の判断基準ともなっている。たとえば，次の(2)には Frank−He−He と照応関係があり首尾一貫性を備えているのでテクストと見なされるが，(3)にはそのような首尾一貫性がないのでテクストとは認められない(Nuttall, 1996)という具合である。

(2) Frank went shopping at the mall.
   He strolled through several shops before stopping at Macy's.
   He found a nice shirt in the store.　　(Seifert, 1990: 108)
(3) The referee blows his whistle.
   I have serious doubts.
   She kept writing letters feverishly in her study all afternoon.　　(Quirk *et al.*, 1985: 199, 299, 499)

これに対して，われわれは次のように考える。(i)で述べたように，読み手はまず(2)や(3)に対しても何か意味を見出そうとする。そして(2)の場合には言語表現の中に，空間的，時間的，指示的，内容的な首尾一貫性の手がかりが幾重にもあるので，統合性のきわめて高いテクストと見なす。(3)は言語表現の中にそのような首尾一貫性を確立するための手がかりがほとんど得られず，統合性のきわめて低いテクストと判断される。

また記憶の面から言えば，(3)では次々に新たな事態が導入されるだけで，文と文の間の関係が見いだせない。作業記憶の容量は限られており，次々に新たな概念が活性化されても何の関係づけもされないので，はじめのほうの概念は長期記憶に移されることなく消えていってしまう。結局，読み手には支離滅裂なテクストという印象が残るだけで，内容についてはほとんど記憶に痕跡を残さないだろう。

いずれにせよ，首尾一貫性というのは言語表現を手がかりに読み手の頭の中に意味が打ち立てられるものであり，意味とは言語表現の中に手がかりが多いほど統合性の高いテクストとして記憶されることになる。

この(iii)の立場は，言語の構造も意味も固定的なものとしてではなく，話し手/書き手と聞き手/読み手の間のダイナミックなものとして捉える(Clark, 1996)。[2] これはつまり，言語研究のアプローチで言えば，言語を言語使用の結果残された記録として研究する(product approach)のではなく，むしろ言語使用の場において研究する(action approach)ということである。

では実際にテクストを読んで理解に至る過程とはどのようなものか，その際に意味的な統合性がどのような役割を果たすのかを以下で見ていこう。

4 メンタル・モデルの構築，修正，精緻化

上述したように，ある文が提示されて読み手が文中の語の意味や統語関係の把握に基づいて，世界知識を使い推論によって間隙を埋め，筋の通った(coherent)なものとして文が表す事態を頭の中に描き出したとき，はじめてその文は理解されたと言える。この頭の中に描き出す状況図をメンタル・モデルと呼ぶ(Garnham 1981; Oakhill & Garnham, 1992)。1コマの漫画のようなものだ

と思えばいいだろう。たとえば，(1)の第1文，*Tommy was lying down looking at a reading book* を読むと，Tommy という名の人間がある時点で本を見ながら横たわっているところが描かれる。Tommy という名は男性の名 Thomas の愛称であることから，たいていの読み手はこの人物を少年として描くだろう。この判断は読み手の知識に基づいてなされた推論である。*look* から活性化される LOOK の概念はいろいろありうるが，その対象が READING BOOK であれば，容易に READ という概念を最も強く活性化させるだろう。すると LIE DOWN という概念から読み手が選び出すのは，死者のようにまったくの水平に静止した姿ではなく，腹這いか仰向けか横向きか，多少上体なり腕なりが上がった姿勢としての横たわり方であろう。このようなことが，ほとんど無意識に読み手の世界知識に基づいて瞬時のうちに推論され頭の中に描かれるのである。場所については言及がないので，読み手によっては自分の知識からごく当然のこととしてベッドの上，部屋の床，野外等を補って描く場合もありうるが，多くの読み手はそこまでのコストをかけずに，この時点ではメンタル・モデルとして Tommy が前景に描かれているだけで背景は無地のままにしておくであろう。

そして第2文 *The room was full of steam* に進む。読み手は，また同様に文中の語の意味や統語関係に基づいてこの新たな文が表す事態を描いていくのだが，ここでは定冠詞を含んだ *the room* から，この文は第1文で描いたメンタル・モデルの場面の場所を指定するものとして直接関係づけられる。1コマ目の無地の背景が第2文を読むことによって，2コマ目で蒸気が立ちこめたものとして描き加えられる。ただし，漠然とベッドの上や，屋外を描いていた読み手は，ここでメンタル・モデルの修正を迫られる。また steam から活性化される STEAM の概念は，多くの

読み手にとって問題となるだろう。

　解決を求めて第3文 *Suddenly Tommy got some soap in his eye* に進もう。*suddenly* から時間的に2コマ目の場面に直結される。これによりさらにさかのぼって1コマ目にも連結されたので，第3文の Tommy は，1コマ目に現れた Tommy と同一人物として判断され，その彼の目に石鹸が入ったところが描かれる。この場合，読み手は世界知識に基づき SOAP を固形の石鹸ではなく，石鹸の泡として捉えるだろう。同時に今までの LIE DOWN, ROOM, STEAM 等と共起したことで，新たに BATHROOM, または BATH という概念が強く推論として生成されるだろう。すると，それに合致する形で，作業記憶に残っている第1文からの状況が再調整される。ただし，読み手によっては STEAM, SOAP からは BATH が生成されても，世界知識としてその BATH の概念は「横たわる」ことや「本を読む」ことと相容れず適切に処理できないかもしれない。しばらくの間は未解決のまま読み進めることになろう。

　第4文以降も同様に言語分析に基づいて場面が加えられていく。第4文の *the towel* も，それ以前に *a towel* という言語表現はなくても，そこまでに構築されているメンタル・モデル内から探索することがきわめて容易で間違えようのないものと書き手が判断したために定冠詞を使って表現された。実際読み手は BATHROOM の概念とともに容易に TOWEL を活性化できるだろう。第5文も *then* という時間表現で連続した場面であることが指定される。さらに *he* がメンタル・モデル内の Tommy と同一指示であることも，首尾一貫した統合性を見だすことに貢献し，第5文を先行部分に緊密に結びつける。意味的には *splash* から活性化される SPLASH という概念は，ほとんど自動的に LIQUID, WATER, NOISE, FALL, GETTING WET 等の概念も活性化

させるだろう。そして，4コマまでのBATHと矛盾なく連関を確立する。ただしこの段階では，何が風呂の中に落ちて音を立てたのかは未指定のままである。文法的な手がかりからは *towel* が得られるかもしれないが，世界知識からその可能性は排除されるだろう。タオルが水に落ちてそんなに音を立てるとは普通考えられないからである。

第6文から第8文は，Tommyの発した言葉，あるいは考えたこととして捉えられるだろう。ある事態が起きたとき，関係している人物が何らかの反応を示すことは自然だからである。*Oh no!* からはこの新たに出現した事態がTommyにとって予期せぬこと，あるいは驚きとして捉えられたことが推論される。問題は *tell his teacher*, *buy a new one* であろう。TEACHERという概念は，強くSCHOOL, STUDENT, TEXTBOOK, CLASS等の概念を連想的に活性化させる。読み手の属する文化圏内の知識によるが，教科書が生徒個人の所有物ではなく学校から貸与されるものである場合には，比較的コストがかからずに今までのメンタル・モデルに適合する形で首尾一貫性を確立できるだろう。Tommyが風呂に入りながら読んでいたのは学校所蔵の読本であること，びしょびしょに濡らして使い物にならなくしてしまったら報告して弁償しなくてはならないこと等が推論されれば，矛盾なく1コマ目から8コマ目までが1つながりの出来事として描かれることになる。

そして第9文に進む。5コマ目から8コマ目までは，いわば4コマ目の直後に起こった出来事とそれについての登場人物の反応という挿話であったが，ここでその出来事が起こる前の4コマ目と同じ場面に戻ることになる。SOAP IN EYEという事態がTOWELを求めると言う行為を引き起こしたが，ここではその行為の目標であるRUBBING EYEという行為が行われ問題は解決

第4章　意味

したことになる。そして,それに対する Tommy の反応が *it felt better* という形で表現されている。もちろん *it* は *his eye* (= Tommy's eye)であり,Tommy との同一指示によって指示的統合性を高めるのに貢献する。

このような形で,第1文から最終文までが一連の出来事として矛盾なく統合性を確立しながら連結されたとき,われわれは(1)のテクストを理解できたと言えよう。各文ごとに描き出される事態はさまざまな手がかりによって読み手の世界知識を活用しながら,それまでのメンタル・モデルとの連関を見いだし,それに統合されていった。言語表現は空間的に,時間的に,内容的に,その統合性を確立するための手がかりとなっていた。中でも世界知識に支えられた意味的内容的な連関の確立がメンタル・モデルの構築,修正,精緻化に大きく寄与していたと言えよう。

読解過程において,読み手がすでにその時点までに持っている世界知識によって,推論生成,メンタル・モデルの構築,修正にかかるコストは異なっていよう。ただ,仮に BATH に関して保留のまま言語分析に大きく頼りながら読み進めた読み手も,最後まで何とか首尾一貫したメンタル・モデルが構築できたとしよう。するとそのときには,逆に「横たわる」ことや「本を読む」ことと矛盾しない BATH の概念を新たに学ぶことになる。

また,もしこの(1)のテクストが読み手よってはいささか中途半端に感じられるとしたら,第5文から第8文にかけての出来事とそれに対する Tommy の反応,目標(先生に報告する,弁償する)が,テクストの範囲内では行為として行われず,その結末を見るというところまで行っていないからであろう。

以上,読解過程をたどりながらメンタル・モデルの役割を見てきた。意味的統合性は首尾一貫したメンタル・モデルの構築・再構築に大きく寄与するものであり,むしろ語彙はその構築された

メンタル・モデルに適合する形で解釈されると言えよう（*look*, *soap* の意味等）。次に，このような読解観の妥当性を見る。

5 言語表現と豊かなテクスト世界

　読み手が文を読んで理解する過程は，テクストの言語分析だけでなく読み手の世界知識を使って推論生成をし整合性のあるメンタル・モデルを構築し，次々に入ってくる情報を用いて絶え間なくそのモデルを精緻化したり修正したりする過程である。Gernsbacher & Givón(1995: vi)が言うように，「首尾一貫性とはテクストに内在する特性ではなく，心的な現象」なのである。したがってテクストはメンタル・モデルを作るための情報を提供するわけだが，それがたとえば(3)の例のように次々に関連のない事態ばかりを表現している場合には，読み手はテクストの中に統合性の手がかりを得られず，したがって，たとえモデルは構築しても連関は捉えられず，そのうちにはじめめのほうの情報は消滅してしまう。その結果として，読み手はその情報源であるテクストの意味内容をほとんど記憶に残すことができない。

　上記で見てきたようなアクション・アプローチ(action approach)を取れば，テクストの言語表現とその意味についてはプロダクト・アプローチ(product approach)における想定とは異なり，辞書的知識さえあれば自然に一義的に決まるわけではないということも明らかになるであろう。読み手が頭の中に，テクストの明示表現から活性化される概念をテクストの言語規則が指示する形で結びつけたときに，意味的整合性を備えた状況を描き出すと，その状況がその表現の表す意味として捉えられるのである。言い換えれば，読解の題材である文はそれをきっかけとして，読み手が推論によって補い肉づけし関連づけてまとまりのあるメンタル・モデルを頭の中に描き出すための手がかりを与えるにす

ぎない。このわれわれの主張は，Sperber & Wilson (1986)が発話理解に関して関連性理論(relevance theory)で述べていることと呼応する。言語としては同一の表現であっても，それが埋め込まれたコンテクスト，話し手の意図，聞き手の知識と推論によって，理解される意味は異なってくる。次の例で確認しよう。

(4)(a) Mary had a little lamb.
　(b) Its fleece was white as snow.
(5)(a) Mary had a little lamb.
　(b) She spilled mint jelly and gravy on her dress.
(6)(a) Mary had a little lamb.
　(b) The delivery was a difficult one.
　(c) The veterinarian needed a drink.

(Trabasso, Suh, & Payton, 1995: 191-2)

この3つのテクストはどれも第1文が *Mary had a little lamb.* である。もしこの文が単独で提示された場合，多くの読み手は童謡の「メリーさんの羊」を思い浮かべ，少女と子羊を頭の中に描き出すだろう。それは(4)のような2文のテクストとして提示されればさらに確かなものになるだろう。しかし，もしそれが(5)のように展開すれば，*Mary* は食事をしている女の人として，*lamb* は肉料理として捉えられる。さらに(6)のテクストとして提示されれば，*Mary* は難産の末に子羊を産んだ母羊として捉えられることになる。このように同一文が異なったコンテクストの中で展開していった結果，最終的には異なった個体(少女とそのペット，女性と食べ物，母羊と生まれたばかりの子羊)と，異なった関係(所有，食事，出産)がメンタル・モデルの中に築かれることになる(詳しくは宮浦, 1998)。

以上，テクストを読むとはどういうことかを見てきた。読み手がテクストの中からさまざまな概念を活性化させ，自分の持っている知識を活用してテクストの中の統合性を確立するための手が

かりを使えば，結果として豊かな世界が描き出されることになる。読み手が時間的，空間的，指示的，意味内容的にと幾重にも統合性あるいは関連性を見いだすほど，描き出される世界は緊密な整合性の高い，具体的なイメージ豊かな世界となる。次のよく似た2つのシンプルなテクストからも，読み手はまったく異なる世界を描き出すことだろう。

(7) Mary cried. John kissed her.
(8) John kissed Mary. She cried.

英語の授業の中でも，読み手が「メアリが泣いたものだからジョンは(そっと)キスしてあげた」，「ジョンがキスなんかしたものだからメアリは泣き出してしまった」ぐらいに訳し分けるような自由な気持ちで読解に取り組んでみてはどうだろうか。

【キーワード】
読解過程　コンテント・スキーマ　フォーマル・スキーマ　メンタル・モデル　首尾一貫性　意味的統合性　言語表現　関連性理論

---

1) 大学生の解釈例として次のようなものを紹介している。「まだ何も知らない乳幼児ではあるが，いずれ発達する観念が，今は奥底で眠っている」「戦争であたり一面が焼け野原になってしまった。以前まではみどり一色の広く美しい野原であったのに，今は見る影もない。そんな中1人で立っている。静まりかえった野原はまるで，すべてが眠っているかのように思える。荒れきった野原は，そして祖国全体はもう眠りから覚めないのではないかという不安にかられている。」
2) Verschueren(1999)は，pragmatic perspective と呼び，Emmott(1997)は discourse perspective と呼んでいる。

5 パラグラフ構造

小西正恵

　Part 1では，文字，単語，文の理解，さらには2文以上がつながったときの読みについて説明がなされてきているが，英語で書かれた文章には，文が集まってある一定の意味を表すときにパラグラフと言われる基本単位が存在する。日本語母語話者にとっては，その基本単位についての知識や読みにおけるその知識の活用方法は，明示的に学ばなければ獲得することがむずかしいと考えられる。

　フォーマル・スキーマ(formal schema)(Carrell, 1994)という語が使われるようになって久しいが，それぞれの言語におけるテクストあるいは文章構造には，その言語文化独自のものがある。本章では，英語のパラグラフ構造がその形式として表している意味を読解の助けになる知識として紹介しよう。

1 情報のバケツリレー

　パラグラフという概念の説明に入る前に，文と文をつなぐ情報の流れに関する規則について説明を加えておこう。前章においてもすでに，2文以上のつながりについては説明されているが，ここではまた別の角度からさらなる説明を加えたい。次の2つの文章を例にとって説明する。

　(1) Thomson, Sir, Joseph John (1846 - 1940)

British physicist and mathematician and head of a group of researchers at the Cavendish Laboratory in Cambridge. <u>Thomson discovered the electron</u>. He is regarded as the founder of modern physics.

(2) Electron

A subatomic particle and one of the basic constituents of matter. <u>The electron was discovered by J. J. Thomson</u>. It is found in all atoms and contains the smallest known negative electrical charge.　(Eastwood, 1994: 131)
（下線は筆者による）

　下線を引いた文に注目してほしい。2つの文の伝えている事実は同じであると考えられる。しかし、(1)の文章では、そのタイトルや第1文の内容からもわかるように、Thomson という人物を主題とした文章の流れとなっており、その中では Thomson を主語にして、discovered the electron を述語の位置に置いた文構造を採用している。一方、(2)の文章では、electron を主題とした文章の流れの中で、the electron を主語に、was discovered by J. J. Thomson を述語とする文構造を採用している。1文ごとの読みにのみ注目して読み進めていれば気づきにくいかもしれないが、この例でわかるように、伝える事実としては同じであっても、決してこれら2つの文は入れ替わることはないのである。

　文単位の学校文法的な説明をすれば、1つの事実を能動態を用いて表現するか、受動態を用いて表現するかの選択の問題ということになるが、それぞれの文構造が文法的に正しければ、どちらをどちらの文章に用いても構わないというものでは決してない。情報の流れ、あるいは情報構造という視点から、文章全体の主題が何であり、すでに述べられた情報がどのようなものであるかという条件に基づいて、その既知情報を文の主語の位置に配置し、これまでに述べられていない新しい情報を述語の位置に新たに提

示するという,情報の受け渡しに関する規則が明確に定められているのである。文を超えた談話レベルの文法規則では,文文法で言うところの主語の位置に置かれる既知情報のことを心理的主語(シーム=theme),述語の位置に置かれる新情報のことを心理的述語(リーム=rheme)と呼ぶ。

上記の例のように,文章全体の主題としてはじめに掲げられているタイトルの情報やそれまでの文の中ですでに述べられている既知情報を文頭に配置し,新たに加える情報を文末寄りに配置して,さながら情報をバケツリレーするように次々と新しい情報を加えることによって文の流れが作られているのである。新情報を文末寄りに配置するという原則は文末焦点の原理(end focus principle)と呼ばれる。

上記の例では,能動態と受動態の使い分けが恣意的なものでなく,情報構造によって必然的に決定されるものであるという例を提示した。このほかにも,二重目的語を持つ文構造を採用するのか,目的語を1つにして,間接目的語になるべき行為の受け手を,前置詞を用いて表す文構造を採用するのかの決定についても,同じことが言える。文末焦点の原理が働き,語順が必然的に決定されるという解釈を当てはめると,これらについても恣意的にどちらかが選ばれているのではないことが理解できるだろう。次の例文で見てみよう。

(3) The duchess was rich. She gave her daughter a million pounds.
(4) The duchess was very odd. She gave her money to complete strangers.　　(Eastwood, 1992: 160)　(下線は筆者による)

(3)の例では,「金持ち」であるという情報がすでに提示されており,それに対して「100万ポンド」という大金が文末に来る重

要な情報となるように，二重目的語をとる文構造を選択している。一方，(4)の例では「変わっている」という情報を受けて，「見ず知らずの人に」という情報をより重要な情報として文末に配置しているのである。

このように見てくると，「情報のバケツリレー」が行われているが故に前章でも説明されている結束性(cohesion)や首尾一貫性(coherence)のある文章となり，個々の文は文章全体の流れの中に必然的に配置されていることがわかるだろう。これが文を超えた談話全体の意味の流れを作り出しているのである。

2 パラグラフ(paragraph)とは

英語で書かれた文章を構成する重要な単位として「パラグラフ」が認められる。しかし，Neman(1995)によると，パラグラフとはそれがいかに重要であろうと，驚くほど問題の多い概念であるとしている。主部と述部を持つという一般的に定義できる「文」とは異なり，パラグラフには内容面での必要条件がない。それゆえ，パラグラフは形式面から定義されることになるが，その形式面もほぼ恣意的であるというのである。単語１つでできているものもあれば，数ページにわたるパラグラフも珍しくないのである。

また，パラグラフの区切り方は，著者や編集者の読みやすさの感覚に基づいているため，たとえば150語で書かれたサッカーの人気についての同じ文章を，新聞の狭い欄に掲載するのであれば３つのパラグラフに分割するかもしれず，小さな本に大きな活字で印刷する場合は２つのパラグラフに，広い欄の雑誌に掲載する場合は，そのまま１パラグラフに仕立てる可能性もあると，Neman(1995)では例示されている。

このようにパラグラフとはつかみにくい概念であるが，すべて

の代表的なパラグラフが持つ唯一の共通点としては,「印刷あるいは手書きされたページ上で,慣例の改行とインデントにより区分けされた素材からなる」と定義される(Neman, 1995: 127)。

2-1 文の連続がパラグラフになるとき

それでは,次に Nash & Stacey(1997)の提示している例を用いて,列挙された文のつながりがどのようにすればパラグラフと認められるのかを見てみよう。次の傷薬のパッケージに印刷された使用上の指示を例にとって見てみたい。

(5) Clean the wound.
　　Cut the dressing to the shape of the wound.
　　Moisten the dressing in a sterile saline solution.
　　Secure in place with a secondary dressing.
　　Change when maximum absorption is reached.
　　(Nash & Stacey, 1997: 42)

(5)のように箇条書きにされた5文は傷薬という共通する話題について言及しており,すべて命令文であるという文法上の特徴も共有しているが,継続性やつながりを示す目印がないためパラグラフとは認定されない。

(6) First, clean the wound, then cut the dressing to shape. Next, moisten the dressing in a sterile saline solution, and then secure it in position with a secondary dressing. From time to time change the dressing, when maximum absorption is reached.　　(Nash & Stacey, 1997: 42)　(下線は筆者による)

(6)になると,「手順(Step)」のパターンをとるパラグラフのきわめて未熟な例と考えられる。つまり,こうなるとパラグラフとしてようやく認められる。(5)にあった命令文の連続はそのままに,手続的,時間的順序で順番を強調する表現(first, next, then)が

加えられている。これをさらに洗練されたスタイルに書き換えると，おそらく分詞構文等を導入して以下のようになるだろう。

(7) <u>Having</u> cleaned the wound, <u>first</u> cut the dressing to shape. <u>Then</u>, <u>after</u> moistening it in a sterile saline solution, secure it in position with a secondary dressing. <u>Subsequently</u>, as and when maximum absorption is reached, the dressing may be changed. 　　(Nash & Stacey, 1997: 43)　（下線は筆者による）

(7)のようになると，手順を表す目印となる表現(first, then, next, afterwards, subsequently, finally 等)と，特定の文法的特徴の繰り返しによって文章の継続性が示されている。このようなパターンは，たとえば，料理のレシピや機械のマニュアル等によく見られる。

上記の(5)～(7)への変遷の中で，パラグラフについての重要な定義が抽出できるだろう。まずは，すべての文は共通する話題について言及するということが必要である。これが1でも言及した首尾一貫性にあたる。さらに文章の継続性やつながりが必要である。

2-2　パラグラフの三部構成

ここで Neman(1995)に戻ると，パラグラフの内容面について"topic segment"という用語を用いて，「限定された話題が述べられ，展開されている文章の単位」(Newman, 1995: 127)と定義している。その定義は以下のようにさらに詳しく展開される。

(1) これらの単位はほとんど常に，パラグラフの主題を提示するトピック・センテンス(topic sentence)を含む。
(2) トピック・センテンス以外の文は，以下のどれかの方法でトピック・センテンスと関連する。
　a．トピック・センテンスを導入する。

b．その意味を広げたり限定したりして，それを説明する。
　　c．それを支持する。
　　d．支持文を支持したり説明する。
(3) トピック・センテンスの位置はさまざまであるが，導入のパラグラフ以外では，トピック・センテンスは通常，はじめ，あるいははじめあたりに置かれる。
(4) 導入のパラグラフは，他のパラグラフとは異なる。それらは一般的に次のような特徴を持っている。
　　a．トピック・センテンスは通常，導入のパラグラフの結論部分あるいはその近くに置かれる。
　　b．譲歩の節を持った導入のパラグラフでは，トピック・センテンスはしばしば，譲歩の内容に続いて中心近くに置かれる。それにより，その時点までのパラグラフの意味の流れを変えたり反転させる効果が生まれる。
　　c．これらの導入のパターンは時々エッセイの本文内でも起こる。特に，新しい考えを導入する移行のパラグラフでは，そのパターンが用いられる。

　一般的な定義で言い換えておくと，パラグラフとは，1つの主要な考え(main idea)を表すためのいくつかの文の集合と定義される。パラグラフの中では，それぞれの文がその主要な考えを表すのに何らかの役割を担って結束しているのである。

　Neman(1995)による説明にもあるように，内容面では，パラグラフは3つの大枠の要素で構成される。その3つとは，導入(introduction)，考察(discussion)，結論(conclusion)である。

　導入部分では，そのパラグラフが何について書かれたものであるのかという主要な考えを述べる。この主要な考えを端的に説明するのがトピック・センテンスであると定義できる。場合によっては，そのトピック・センテンスの前に，背景情報(background information)を前置きすることもある。

　考察部分はパラグラフの心臓部であり,書き手が主要な考えについて読み手に提供したい情報を配置する場所である。ここでは,パラグラフの目的に応じてさまざまな展開パターンが選ばれる(これについてはあとで詳しく説明する)。

　最後に,結論部分では,考察を締めくくり,主要な考えを要約し,考察部分で提供した情報から結論を導き出すのである。パラグラフの展開方法によっては,この部分は省略されることも多い。

　これら3つの部分に組み込まれる文を内容から定義づけると,次のような説明となる。導入部分に組み込まれるのがトピック・センテンス,考察部分に組み込まれるのが本文(body sentences),

I. Introduction	(background information) topic sentense
II. Discussion **=body sentences**	Major point 1 　Additional detail 1-1 　Additional detail 1-2 　Additional detail 1-3 Major point 2 　Additional detail 2 Major point 3 　Additional detail 3-1 　Additional detail 3-2 　　　・ 　　　・ 　　　・
III. Conclusion	Concluding sentence (concluding comment)

表1　パラグラフの構成

結論部分に組み込まれるのが結論文(concluding sentence)である。導入部分では，トピック・センテンスの前に背景情報を配置することもあり，考察部分の本文は，さらに主要な論点(major point)と追加詳細情報(additional detail)に細分して分析されることもある。また，結論部分には結論文に加えて結論意見(concluding comment)が置かれることもある。これらを表にまとめると，表1のようになる。

2-3 アウトラインを取り出してみよう

　パラグラフの読みの理解を深めるには，パラグラフには**表1**のような構造があることを理解し，これらの知識を活用して，常にパラグラフ分析やアウトラインを書き出す習慣をつけるのが効果的であろう。それにより大意把握も容易になる。たとえば次のようなパラグラフを読んだ場合の分析と，アウトラインはどのようになるかを確認してみよう。

　サンプル・パラグラフに含まれる文にはすべて番号をふってあるので，その番号を見ながら，**表1**のそれぞれの項目に何番の文が当てはまるのか，解答を見る前にまずは自分で分析してみよう。次に各項目のポイントを英語で書き出すと，アウトラインができあがるのである。

　⑻ 〈Sample paragraph〉
　① Research shows that birth order affects personality. ② "Firstborn" children, whether a first or an only child, are driven toward success and stardom. ③ They are high achievers and often have higher IQs than their siblings. ④ Generally, they choose demanding careers, such as science, engineering, or law. ⑤ Middle children learn to negotiate and be peacemakers. ⑥ They become effective leaders because

they are good listeners. ⑦ They may also tend to search for ways to be different from other family members. ⑧ The last-born child is often fun-loving and affectionate. ⑨ These children learn how to persuade others. ⑩ They become strong-willed and self-confident about competition. ⑪ Many of them grow up to become sales-people, counselors, and teachers. ⑫ Anyone who is an achiever, a diplomat, or a persuader of others probably picked up these traits early in the family while growing up.　　(Pemberton, 1994: 244)

⟨Paragraph Analysis⟩

	サンプル・パラグラフの文番号
I. sentence in the introduction	…… ①
a. background information	…… なし
b. topic sentence	…… ①
II. sentences in the discussion	…… ②〜⑪
A. major point 1	…… ②
a. additional detail 1-1	…… ③
b. additional detail 1-2	…… ④
B. major point 2	…… ⑤
a. additional detail 2-1	…… ⑥
b. additional detail 2-2	…… ⑦
C. major point 3	…… ⑧
a. additional detail 3-1	…… ⑨
b. additional detail 3-2	…… ⑩
c. additional detail 3-3	…… ⑪
III. sentence in the conclusion	…… ⑫
a. concluding sentence	…… ⑫
b. concluding comment	…… なし

⟨Outline⟩

I. Birth order affects personality.

II.

　A. "Firstborn" children are driven toward success.

    a. high achievers, higher IQs
    b. demanding careers, such as science, engineering, or law
  B. Middle children learn to negotiate.
    a. effective leaders being good at listening
    b. different ways from other family members
  C. Last-born children are fun-loving and affectionate.
    a. learn how to persuade others
    b. strong-willed and self-confident at competition
    c. become sales-people, counselors, and teachers
III. Anyone picks up the traits early.

2-4 パラグラフの3パターン

2-1で取り上げた(5)〜(7)までの例で，Nash & Stacey(1997)は，展開パターンの1つである「手順」にあてはまると考えられるパラグラフが出来上がるまでを紹介しているが，彼らはこのパラグラフ展開のパターンのほかに2つのパターンがあるとしている。

Nash & Stacey(1997)が，次に認めているパラグラフ・パターンは「積み重ね(Stack)」である。このパターンの特徴は，導入のトピック・センテンスの後に，考察部分において一連の支持的主張が続けられることにある。たとえば，証拠となる記述により申し立てがなされたり，意見を膨らませることにより議論が精緻化されるといったケースである。それらは古典的な代名詞の前方照応により引き出される。このパターンは新聞の社説にしばしば用いられる。

(9) ① Yesterday's Anglo-Irish framework document is a quintessential text for and of our times. ② It proposes rather than imposes. ③ It has something for everyone, but no one gets everything. ④ It is neither republican ramp nor sell-out to unionism. ⑤ It recognises the importance of the

nation state while acknowledging that this is no longer an age in which purely national solutions are deliverable. ⑥ It respects sovereignty while ensuring that minorities and individuals are protected within it. ⑦ It is a multi-layered, multi-dimentional, pluralist trade-off, or rather the groundwork of such a deal. ⑧ Indeed it is not even a final statement of the two governments' intentions, as John Major was frequently at pains to point out yesterday. ⑨ It is exactly what it says it is: a framework for an agreement, not a final, take-it-or-leave-it solution.　(from *The Guardian* of 23 February 1995, cited in Nash & Stacey, 1997: 50)　(下線は筆者による)

(9)のパラグラフでは，最初の①の文がトピック・センテンスであり導入部分を構成している。一方，最後の⑨の文が結論文であり結論部分となっている。その間に挟まれた②〜⑧までの文はすべて，代名詞 it に導かれた支持的主張となっている。この考察部分により，主張を積み重ねて，導入のトピック・センテンスで提示した話題を結論まで導くというパターンになっているのである。

3つ目のパターンとしては「釣り合い(Balanced)」がある。これは対比を用いて，説明的議論や物語の飛躍を許すものである。一般的には 'but', 'however', 'though', 'if', 'nevertheless' によって釣り合いが作り出される。次のパラグラフはその典型例である。

(10) ① For some writers, the best time to work is in the early morning. ② For others, night is the consecrated time. ③ The early birds rise fresh to their task in a reilluminated world, and claim to feel, and do, the better for it. ④ The night owls seek the composure and tranquillity, the creative quietude that only darkness can bring. ⑤ Do your writing while the rest are having breakfast, thinks one party, and so escape irritating phone calls and unwelcome enquiries; have the

world to yourself. ⑥ <u>The others</u> think, no, do your writing while the world sleeps, and be sure you have a whole universe to yourself. ⑦ Perhaps these preferences are a matter of temperament. ⑧ Possibly they are a question of physiology. ⑨ For my own part, I choose to compose <u>at night</u>, but correct <u>in the morning</u>, often cancelling more than half of what I have written. ⑩ <u>Darkness</u> generates; <u>daylight</u> regulates. 　(Nash & Stacey, 1997: 54)（下線は筆者による）

　(10)のパラグラフでは，下線を引いた表現を対比して並べることにより，爽やかな早朝の空気を好む作家と夜の闇を好む作家をうまく対照している。そして最終的には，一人の作家の内部にもどちらの側面も共存していることがあり，新しく文章を生み出す作業には夜を好み，推敲作業には朝がよいと感じるように，行う作業によって時間帯を使い分けることもあると結論づけている。

2-5　「手順」パターンにおける4タイプ

　Nash & Stacey (1997)ではさらに，最初に取り上げた「手順」を扱うパターンの中に4つのタイプを認定している。1つは(5)～(7)の例で取り上げた，傷薬の使用方法等を説明する指示(instructional)タイプ('first do X, then Y, and afterwards Z')である。このタイプは，薬の使用方法のほかに，料理のレシピ，機械操作のマニュアル等に用いられることが多い。次のタイプは，議論を提起する(propounding of an argument)タイプである。いくつかの論点を順に提起することにより('in the first place', 'furthermore', 'lastly')，説得力のある議論を展開することになる。3つ目は描写的(descriptive)タイプであり，このタイプには小説等で遠景，中景，近景と空間的順序に沿って情景描写を行う('here was this, next to it that, beyond, the other')パラグラフ

等があてはまる。最後は物語(narrative)タイプであり，物語の中で次々に起こる出来事を時間的順序に沿って説明する('something happened, then something else, and after that a further event')ものである。

　これらの4タイプのうち指示・議論提起タイプは，一般的あるいは実践的に用いられることが多く，描写・物語タイプは文学に用いられることが多い。これまでに見てきた3パターン，4タイプを表2に整理しておく。

　　　　1.「手順(Step)」パターン
　　　　　A. 一般的・実践的分野に使用
　　　　　　　a. 指示的(instruction)タイプ
　　　　　　　b. 議論提起(argument)タイプ
　　　　　B. 文学的分野に使用
　　　　　　　a. 描写的(descriptive)タイプ　＝　空間的順序
　　　　　　　b. 物語的(narrative)タイプ　＝　時間的順序
　　　　2.「積み重ね(Stack)」パターン
　　　　3.「釣り合い(Balanced)」パターン
　　　　　　表2　パラグラフ・パターンとタイプ

　これまでに取り上げた3つのパターンと4つのタイプそれぞれが単独で用いられることは少なく，一般的にはそれらのいくつかが組み合わされて1つのパラグラフを形成することが多い。

　また，「手順」パターンに認められる2つのパターンは，言い換えると，説明文・物語文の区分とも受け止められるかもしれない。この点については次章で取り上げるテクスト・タイプとも関連してくるが，本章で次の点を指摘しておこう。指示・議論提起タイプが，必ずしもいわゆる説明文にのみ用いられるということでもなければ，逆に描写・物語タイプが物語文にのみ用いられるということでもない。この分類はあくまでも，単一のパラグラフの特徴を厳密に分析した結果整理されたものである。したがって，

指示・議論提起タイプが物語文に,描写・物語タイプが説明文に用いられる可能性もあるだろう。パラグラフがいくつかつながって,さらに長い文章を構成する場合には,違った角度からの分析が必要となってくるのである。

3 パラグラフに関する知識は大意把握に役立つ

　本章のはじめにも書いたが,これまで説明してきたパラグラフに関する知識は,日本語を母語とする英語学習者にとっては自然に身につけるのはむずかしいと考えられる。そのため英語学習の中で,語彙や文法知識と同時に,パラグラフに関する知識を明示的に学習する機会が必要である。英語で書かれた文章を読んで理解するためには,その文化的背景等,内容面に関わる知識(コンテント・スキーマ＝content schema)が必要であることは言うまでもないが,形式面での背景知識(フォーマル・スキーマ＝formal schema)として,パラグラフ構造に関する知識を持っていることが特に大意把握には大きな役割を果たすのである。パラグラフについてのフォーマル・スキーマを自然に身につけるチャンスを得られなかった学習者が一定の訓練を受けて,それらを客観的知識として身につけると,それらを活用して文章の理解,特にトピックの把握や要約が上達するという実験結果が津田塾大学言語文化研究所読解研究グループ(1992)にも示されている(実験編第6章「フォーマル・スキーマ導入の効果」)。このように,ストラテジー・トレーニングの一部として,パラグラフについての知識を明示的に導入し,それらをうまく活用するストラテジーを身につけることにより,文レベルを超えたテクスト読解能力を高めることが可能になるのである。

4　つなぎ語句等をガイドとして活用しよう

　(5)〜(7)の例にもわかりやすく現れているが，パラグラフあるいはそれがさらに拡張された文章を読む際に，大きなガイドの役割を果たすのが，つなぎ語句(transition)と言われるものである。

　これまでの例でも，「手順」のパターンをとるパラグラフで，典型的なつなぎ語句の紹介を行っている。また，「積み重ね」のパターンでは代名詞が照応関係を生み出し，一種のつなぎ語句のような役割を果たしている。「釣り合い」のパターンでは，対比を生み出す表現により，それらが指標となってパラグラフの展開の流れをつかむことを容易にしているのである。これらを活用するためのストラテジー・トレーニングも，日本での英語学習場面において今後ますます取り入れられるべきであろう。

【キーワード】
パラグラフ　情報構造　既知情報・新情報　文末焦点の原理　導入・考察・結論部分　トピック・センテンス　手順・積み重ね・釣り合いパターン　指示的・議論提起・描写的・物語的タイプ　大意把握　つなぎ語句

6 テクスト・タイプ

宮浦国江

1 さまざまなテクスト

われわれは活字に取り囲まれて生活している。新聞、雑誌、本、書類、テレビでの番組名、映画の字幕、インターネットでも夥しい量の情報が飛び交っている。手書きのメモや手紙も含めて、われわれは膨大な量の文字情報を受け取っている。これら書かれたものすべてはテクストと呼ばれる。[1]

これらすべての書かれたもの、つまりテクストは別の見方をすれば、あらゆるコミュニケーション活動で使用された言語の記録ということになる(Brown & Yule, 1983: 190)。言い換えれば、言語がある状況において書き手によって読み手に向けて意思伝達や情報伝達の目的を持って使われた、その記録ということになる。このような言語の使用は、何も文字に限ることなく音声を使っても同様に、スピーチ、会話、インタビュー等の形で行われている。いずれにせよ、テクストはひとまとまりのメッセージとして発話された言語の記録であるので、大きくも小さくも捉えることができる。たとえば本1冊全体、各章、各段落、見出しやタイトルさえも、どれも1つのテクストと言える。

さて、実際使用された言語を場面から切り離し、すでにそこに置かれて存在する対象物として眺め分析すると何が見えるか。従

来，言語学はこのようなプロダクト・アプローチ(product approach)を取り，言語のさまざまなレベルにおける構造や規則を明らかにしてきた(Clark, 1996)。そして，ひとつながりになっている文の集合体を1つの単位として，どのような構造を持ち，どのような原理が働いているかを探ってきた。この何らかのまとまりをもった通常1文より大きい集合体というのもテクストである。一般にはこの意味で使われることが多い。

2 「物語文」と「説明文」についての問い

　テクストには実にさまざまな種類がある。しかし現実のテクストの多様性にもかかわらず，読解研究では物語文(narrative)か説明文(expository)かの二分法が一般的である。そのうち物語文の読解に関しては，物語文法(story grammar)や物語スキーマなどを中心に研究が進んでいる。いや，ほとんどの読解研究が物語文を使って行われてきたといっても過言ではない。またテクスト・タイプとして分けたときに物語文に属するものは，当然のことながら民話，小説，童話，小話など，すべて物語としてまとめられるが，一方の説明文には料理のレシピ，機械等の使用説明書，人物や風景の描写，教科書や百科事典の記述，学術論文，ニュース記事，社説，エッセーなど種々雑多な物が含まれる。この点でも2つのカテゴリーは不均衡を示す。

　そこでここでは，はじめからこの二分法を確立したものとしてそれぞれの特徴を述べるという形は取らずに，もう少し基本的なところから出発して読解におけるテクスト・タイプの問題を考えてみよう。はじめに物語の持つ重要性に触れ，物語文と物語でないものという区別をする(→3)。その上で読み手がテクストに対して下す物語らしさの判断から「物語らしい物語」とはどのようなものかを見ていく(→4)。そのような考察を踏まえて，テクス

トの分類と読解の関係を考える(→5)。その後,物語ではないテクストとして「説明文」の読解について見ていく(→6)。

3 「物語」の重要性

　先述したように,読解研究では多様なテクストを物語文か説明文かに分けて扱っている。その結果「物語文」と呼ばれるものはいわゆるストーリーとして収束的なカテゴリーとなっているのに対して,「説明文」はさまざまなジャンルを含んでいてそのようなまとまりは見られない。素朴な疑問ではあるが,多様なテクストが一体なぜ読解研究ではこのように分類されるのであろうか。物語文と呼ばれるテクストと説明文と呼ばれるテクストでは,読み手は異なった読解活動をするのだろうか。もし何の前提もなくあるテクストを与えられたときに,読み手は意識的であれ無意識のうちにであれ物語文か説明文という区別をするのだろうか。するとすればどのようにするのだろうか。もし区別がなされ読解結果に違いがもたらされるとすれば,われわれは読解研究でこのような二分法が取られている意味を了解するだろう。

　読解研究を離れれば,われわれは物語の重要性に容易に気づく。どの人間社会も,まだ文字もない昔から民族の歴史や教訓,知識,特異な経験などを物語(ストーリー＝story)として語り伝えてきた。また日常生活を振り返ってみても,子どもから大人まで何か自分が経験した印象深い出来事を誰かに伝えるときには,絶え間のないいくつもの連続した自分の行為の中から,ある部分を切り取ってひとまとまりのお話として差し出している。そのように自己の経験を物語として再構築することは記憶を容易にし,別の同様な場面に直面したときには検索しやすく,事態の予測を可能にする。「知識とは経験と話である」(長尾・長尾訳,1996)とまで言われるゆえんである。このように自己の経験を物語ることで人

は混沌とした現実に形を与えて,知識として蓄えながら生きていく。この物語的経験知識が自己を知り他者を理解するよすがともなり,時には治癒的効能をも持つ(Stein & Policastro, 1984)。

このように考えてみると,さまざまなディスコースの中でも物語が特別な地位を占めることに異論はないだろう。そしてこの物語経験の豊富さを背景に,人は誰でも物語と物語でないものとの区別ができるようである。[2] ただし,物語文か説明文かという区別ではなく,あくまで物語か物語でないかという区別であることに留意したい。言い換えれば,人はあるテクストが物語というカテゴリーに入るかどうかという判断をするのである。

テクストが物語かどうか判断できるということは,読み手の頭の中に「物語とは何か」という知識を持っていることにほかならない。この知識に基づいて読み手がさまざまなテクストをどう読むかを以下で見ることにする。

4 「物語らしい物語」から「物語でないもの」まで

すでに述べたように,読み手はテクストを読むとそれが物語かそうでないかを判断できる。頭の中に「物語とは何か」という概念(物語スキーマ)があるから判断できるわけだが,それはどんなものだろうか。

1980年代以降の認知言語学で明らかにしてきたように,概念構造は意味素性の必要十分条件によって規定される均質なものではなく,プロトタイプを中心とした段階的なものとして捉えられる。そこで,物語という概念についても,被験者にさまざまなテクストを読んで「物語らしさ」の段階評価をさせ,その結果から物語というカテゴリーの外延をつかみ,同時に物語と見なされたテクストの要素を見ることで物語の概念を明らかにすることが適切な方法と考えられる。Steinと共同研究者たちの一連の研究は,ま

さにそのような手法で物語の概念を探ってきた。たとえば，Stein & Policastro(1984)はまず，今まで提唱された20余の物語の定義を，物語の必須要素の観点から3群に分けた。さらにある定義によれば，物語の要素をすべて備えているが通常物語とは見なされない進行手順の説明文を加えて4群とし，それぞれの群で必要要素をすべて備えたテクストと，何らかの要素が欠けたテクストを31種類作り，それを意味内容を変えて2セット用意した。そして，小学2年生42人と小学校教師38人に読ませ，物語かどうかという Yes-No の判断と，[3] プロトタイプ理論を取り入れて物語らしさの7段階評価(「全く物語ではない」を1とし，「最も物語らしい物語」を7とする)をさせた。[4]

その結果，まさに物語らしい物語というプロトタイプを中心とした「物語」概念が浮かび上がったのである。同時に，子どもがほぼ大人と同じような物語知識を持つことや，比較的緩やかな判定が大人になると複雑さを増すことも示された。物語の構成要素という観点から樹形図でまとめたものが，図1である(Stein & Albro, 1997)。

まずどんなテクストも「物語」であるためには，生きた人間や動物といった登場人物を含む。いちばん単純な第1レベルの物語は，誰かについての話ということになる。そして第2レベルの物語は誰かについての描写である。第3レベルは時間の流れの中で誰かが何かをする物語であり，第4レベルの物語は，何かが起こり誰かの反応がそれに続くものである。第5レベルになると，誰かが何かゴールを目指して何かをする話となる。人間が何かを目指して何か意志的な行為をするというこの第5レベルがほとんどの大人にとっての「物語」である。それから先は複雑さを増していく。第6レベルの物語では第5レベルに加えその結末が語られ，第7，第8レベルの物語になると，ゴールを目指す途中に障害が

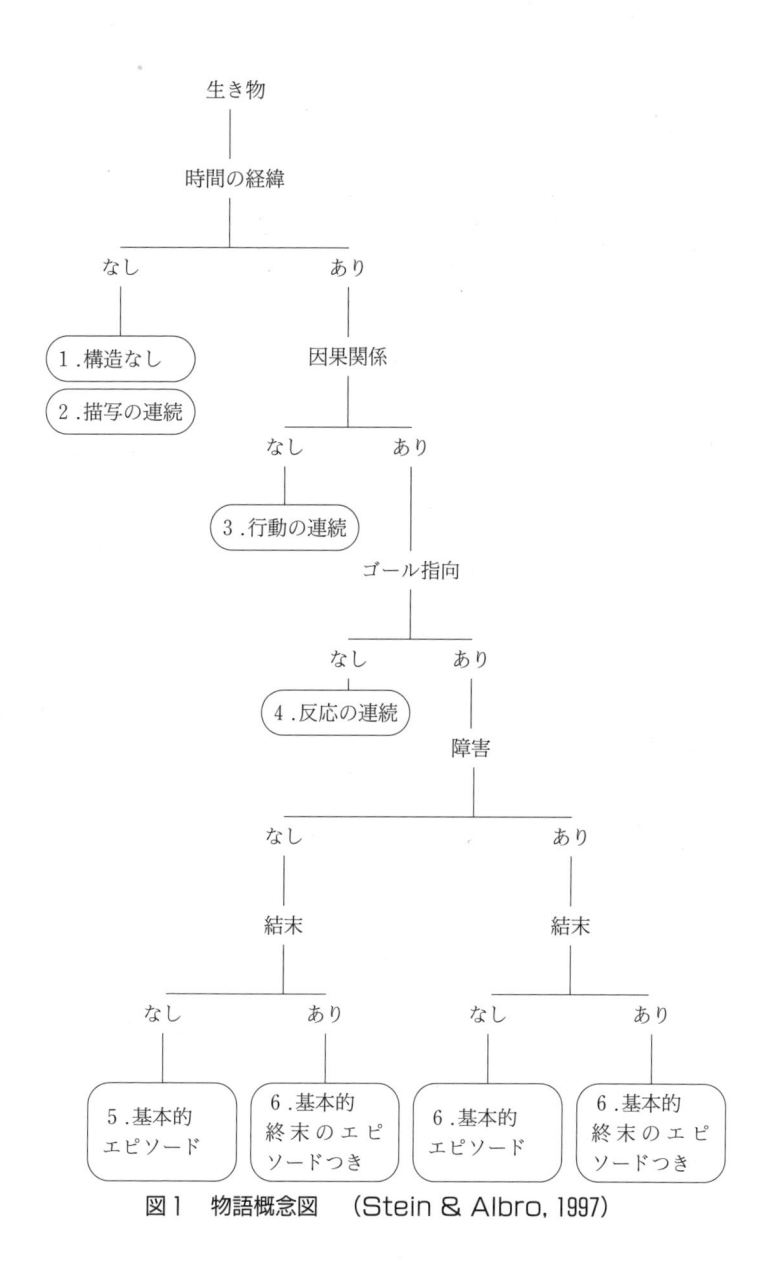

```
                          生き物
                            │
                        時間の経緯
                  ┌─────────┴─────────┐
                 なし                  あり
                  │                    │
            ( 1.構造なし )          因果関係
            ( 2.描写の連続 )     ┌────┴────┐
                                なし        あり
                                 │          │
                          ( 3.行動の連続 )  ゴール指向
                                        ┌───┴───┐
                                       なし      あり
                                        │        │
                                 ( 4.反応の連続 ) 障害
                                              ┌──┴──┐
                                             なし   あり
                                              │     │
                                             結末   結末
                                           ┌──┴──┐ ┌──┴──┐
                                          なし あり なし あり
```

図1　物語概念図　（Stein & Albro, 1997）

第6章　テクスト・タイプ —— 123

現れるのである。第7レベルでは障害のため目標が達成できないまま終わる。第8レベルの物語では，いったん挫折したものの新たな目標を立てたりやり方を変えたりして何らかの決着を見る。最後の第7，第8レベルが「よい物語」とされる。ただし，結末を持つものをむしろ物語らしいとするものもあれば，障害が恐怖を呼び起こすようなものだと評価が下がるという指摘もある。

　物語の含むべき要素が明らかになったところで，物語の構造を見てみよう。まず，場面設定(Setting)によりエピソードの起こる状況が与えられる。出だしの出来事(Initiating Event)で中心人物の状態変化などが起こり，主人公のゴール(Goal)が立てられる。ゴールに向かって企て(Attempt)がなされる。その結果(Outcome)としてゴールが達成されれば反応(Response)を伴って終わるが，不首尾の場合には，反応と下位ゴールが立てられ，再び企てや結果，反応の連鎖ができる。もちろん下位ゴールの複数の埋め込みが可能である(van den Broek, 1989)。物語は，主人公をめぐる因果関係で結ばれた出来事の連続でゴールに向かうものであると言えよう。図2のようになるだろう(図中の省略記号の意味は以下の通り。S:場面設定，IE:出だしの出来事，G:ゴール，A:企て，O:結果，R:反応)。

$$S \to IE \to G \to A \to O \to R \quad\quad A \to O \to R$$
$$\downarrow \quad\quad\quad\quad\quad\quad\quad\quad\quad \uparrow$$
$$G \to A \to O$$

図2　物語スキーマ（Trabasso, Suh & Payton (1995)）

　ここで重要なことは，物語文の読解には文中の明示表現からの知識の活性化による推論生成というボトムアップ式の処理と同時に，図2に示したような何らかの物語スキーマがトップダウン式に関わっているということである。ただし，これは実際の物語がこの順番通りに書かれているという意味ではない。冒頭で反応が

描かれ，主人公の回想として実際の出来事の流れが書かれることもある(Erich Segal, *Love Story* 等)。しかし，そのような場合でも読み手は物語スキーマの知識によって，記述されている事態をうまく解釈し再構築できるのである。

読解結果との関係で言えば，この物語スキーマが示す場面設定から反応に至る因果関係で結ばれたチェーン上の出来事は，チェーン外の出来事に比べてより多く再生され，またより重要と判断されると言われている(Horiba, 1993; van den Broek, 1994 等)。

5 テクストの分類と読解

5-1 テクストの分類について

物語の重要性から物語らしさの判断を経て，われわれは物語文とは何かを見てきた。ここでわれわれの 2 での問いに返ろう。すでに答は用意されている。

あるテクストが何の指定もなく提示されたときでも，読み手は，読解という活動の中でそのテクストが物語か物語でないかを判断できる。ただし，この判断は白か黒かという 2 項ではなく，白からさまざまな灰色を経て黒に至るような段階的な程度判断として行われる。これはテクストの中の明示表現から物語知識に照らし合わせて，さまざまな要素を読み取ることで，物語らしさの程度が認識され判断がなされるのである。

また，われわれが最初に抱いた読解研究における二分法についての問いに対しても，答えは得られたと言えよう。読解という活動の中で，テクストは「物語」と「物語でないもの」とに区別される。ただし，単に「物語」と「物語でないもの」は明確な 2 項対立をなすのではなく，次の図のように書かれたもの全体の中か

ら,「物語」はその顕著でかつ読み手になじみのある特性によってそうでないものと区別され,備えている特性の顕著さや数によって段階的に浮かび上がるカテゴリーとなっているのであろう。

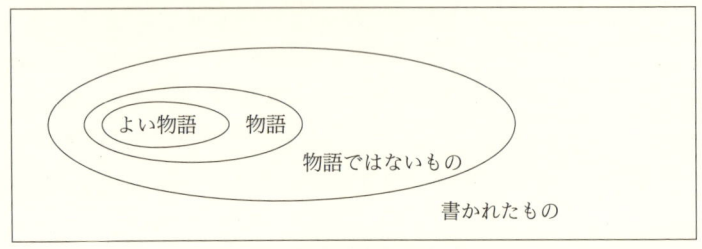

図3　さまざまなテクスト

このように捉えることによって,あらゆる書かれたものがテクストと呼ばれることも,物語文の特異なステイタスも,また説明文の寄せ集め的な性格も説明されるであろう。冒頭で触れた物語文と説明文という二分法は,この段階的に浮かび上がるカテゴリーの中で最も安定している物語的なものと,そこから明らかに遠く離れたものとを便宜的に取り出して対置し名前を与えたものであろう。[5] 以下ではこのように捉えた上で物語文,説明文という名称を使っていく。

5-2　物語文と説明文の読解について

ではテクスト・タイプの違いはどのように読解に影響するのだろうか。まず,物語文の読解に関しては,子どもは比較的早い段階からよく理解でき再生の程度も高いことが多く報告されている。Stein & Glenn (1979)では, 5歳児でも物語の中心テーマを想起できるという他の研究に言及し,自らも小学1年生と5年生に物語を聞かせて再生させる実験を行った。結果としては, 1年生は5年生に比べて正確な情報の復元数という点では劣るものの,物

語のどの部分を復元するかという点,時間的な構成という点では同じ結果が得られたという。特に実験で使われた4つの物語すべての場合において,物語の場面設定が最もよく再生された。直接的結果と出だしの出来事がそれに次いで多く再生されたということは,1年生ですでに物語のどの部分が重要かという判断ができていることを示している。

また説明文の読解と直接比較した研究に,Freedle & Hale (1979)がある。彼らは,5,6歳児は説明文あるいは記述文の理解力は劣るが,物語文の理解や再生の能力はあると認めている。[6] 後で詳しく見るが,彼らは同じ意味内容で物語文と説明文とを作り,幼稚園児と小学4年生に提示し再生を求めた。その結果,5歳児は説明文形式では特別な助けがないと理解や再生に困難が見られたという。さらに被験者の中には説明文の再生に物語文の形式を使う例も見られた。研究者たちはこれを物語スキーマへの同化あるいは適用と捉らえている。

また読解過程については,Coté *et al.* (1998)は,物語文と説明文では,被験者に読みながら考えたことや感じたことを声に出して言わせて記録を取ってみると,発言内容とその割合が異なることから両者の読解過程は同じではないとしている。[7] Trabasso *et al.* (1995)にも同様の報告がある。ゴール指向物語の読解では,言い換えが40%,説明が32%,連想が22%で,問題点の指摘や自身の理解に対するモニタリングを示すものは見られなかった。それに対して説明文の場合,問題点の指摘やモニタリングに関するものが12〜30%を占め,説明,連想,言い換えの割合が物語文より低かったのである。

このように,読解過程,理解度,再生の程度という点で,物語文と説明文は異なるという結果を得たので,両者の区別は妥当性があると考えてよいであろう。慎重な言い方をすれば,読み手の

読解活動は物語テクストのときと物語でないテクストのときとでは異なるということになろう。

 Coté *et al.* (1998)はまた，テクスト・タイプに関わらず，読解の結果として読み手が描くメンタル・モデルの違いを，読み手が言語分析の結果作り上げるテクストベース・モデル(text-based model)の質と，読み手の知識の活用度との関係で説明している。すなわち，読み手が正しい言語分析によって上質なテクストベース・モデルを作り，同時にさまざまな知識(書かれている話題についての知識，一般的な世界知識，テクスト構造やレトリックについての知識)を活用して推論をし，それによってテクストをまとまりとして捉えれば，整合性のある統合的なメンタル・モデルが得られるのである。図4の右上のスペースである。

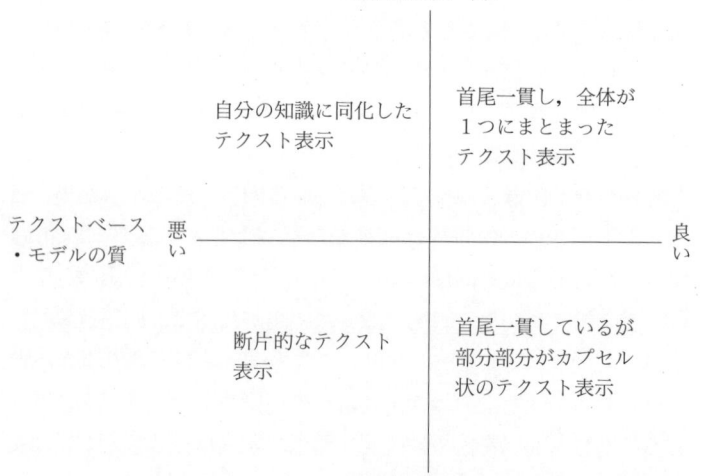

```
                        知識活用度  高い

             自分の知識に同化した       首尾一貫し，全体が
             テクスト表示             1つにまとまった
                                    テクスト表示

テクストベース  悪                                        良
・モデルの質   い ─────────────────────────── い

             断片的なテクスト         首尾一貫しているが
             表示                    部分部分がカプセル
                                    状のテクスト表示

                        知識活用度  低い
```

図4　読み手の頭の中に描かれるテクスト表示の特徴　(Coté *et al.*, 1998)

 この説を取り入れれば，一般に物語文の読解が比較的やさしく，説明文の読解がむずかしいのは次のように説明されるだろう。物

語文が描くものは，一般には日常生活でなじみのある社会的関係や対人関係や問題解決の状況であり，描かれている事態や命題を結びつけているのは時間的関係や因果関係といったきわめて限定された関係である。また語彙はなじみのあるものであり，文と文との局所的連関もつかみやすいので，言語分析は比較的容易である。同時に，なじみのある内容は関連知識の取り込みも容易になる。また，上で見たように，物語の構造が比較的安定しているので，読み手は物語スキーマというその知識を活かすことができる。この結果，よりよいテクストベース・モデルが作られ，テクストから取り込まれる知識も多く，整合性のある統合的なメンタル・モデルが生成されやすいのである。

これに対して説明文の読解では，扱われる題材が読み手の知識範囲を超えている場合が多く，明示表現の意味にアクセスするにも困難が伴い，利用できる関連知識も少ない。また記述されている事態や命題間の関係は単に時間的関係，因果関係だけでなく，例証，対比，リスト等多様である。このようなことから，推論を生成して部分部分をつなげてまとまりを作り上げていくことがむずかしい。その結果，不正確なあるいは断片的で統合性に欠けるメンタル・モデルしか得られないことが起こりうる。

6 「説明文」の読解

5の議論から明らかなように，基本的には，筆者は説明文というカテゴリーはそれ独自で存在するとは考えない。図3に示したように，あらゆる書かれたものの中から「物語」のカテゴリーには含まれず，かつ，まとまりを備えたテクストとして十分に認められたテクストを指すという立場を取る。しかし，このような説明文の中にも以下のように安定したテクスト・タイプのものもある。「安定した」という意味は以下のような構造的修辞的パタン

を持つということである。たとえば，進行手順の説明文，レシピ，新聞記事等である。このほか，専門知識説明文と言われるテクストに関して説明スキーマの分析も試みられている。

6-1 進行手順テクスト

4で触れたように，Stein & Policastro (1984)の実験には，Freedle & Hale (1979)で説明文として扱われている進行手順テクストが含まれていて物語文と対照されている。同一の意味内容をタイプを変えて書き分けたおもしろい例なので比べてみる。

(1) Once there was a farmer
who wanted to get his stubborn
horse into the barn.
The farmer went into the barn.
and held out some sugar
to get the horse to come and eat.
But the horse did not like sugar
and he did not come.
The farmer tried something else.
The farmer had a dog.
He got the dog to bark at the horse.

This frightened the horse
and made him run into the barn.

(2) Here's how a farmer
can get his stubborn
horse into the barn.
The farmer can go into the barn
and hold out some sugar
to get the horse to come and eat.
But if the horse does not like sugar,
he will not come.
Here's another thing he can do.
Suppose the farmer has a dog.
He can get the dog to bark at the horse.

This may frighten the horse
and make him run into the barn.

一読して(1)は物語らしい物語と言えよう。(2)は，物語文にかなり近い説明文と言えるだろう。Freedle & Hale (1979)は，(2)のように三人称で記述した説明文(タイプⅠ)に加えて，二人称で記述した説明文(タイプⅡ)挙げている。試しに(2)をタイプⅡに変換してみよう。

(3) If you would like to get your stubborn horse into your

barn, you should first go into the barn and hold out some sugar.
That would get the horse to come and eat.
But if the horse does not like sugar, he will not come.
In that case, you should try another thing:
If you have a dog, you can get your dog to bark at the horse.
This may frighten the horse and make him run into the barn.

(3)は進行手順テクストと呼ばれる説明文にかなり近づいたと言えるだろう。

　説明文の特徴でまず明らかなのは動詞の構造である。物語文が典型的には直説法現在/過去によって記述されるのに対し，説明文は仮定法など法助動詞の使用が一般的である。タイプⅠとタイプⅡの違いは「行為者」の要素だけであり，動詞の構造といったほかの点では変わらない。また対応する物語文と比較してみると，タイプⅠは動詞の構造という1点で異なるが，タイプⅡは行為者と動詞の構造という2点で異なるのでより物語文からは遠くに位置する。Freedle & Hale (1979) は，子どもの説明文読解能力は，物語スキーマの転移によって向上するが，その転移は物語文との差異が小さいタイプⅠで起こりやすいと指摘している。

　Freedle & Hale らが，物語と対応させてタイプⅠの説明文について試案として示したのは以下の通りである。

物語スキーマ	説明文スキーマ(タイプ1)
1．場面設定	1'．場面設定または仮定的設定
2．ゴール	2'．問題または仮定的問題
展開として	仮定的問題解決として
3．始まり	3'．解決に着手するのに必要な条件や

			推められる道具のリスト
4.	単純な反応	4'.	進行手順の中で生じうる感情的あるいは思考的な困難の示唆
5.	企て	5'.	問題解決に向けての手順的企て
6.	結果	6'.	解決が見つかったかどうかを見るテストの示唆
7.	結末	7'.	問題についてのコメントあるいは仮定的時間枠の終了の合図

物語文では,実際的な時間の枠組みが想定されるのに対し,説明文は命題が特定の時間枠の中で進行するのではなく,単に仮定的な出来事が想定されるだけである。

6-2　レシピ・テクスト

上記の説明文スキーマを Freedle & Hale は,料理のレシピに適用させて具体的に説明している。料理を作るというゴールに向けて実行される手順が仮定的に進行する。もし実行すれば,失敗しそうな手順は変則的なものとして手順のリストからは除外される。そのようなものを含むテクストは変則とみなされる(「次にタマネギを強火で炒める。すると焦げついてしまうので,代わりに弱火で炒める…」というようなレシピを想像すれば明らかであろう)。

また,タイトルに料理名,続いて材料,そして番号をふった進行手順であるといった構造的修辞的パタンが確立しているのも,レシピ・テクストの特徴である。

6-3　新聞記事テクスト

説明文の中でレシピ・テクストと並んで構造が定式化しているものは新聞記事テクストであろう。一般に逆三角形(Inverted pyramid)の図式を使って説明される(天満・ベレント, 1996)。Headline, Lead, そして Body というように重要度の高いものから低いものへと配列される。Headline は通常大文字で書かれ, 独特の語彙, 文法を持つ。それに続く記事本体の第1段落はLead と呼ばれ, 内容的には記事の基本的情報である5W1Hが盛り込まれる。また Lead のはじめは, *BARCELONA, Spain (AFP-Jiji)*のように, ニュース発信地, 発信元の通信社名が通常置かれる。短い行幅, 短い段落という形状面の特徴もフォーマル・スキーマの一部であろう。

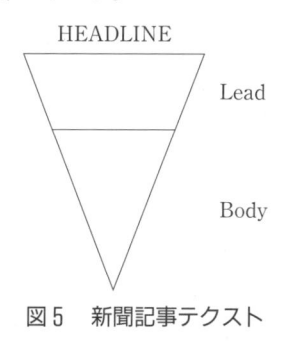

図5　新聞記事テクスト

6-4 専門知識説明文の読解

　教科書, 専門書, 百科事典の記述文などは, 読み手に洞察をもたらすような専門的知識を伝える説明文である。いわゆる狭義の説明文というのはこの分野のテクストを指す。「読み手に洞察(insight)をもたらすような」テクストというのは, テクストを読んで理解したことが読み手のそれまで持っていた知識と統合され, その知識構造に変容を与え, 新たな知識を構築させるように意図されて書かれたテクストということである(4章図1で示した読解過程モデルの最上部を参照)。

　またそれは, Britton (1994)の定義で言えば, 「読み手の中に

ある構築物を作るよう意図して書かれたテクスト」ということになる。読み手が望ましい構造を，言い換えれば書き手と同じ構造を，構築できるようにするためには，書き手はテクストの中に次のことを含めなくてはならない。すなわち，①構造物を築き上げるための指示と，②構造物を作るために必要な材料(概念や命題)である。そしてこの指示や材料はテクスト中に明示される場合とされない場合がある。書き手は自分が想定した読み手の知識レベルと照らし合わせて，新たに与えることが必要と判断すれば明示する。逆に，想定した読み手にとっては常識的な情報であろうと判断すれば，読み手の既存の世界知識から，その概念や命題を引き出すように訴えかけるだけで十分であり明示する必要はない。

一方，読み手の側に要求されていることは次の通りである。①テクスト中から指示を読みとり実行する，②明示されていないが必要な指示を加える，③テクストに明示されている概念，命題を使う，④参照するように指示された世界知識を記憶から取り出す，⑤書き手から供給されていない材料を加える，ということである。

書き手が必要なものをすべてテクスト中に与え，読み手がうまく使えば書き手と同じ構造物が読み手の中に作られる。そして読み手の中に作られる構造物は，次のようにいくつもの節点(node)と，それを結ぶリンク(link)が樹形図のようになったものとしてスキーマ化される。いちばん上の節点は，たとえばタイトルのように，テクストのテーマを表すものであろう。

また Britton は，かつての物語文法(Rumelhart, 1975等)と同様の形式で説明文文法を提案している。しかし，物語文とは異なり説明文が扱う内容は千差万別であり，描かれている概念/命題同士の連結のありようもさまざまであり，一般的な規則として捉えるのはむずかしい。こうした説明文スキーマや文法の妥当性はまだこれから検討されるものであり，説明文の読解過程における

さまざまなストラテジーについてもさらに研究が必要であろう。

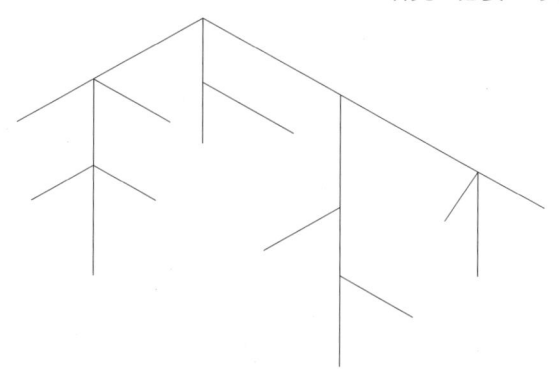

図6　Brittonの説明文スキーマ（Britton, 1994）

　説明文の読解が比較的むずかしいことはすでに述べたが，学校教育の場で接するテクストの多くが説明文であることや，情報伝達文の読解によってわれわれの知識体系が変容を遂げ（Coté *et al*., 1998），洞察が得られる（Britton, 1994）ことを考えれば，説明文の読解研究の重要性はいくら強調されてもよいであろう。

7　テル・ミー・ユア・ストーリー

　物語文と説明文という区別をしてきたが，大きいレベルでテクストを見てみると，1つのテクストに両方の要素が含まれていることに気づくだろう。物語文でも，場面の描写には説明文的な要素が入り込むし，説明文の中にも物語文的要素が組み込まれている。おもしろいことに，難解な科学論文など専門知識の説明文に物語的手法が取り入れられることがある。難解であるからこそ，理解しやすくするために物語仕立てで差し出すのであろう。それ以前に，書き手自身が難解な概念や命題を捉えるのにメタファ的な思考，物語的な思考を生かしたかもしれない。メタファは抽象的な概念の理解に熟知している具体的概念を写し込むことである。

そこには物語的要素が大いに見られるのである。

　新聞のコラムに，ある日本人がアメリカで急に激痛を覚え病院にかつぎ込まれたときの話が載っていた。医者が「どうしたのですか」と言うところを "Tell me your story." と問いかけたので，痛みに苦しみながらも彼は，こんなところで story を使うのだと感心したというのである。まさに物語はわれわれの生活に満ちていて情報伝達や理解に使われるということであろう。説明文の読解にももう少し役立てられるのではないだろうか。

【キーワード】
テクストの定義・分類　説明文　物語文　物語スキーマ　進行手順テクスト　レシピ・テクスト　新聞記事テクスト　専門知識説明文　ストーリー

---

1) *Longman Dictionary of Contemporary English.*
2) 同様の趣旨の Prince (1973) の引用が Stein & Policastro (1984) にある。
3) Yes-No 判断の結果は比例分析をして，.50をチャンス・レベルとして，あるテクストが物語と判断されたかどうかの全体の合意の度合を示す。.65以上は物語の判断として有意であり，.35以下は物語ではないという判断として有意となる。
4) すなわち，あるカテゴリー(ここでは「物語」というカテゴリー)は特定の素性によって明確に構成メンバーかどうか決定するのではなく，最も典型的なプロトタイプと呼ばれるメンバーを中心に，その典型例の特性をどの程度共有しているかで，中心的なメンバーから周辺的なメンバーまであり，すべてのメンバーが同一ステイタスにあるのではない。プロトタイプ理論についての詳しい説明は Taylor (1989) 参照。
5) Coté *et al.* (1998) も，「物語」と「物語でないもの (non-narrative)」という区別をしている。
6) Freedle and Hale は，Piaget (1955) が7，8歳の子どもが物語文でないものに対しては再生や理解の点で劣っていると述べたことにも触れている。
7) この手法は think-aloud と呼ばれ，読解過程の研究によく使われる。

Part 2
読み手のもたらす要因

Part 2では，以下の5点に焦点を当て，読み手が読解過程にもたらす要因について検討していく。

第7章「認知記憶」では，メモリーについて解説する。読み手は，テクストから次々と入力される情報を即時に処理し，また保持したり活用しながらテクストを意味のまとまりとして捉えていく。このダイナミックなメカニズムに，短期記憶，作業記憶，長期記憶，記憶に関する記憶等のさまざまなメモリーが関与する。

第8章「言語習熟度」では，読み手の外国語習熟度が外国語の読解にどう影響するかを検討する。外国語読解を左右するのは，その外国語における習熟度なのか，あるいは読み手がすでに持っている母語による読解力なのか。それぞれの要因が複雑に関与する様子を述べる。

第9章「推論」では，推論の働きを取り上げる。テクストに書かれた文字はそのままでは意味をなさない。読み手が背景知識を活用して推論を働かせ，自分なりの意味のまとまりを構築して，はじめて意味を持ちうるのである。その過程で用いられる推論にはさまざまな種類があり，読解のあらゆるレベルで活性化され，活用されること等を解説する。

第10章「ストラテジー」では，読み手の取り得る方略のさまざまな可能性を紹介する。優れた読解のストラテジーとは何か，またそれを身につけるトレーニングは可能か。自分の読みの習慣や態度をチェックしながら，可能な読みのストラテジーについて考える。

第11章「文化知識」では，異文化に関する知識が読解を左右することを述べる。文化スキーマと言われる，読み手に期待されている背景知識は，テクスト理解の際に生成され活用される推論に影響を及ぼす。

7 認知記憶

堀場裕紀江

壁にうす茶色のポスター写真がある。近づいて見るとライオンらしい顔がこちらを向いている。写真の横にこう説明がある。

"A lioness and her three-month-old cub nestle on the floor of the Gir Forest in western India."

英語が少しわかる人はこの文（テクスト）をどう読むだろうか。例えば，まず英文を読み始めて（A lioness... lioness... ライオン，ライオン＋ess。...and her three-month-old ... 3か月の cub...。）と訳してみて，もう一度写真を見る。（ああ，下にも目がある。お母さんライオンと赤ちゃんね。）納得して，文に戻る。（nestle on the floor floor フロア，床。...of the G...Forest in western 西の India インド。西インド。えっ？ライオンってインドにいたっけ？トラはいると思うけど。ライオンはアフリカだと思ってたけど。インドって書いてあるから，ライオンはインド，アジアにもいるんだあ。）と考える。もう一度写真の顔を見て（アフリカのと同じような顔しているなあ。）もう一度文に戻って読む。（お母さんライオンと3か月の赤ちゃんライオンが nestle on the floor of the Gir Forest フォレスト，森。なんとか森の床に。西インドのどこかの森の中にいるライオン。）写真を見て（ライオンの親子がくつろいでいるって感じかな。）と考え，（あれ？ライオンはアフリカのサバンナだよね，森じゃなくて。アジアのライオンは森に

いるのか。…そう言えば,『森の王様』とかいう絵本があったような。)などと思い出す。

　これは,写真に描かれている状況を的確に,しかも読み手の興味をそそるように書かれた文(テクスト)を,英語を第二言語(L2)とする成人が読んで理解しようとする例である。

　このように,人はまとまりのある文(テクスト)を読んで理解しようとするとき,文字・語彙・文法等の基本的な言語の知識だけでなく,テクストの内容に関する知識つまり内容やトピックに関する一般世界知識を用い,テクストの中の情報と情報を結びつけたり,テクスト情報を自己の知識に結びつけたりして,テクスト全体を意味的にまとまったものとして捉えようとする。テクストを読んで理解するという行動は言語行動であると同時に認知行動である。

　認知心理学では,人の能力や認知的行為とはどのようなものなのか,言語的あるいは非言語的情報はどのように処理されるのか,その処理された情報をもとに人の頭の中にどのような心的表象(mental representation)が形成されるのか,いろいろな情報処理の段階においてどのような操作が行われるか等を探求する(Anderson, 1980; Baddeley, 1990; Balota, Flores d'Arcais, & Rayner, 1990; Britton & Graesser, 1996; Just & Carpenter, 1987; Kintsch, 1998; Rumelhart, 1977a)。近年めざましい発展を見せているテクスト理解に関わる認知心理学研究から得られる知見は,「第二言語(L2)でテクストを読んで理解するメカニズム」をより深く理解するのに参考になる情報を提供してくれる(Durgunoglu, 1997; 堀場, 2001)。この章では,基本的な認知記憶システム(メモリーシステム)とはどのような構造や機能を持つかについて概観し(→1),認知記憶(メモリー)がテクスト理解にどのように関わるかについて簡単に考察する(→2)。それを通じて,L2に

よるテクスト理解において認知記憶(メモリー)がいかに重要かつ複雑な役割を果たしているかを指摘し，L2読解について考慮すべき点にいくつか言及していきたい。

1 メモリーというシステム

外界からの言語的あるいは非言語的情報を知覚したり学習したりするのにさまざまな心的操作が行われる。その心的操作はいくつかの一連の段階に分析することができ，各段階でいろいろな種類の操作が行われるが，その際に認知記憶(メモリー)というシステムが重要な役割を果たす。

1-1 ボトムアップ処理とトップダウン処理

読みにおける情報処理の操作には，文字から語へ，語から節や文へ，文から文章へというように，小さなものからより大きなまとまりのものへ，つまり下から上へと処理操作の段階が移行するものと，それとは反対方向に，文章から文へ，文から語句へ，語から文字へというように，大きなものからより小さなものへ，つまり上から下へと操作段階の移行するものとがある。前者はボトムアップ処理(bottom-up processing; あるいはデータ駆動型の情報処理, data-driven processing)と呼ばれ，後者はトップダウン処理(top-down processing; あるいは概念駆動型の情報処理, conceptually-driven processing)と呼ばれる。私たちが日常的にテクストを読んで理解する場合，その両方の種類の情報処理が相互に作用しながら行われる，つまりインターアクティブ処理(interactive processing; あるいは相互作用的な情報処理)が行われる(Rumelhart, 1977a)。この考え方はL2の読解研究にも大きな影響を与え，読解が読み手とテクストの間の相互作用であること，読解においてさまざまな情報処理が相互作用的に行われるこ

とはL2教育の分野でも一般的に認められている(Bernhardt, 1991; Carrell, Devine, & Eskey, 1988; Grabe, 1991; Swaffer, Arens, & Byrnes, 1991; Urquhart, & Weir, 1998; 津田塾大学読解研究グループ, 1992)。

1-2 文字や語はどのようにして認識されるのか

「単語リストにある語を1つ1つ声に出して読む」というタスクを考えてみよう。タスクを与えられた人は、まずタスクの目的を達成するための計画を作業記憶(working memory)の中に取り入れる。その計画とは、頭と眼の動きをコントロールして特定の場所(1つの単語のある場所)を見、そこにある単語を声に出して読み、そして次に進むということである。たとえば、bankという単語は、刺激インプットとして視覚的に背景と区別されて探知され、そのパターンは視覚的偶像(アイコン＝icon)として認知システムの中に受け入れられる。そこで、文字の部分的特徴(線、角、線と線の交差等)および文字配列の特徴が分析され、BANKという単語として認知される。ここで行われる心的操作は、語のパターンの再認(recognition)と呼ばれるものである。刺激として与えられたインプット(ここではbankという単語)に見られる特徴が、読み手の長期記憶(long-term memory)に貯蔵されているいろいろな文字や文字配列のパターンの特徴と比較されて、bankの文字配列パターンが再認されると、先に形成されたタスク計画に基づいて発音をするように指示が送られ、口を動かして声を出すことで単語が発音される。

単語の再認の正確さは、その外界からの刺激インプット(つまり単語)から抽出された情報の質と、すでに長期記憶に貯蔵されている可能なパターンの質と量によって決まると考えられる。つまり、ある単語が文の中で現れる可能性が高い場合やコンテクス

トから予測されやすいといった場合は，そうでない場合に比べてより簡単に認識される。同様に，ある文字が単語の中で現れる可能性が高い場合は，そうでない場合よりも容易に認識される。たとえば，単語リストにある単語が，[school, hospital, police station, bank]というように意味的に関連性の高いグループになっていたり，[people, deposit, money, at, the, bank]のように文になるように並んでいるといった場合には，意識しなくても予測が働いて長期記憶に貯蔵されたパターンが活性化されるので，次にくる単語(つまり bank)を認識しやすくなる。また，ba●kのように1文字が欠けていても，長期記憶にある英単語の文字配列に関する情報を使って，欠けている文字が何かについて予測が働く。このような理由で，何回か読んだことのある単語はそうでない単語より速く読め，前に1度読んだことのある文やよく知っているトピック(話題)を扱った文は，そうでない文よりも速く読めるのである。これはトップダウン処理が働いて記憶にある上位の情報が下位の情報に先行して働く。つまり，文コンテクストに関する情報が単語に関する情報に先行し，単語に関する情報が文字に関する情報に先行して働くことで文字配列パターンの再認を促進するというトップダウン処理の例である。

　この文字パターンの再認の段階において，第二言語(L2)の単語を読む学習者にとって困難を生じさせる要因がいくつか考えられる。見慣れない形の文字(たとえば "HaNdwRitInG")や大文字ばかりで書かれた文(たとえば "ALL THE WORDS ARE PRINTED IN UPPER CASE")等は，L2学習者にとって再認しにくいことが多い。また，似たような文字配列の単語間(たとえば，desert と dessert，cooperate と corporate)での混乱も起こりやすい。長期記憶の中の語彙の知識が未熟な場合，視覚的情報を記憶の中の文字配列パターンと結びつけ，それをさらに発音パ

ターンに結びつけて，口を動かして発音するという，基本的な言語処理操作においてさえ困難が伴いやすい。また，母語話者の場合，単語が発音できれば意味がわかるという場合がほとんどであるのに対し，L2学習者の場合，単語が発音できても意味がわかるとは限らない。これは，L2学習者の長期記憶の中で文字配列パターンと発音パターンの間に結びつきがあるが，発音パターンと語の意味の間には結びつきが形成されていないからである。英語では文字配列パターン(つづり)と発音の関係が複雑であるため，その語彙自体がわからないと発音できない場合も多い(たとえば，rough, rouse, route, trough, troupe, trout の ou の発音)。

1-3 短期に意識できるメモリー

　一般的に知られていることだが，記憶にはずっと保持されていて消失しないもの(たとえば，自分の名前)と，注意をして意識していないとすぐ消失してしまうもの(たとえば，電話帳で調べて初めてかける電話番号)がある。前者は長期記憶(ロングタームメモリ＝long-term memory)と呼ばれ，後者は短期記憶(ショートタームメモリ＝short-term memory)と呼ばれる。短期記憶は，ある時点で注意の中心にあって意識的に操作される情報，つまり，そのことを考えている間はそこにあるといった記憶の活発な部分である。その時点で意識されていない情報はすべて長期記憶の中にあると言える。しかし，短期記憶と長期記憶はむしろ同じ記憶の2つの異なる状態を表していると考えたほうが理解しやすい。

　短期記憶の容量(capacity)(あるいは，認知資源＝cognitive resources)について話すときにチャンク(chunk)という用語が用いられるが，それはひとまとまりの情報というような意味を持つ。人は外界から連なって入ってくるインプット情報をひとまとまりのもの(chunk)に区切って受け入れる(chunking)と考えられる。

1つのチャンクというのは，長期記憶の中にすでにその内的コードがあるために，1つのユニットとして認識される刺激パターンのことである。つまり，日本語の母語話者が「リンゴ」という情報を見る場合(あるいは聞いた場合)，1個のユニット(つまりチャンク)として認識するが，「ンリゴ」は3個の文字(聞く場合は3つのシラブル)として認識される。同様に，英語の母語話者にとって bank は1個のユニットであるが，nbka は4個の文字である。さて，外界からのインプット情報は，できるだけ単純で高次のレベルのユニットとして，ほかのものと区別するように処理される傾向がある。たとえば，日本語の母語話者にとって，「太平洋」は2個の単語や3個の文字というよりもむしろ1個の単語ユニットとされる。英語の母語話者にとって，greenhouse は2個の単語や8個の文字というよりもむしろ1個の単語というユニットとされる。このようなユニットは，外的インプットを長期記憶に貯蔵しているパターンの知識と照らし合わせることによって認知されるのである。

　短期記憶の中の言語的な情報は，注意を集中させてリハーサルを繰り返すことで，より長い時間にわたって保持することができる。また，リハーサルによってより長い時間保持された情報は，長期記憶のほうに転送されやすい。長期記憶の中に貯蔵された情報は，後のタスクで必要になったときに取り出して使うことができる。リハーサルの重要な点は，それが意識して操作できるもの，つまり方略的コントロール(strategic control)のもとにあるということである。読み手の目的によって，どの情報に注意を向けてリハーサルするか，その結果どの情報がよりしっかりと記憶されることになるかが決まってくる。テクストを理解しようとする場合には，読み手の目的との関係で，どの情報がより重要であると見なされて特別な注意を払われ，リハーサルや緻密化(elaboration)が行われるかが決まってくるのである。このような理由で，ある情報はより強く記憶に残り，他の情報はあまりよく記憶に残らないという結果が出てくるのである。

1-4 作業するメモリー

ここで，作業記憶あるいはワーキング・メモリー(working memory)と呼ばれるきわめて重要な記憶について述べよう(*cf.* Baddeley, 1986, 1990)。作業記憶というのは，局所的なコンテクストに関する情報で，その場の状況や直前に起きた出来事についての心的表象を作成して保持するだけでなく，この局所的な表象を枠組みとして，新しく取り込んだ情報を常に最新化させるという役割も持っている。読解研究では，情報を保持するとともに処理を行うという記憶のダイナミックな性質に焦点を当てた，短期作業記憶(short-term working memory)という概念がよく使われる(*e.g.* Carpenter & Just, 1989; Just & Carpenter, 1992)。最近の理論的研究の中には，経験豊富な読み手においては先行テクストの情報が長期記憶に取り込まれた後も，必要な場合にすぐ使うことができる状態にあるということに着目して，長期作業記憶(long-term working memory)という概念を用いるものもある(Ericsson & Kintsch, 1995; O'Brien, Lorch, & Myers, 1998)。この章では発達過程にある L2 の読み手の問題を考慮することから，これ以降，短期記憶と短期作業記憶を区別せず，作業記憶という概念を用いて話を進めていくことにする。

作業記憶の特徴をもう少し具体的にイメージするために，組立作業をする作業机を想像してもらいたい。組立に使う部品の1つ1つは，さまざまな情報(テクストから抽出したものや長期記憶から取り出したもの)を表し，作業机の上のスペースは限りある作業記憶の容量(あるいは認知資源)を表している。作業机の上は

スペースが限られている。この限られたスペースを使って，いろいろな部品を置いておくと同時に，部品と部品を組み立てて次第に大きなまとまりのものを作っていくという作業を行う。1度に部品をたくさん置きすぎると作業机の上のスペースが減って作業ができなくなるし，ある特定の作業そのものに大きなスペースを使ってしまうと，もうすぐ使うかもしれない部品を置くスペースがなくなる。また，2つの部品を組み立てるためにはその特定の2つの部品が同時に使用されなければならない。ただここに1つのトリックがある。それは，どのくらい使い慣れた部品であるか，どのくらい手慣れた組み合わせ方をするかによって，1度にできる操作が決まってくるということである。使い慣れていない部品や操作は，1つ1つ注意して扱わなければならないのでより大きなスペースが必要である。逆に，使い慣れている部品であれば，複数の部品をひとまとまりの部品として1度に扱うことができるし，慣れている操作は，スペースがほとんどなくても簡単にできる。組み立てられたものは順に長期記憶のほうへと送り込まれ作業机の上からなくなる。後の作業で，ずっと前に長期記憶のほうへ送り込まれた部品が必要になったときは，まずその部品を長期記憶の中から作業机の上に取り出して，それから新しい部品とその古い部品を組み合わせるという操作が行われる。作業机のスペースが限られていること，つまり人間の作業記憶の容量に限界があるということが，テキスト理解を含めたあらゆる認知的活動において情報処理の効率性を左右するきわめて重要な制約条件になっている。

　作業記憶はテキスト理解に関わる情報処理において，先行テキストに出てきた人・事物のリストやトピックのリストを保持している。その両方のリストが後続するテキストの中に新しい指示詞や出来事の記述が出てきた場合に利用されて，新しい情報と古い

情報が結びつけられるのである。たとえば，テクストに "Rhonda teaches French... She... The instructor..." とある場合，話の展開の中でどの人物が問題にされているかを常に追っていなければ，つまり作業記憶にその手がかりになる情報のリストがなければ，She と the instructor が Rhonda のことだと理解することはできない。

また，テクスト理解ではボトムアップ処理とトップダウン処理がいろいろな段階で相互作用的に働くが，共通の情報について複数の処理操作が協力的に働くことができるのは，作業記憶という共通の作業空間(つまり先に述べた作業机)があるからである。たとえば，"Mary and her roommate water the plants every morning." という文の中で water というあいまいな語に出会ったとき，この water という情報に統語的な処理と意味的な処理の両方が相互的に協力的に作用することによって，最も適切な意味解釈(この文脈では物質ではなくて動作を指していること)に到達できるのである。

もっとも，私たちがふだん行うテクスト理解に関わるさまざまな種類の情報処理には優先順位のようなものがある。文字・語句・文等の下位レベルの基本的な言語情報の処理は，トピックに関する推論やテクスト情報の価値評価等の上位レベルの認知処理よりも優先される。さらに，作業記憶にはタスクを遂行するために立てた計画も保持されている。タスク遂行計画はたいてい，いくつかの目的と下位目的(目的を達成する過程で達成しなければならない目的)および予想される操作手順から成り立っており，そういった計画に従っていろいろな情報処理の操作が行われる。たとえば，同じテクストを読む場合でも，文を1つ1つ理解する，大意をつかむ，ある特定の事実だけ読み取る，タイプのミスを見つける等，異なる目的で読みが行われる場合に，それぞれの目的

に合った特定の計画や操作手順を用いてタスク計画を実行するのである。

第二言語(L2)でテクストを読む場合には，単文の中の語の認識に関しても，複数の情報処理が相互作用的に行われなければならないために困難が起こることが多い。たとえば，"John ate the apple with a fork," "John ate the apple with a friend," "John ate the apple with the pale skin," "John ate the apple with joy,"という文におけるwithの意味は，同じ語であってもさまざまである。これは，文中の単語の意味(with)がわかるためには，その語の内部の情報(つまり文字配列と音韻と意味の関係)の理解と，その語が文コンテクストにおいて果たしている統語的・意味的役割の理解という2種類の情報処理の結果が統合されなければならないからである。同様に"The old train the young."という文におけるtrainの意味はどうだろうか。また，母語話者がテクストの中で知らない単語に出くわしたときには，読みの目的に従って適宜に先へと読みを進めるのに対し，L2学習者の場合は，知らない単語に出くわすとその単語の再認のためのリハーサルに専念してしまい，その結果，テクストの他の部分の理解までが妨げられるということがある。これは，単語のリハーサルを行うのに限られた認知的容量のほとんどが消費されてしまって，前後の文脈の構造的なつながりや意味的なつながりが十分に処理されず，その他のテクスト情報までも，まとまったものとして長期記憶に取り込まれなくなってしまうからである。

1-5　長期に知識を蓄えるメモリー

一般に知識と呼ばれるのは長期記憶のことである。人はそれまでの経験に基づくありとあらゆる知識や能力を長期記憶としてほぼ永久的に貯蔵していると考えられる。長期記憶は，その時点で

使われていない記憶の中にあるものすべてを指し，世界・文化・社会，出来事，言語，事物や人，知覚や運動等に関する情報(知識)である。長期記憶は情報の内容からいくつかの種類に分類することができる。1つの分け方は，宣言的記憶(または陳述記憶)(declarative memory)と手続き記憶(procedural memory)という分類である。宣言的記憶は，さらに2種類のカテゴリー，意味記憶(semantic memory)とエピソード記憶(episodic memory)に分類できる。

宣言的記憶というのは，さまざまな事柄に関する記憶のことで，意図的に思い出すことができ，言語的にあるいは視覚イメージ等の形で表現することができる。宣言的記憶の1つのサブカテゴリーである意味記憶は単語の意味や概念やトピック等(つまり，"what")に関する情報で，特定の場所や時間にしばられない一般的な記憶である。たとえば，「パンダはほ乳類である」，「オーストラリアは南半球に位置する」，「サッカーは1チーム11人で行う」，「英語はSVOの語順を取る」等は意味記憶の例である。もう1つのサブカテゴリーは，エピソード記憶と呼ばれるもので，これは特定の場所や時間等のコンテクスト情報を含む，その人が過去に経験した出来事に関する記憶である。たとえば，「きのう田舎の親戚からサクランボが届いた」，「今読んだエッセイは旅の魅力について書いてあった」等はエピソード記憶の例である。しかし，エピソード記憶と意味記憶には連続性もある。たとえば，「コーヒーを飲むと眠気がさめる」という知識(つまり意味記憶)は，コーヒーを飲んだら眠気がさめたという自己の経験(つまりエピソード記憶)から一般化されて形成されることもある。また，「コーヒーを飲むと眠気がさめる」という文を読んで得た情報(テクストに関するエピソード記憶)を基にして，そういった知識(意味記憶)を獲得するということも私たちが日頃よく体験している

ことである。

　一方，手続き記憶というのは，実際に何かの認知的な手続きや作業を行うときに用いられる「やり方("how")」についての記憶である。この記憶は，実際に作業を実行しない限り意図的に思い出すことが難しく，実際に実行している際にも記憶の中の情報を使用していることが意識されない場合が多い。たとえば，「シャツのボタンをかける」，「箸を使う」，「(ピアノの上手な人が)ピアノをひく」，「(よく知っている)単語を認識する」，「母語で話す」，「母語で書かれた簡単な文を読む」等の技能・知覚・動作等の学習に関係する記憶である。

　宣言的記憶と手続き的記憶との間にも連続性がある。たとえば，ある単語を見て発音するのに，最初は文字と音のつながりを考え，口の開け方や声の出し方等に注意して1音ずつ発音しなければならないが，繰り返し練習するうちに，その単語を見ただけですぐに発音ができるようになる。また，文の意味の理解についても，最初は語の意味や語と語の関係に1つ1つ注意して，段階的に意味を組み立てなければならないが，似たような文に何度も遭遇して繰り返し練習を重ねるうちに，一連の手続きが自動化されたひとまとまりのものになり，無意識のうちに文全体を分析して意味の解釈ができるようになる。これは，繰り返し練習をすることで，「単語を見て発音する」，「文の意味を理解する」というやり方についての宣言的知識が，直接実行することのできる手続き的知識に変換される(つまり手続き化される)ということである。このことは，別の言い方をすれば，コントロールされた処理(controlled processing)から自動化された処理(automatic processing)へと情報処理のしかたを変換することを意味する(*cf.* Shiffrin & Schneider, 1977)。

　この宣言的記憶の手続き化ということ，つまりコントロールさ

れた情報処理から自動化された情報処理への変換ということは，読解を含めて言語の学習にとってきわめて重要なことである(LaBerge & Samuels, 1974；McLeod & McLaughlin, 1986; Samuels, 1977)。日常生活の中で自然に習得が起こる第一言語(L1)の場合は，手続き的知識と宣言的知識が同時並行的に発達するが，第二言語(L2)習得の場合は，とりわけ形式面を重視する教授法の下で行われるL2学習の場合には，宣言的知識(whatに関する知識)が明示的に先に形成され，手続き的知識(howに関する知識)の形成が遅れる傾向がある。しかし，言語の運用には手続き的知識が不可欠であり，テクストの中の文を適度な速度で処理するためには，文字・語といった下位レベルの処理操作が自動化されていることが重要である。なぜなら，下位レベルの情報処理にかかる認知的負担が軽ければ，それだけ文と文との意味的結合や推論や評価等上位のレベルの情報処理のために，限られた認知資源を活用することができるからである。

1-6　メモリーにおける意味ネット

　記憶の構造と機能を説明する最も有力な理論的アプローチとして，意味ネット(semantic networks, あるいは，連想ネット＝associative networks)の表象によるものがある(Anderson, 1976; Collins & Loftus, 1975)。典型的な表象アプローチでは，意味は概念(あるいは命題)と，概念と概念(あるいは命題と命題)の関連リンク(あるいは連想アソシエーション)で表示される。概念には，知覚や動作に関するもの，論理や意味に関するもの，上下関係を持つ複数の概念から構成される高次概念等がある。1つの概念の意味は，その概念が他の概念とどのような関係を持っているかといった関係の配列形と，その概念のクラスの事例の定義的特徴と特性的特徴のネットによって決定される。たとえば，図1にある

ように記憶における「イヌ」の意味は，さまざまなイヌの事例やイメージや特徴のリストによって構成されているが，「イヌ」は，必ず「生き物」で「ほ乳類」で「四つ足で歩き」，「肉を好む」が，必ずしも「焦げ茶色の」，「隣の家で飼われている」，「ラブラドル犬である」とは限らないというように意味ネットによって表される。

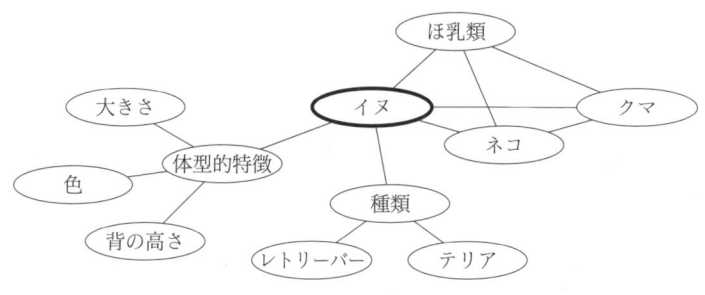

図1 「イヌ」の意味ネットの図

このような理論においては，新しい概念の学習とは，すでに存在するいろいろな概念の間に特定の新しい関係の配列形を作成し，その表象の一部を記憶の中に記録することである。たとえば，「甥」という概念を新しく学習する場合，記憶の中に既に存在する「男性」「子ども」「兄弟姉妹」等いくつかの概念間の関係の配列形を新しく記録することになる。

一般的に知識の機能について述べるとき，スキーマ(schema)やスクリプト(script)という用語がよく用いられるが，これらは体系的な知識のまとまりを表す高次概念である。スキーマは人の経験によってできたさまざまな物事に関するひとまとまりの知識(たとえば，部屋スキーマ，顔スキーマ，人生経歴スキーマ，言語スキーマ)である(Rumelhart, 1980)。スクリプトは，このような知識のうちの，場所や場面に関わる一連の決まって起こる行為

や出来事に関するひとまとまりの知識(たとえば，レストランで食事をする，医者に診てもらう)である(Schank & Abelson, 1977)。たとえば，「部屋」スキーマは部屋の大きさや形，壁や天井や床，入り口や窓といった部分の数や大きさや形，部分の位置関係等の情報を体系的に組み込んだ高次概念である。「レストランで食事をする」というスクリプトには，テーブルにつく・注文する・食べる・お金を払う等の行為とその順序やその場面に登場する人・物等の情報が組み込まれている。このような体系的な知識があるおかげで，私たちは友人がレストランで食事をしたという話をするとき，すべての動作や場面が事細かに説明されなくても，一連の行為が行われたものと理解するのである。これは聞き手の記憶の中にある関連のあるスキーマが活性化されて，明示的に与えられない情報に関して典型的な情報を穴埋めして(デフォルト＝default を用いて)，解釈を行うということが行われるからである。

このようなスキーマ(体系的な知識)は，テクストの中に描写・記述されている人や事物，出来事や現象を理解する際にも，実世界のものを理解する場合と同じように用いられると考えられる。またテクストを理解する場合には，事件・事故等の新聞記事や昔話等の物語文といった典型的なテクスト構造に関する体系的な知識(つまり文章構造スキーマ)も用いられて，テクストの中の情報が関連づけられる(Mandler & Johnson, 1977; Meyer, 1975; Rumelhert, 1977b; Stein & Glenn, 1979; Thorndyke, 1977; Trabasso, Secco, & van den Broek, 1984)。

先に長期記憶と短期記憶は同じ記憶の異なる状態を表していると述べたが，この状態の変化は活性化(activation)という過程によって起こる。ある概念や命題の活性レベルが高くなって，ある一定の閾値レベル(threshold)を越えると，それらは意識の内容

になり意図的に操作できる情報となる。活性化は1つの概念から別の概念へと，あるいは1つの命題から別の命題へと，概念間あるいは命題間のリンクを伝って拡がる(spread of activation)。複雑な意味ネットの上を活性化が拡がっていくと，必要な情報も必要のない無駄な情報も活性化されるが，活性レベルの違いや抑制的な作用あるいは異なる情報の協力的な作用を通して，最も適切な概念の活性レベルが高まり，意味の解釈が行われる。活性化の拡散は，記憶から関連のある概念が取り出されやすい状態にするものである。たとえば，"When he found a bug behind the curtain, Frank became nervous. Apparently they had suspected he was a spy." という文を読む場合を見てみよう。読み手がWhen he found a bug...まで読み進むと，BUG という概念が活発になり，それに伴う連想によって INSECT や HIDDEN-MICROPHONE の概念へも活性化が伝わる。続けて文(...suspected he was a spy)を読み進むと，SUSPECT や SPY の概念からも活性化が拡がっていく。すると，SUSPECT や SPY の概念からも HIDDEN-MICROPHONE の概念へ活性化が伝わり，HIDDEN-MICROPHONE の概念の活性レベルがさらに高い状態になる。それと同時に，HIDDEN-MICROPHONE の概念から INSECT の概念に向けて抑制作用が働く。その結果として，HIDDEN-MICROPHONE の概念はこの文の意味記憶に残るが，INSECT の概念は残らないということになる。意味ネット上での活性化の拡散は無意識のうちに起こるものであるが，タスクをする際の計画によって，ある特定の種類の知識を活用するように意識的に認知処理を一部制御することもできると考えられる。

　L2 でテキストを読んで意味を理解する場合を考えてみよう。人の知識(つまり長期記憶の情報)は基本的にその個人のそれまでの経験に基づくものであるから，自分の慣れ親しんだ文化・社

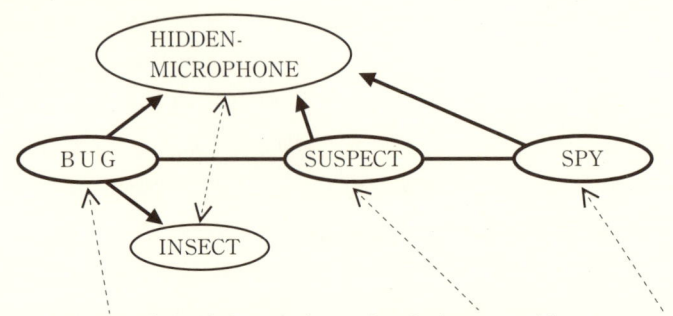

"When he found a bug behind the curtain ..... they had suspected he was a spy."

"When he found a bug behind the curtan, Frank became nervous. Apparently they had suspected he was a spy."を読む場合。

図2　HIDDEN-MICROPHONEの活性化の図

会・世界での体験や母語と直接的に結びついている。したがって，それとは異なる一般世界知識を前提として書かれたL2のテクストを読む際，さまざまな情報処理に関する困難が伴うのは当然であろう。しかしまた，L2の読み手に必要とされる一般世界知識があったとしても，テクストを読み進む際に必要なときにすぐアクセスできないという場合もある。たとえば，"gratitude"というL2の単語を初めて目にした時は，いったんL1の単語(「感謝」)に置き換えてからでないとその意味がつかめないだろう。これは，そのL2の単語("gratitude")とそれが指し示す概念との間につながりがなく，L2の単語をいったんL1の単語(「感謝」)に置き換えてそれを介してはじめてその意味にアクセスできるからである。つまり，『L2 ⇒ L1 ⇒ 概念』という順序で段階的に情報処理が行われている(Kroll & de Groot, 1977)。こういう段階にある読み手は，単語を1つ1つL1に置き換えてからでないと単語の意味がわからないし，単語間の関係も1つ1つ分析しなければならないような文を理解するとなると，これは容易な作業では

ない。しかし，学習が進んでL2の単語"gratitude"とそれが表す概念GRATITUDE＝「感謝」との間の結びつきが強まって『L2 ⇒ 概念』という情報処理の経路が形成されれば，L1をいちいち介さなくても，その単語を見ただけですぐにその概念が活性化され，意味にアクセスできるようになる。これは先に述べた情報処理の自動化，あるいはそれを通してできた知識の再構成化の例である。このことは語彙の習得において，L2の語彙をそれが指し示す概念と直接的に結びつけるような(たとえば，適切な状況コンテクストの中で語彙を学ぶ)学習がいかに重要であるかを示している。

また，テクストの中に提示された単語の意味や文法がわかって命題レベルの文の意味が理解できても，テクストに描写・記述されている出来事や状況がよく理解できないという場合がある。それは，テクストの内容に関する知識が十分でないか，関連性のある知識があってもそれにアクセスできないといった場合である。この現象は，これまでのスキーマ理論に基づく第二言語読解研究で十分実証されている(Carrell, Devine, & Eskey, 1988; Carrell & Eisterhold, 1983; Steffensen, Joag-Dev, & Anderson, 1977)。またL2の読みの場合，テクスト構造に関する知識やトピックやコンテクストからの情報を使うことによって，テクストの中にある単語の意味の理解等，不十分な下位レベルの情報処理の操作が補われることも多い(Adams, 1982; Carrell, 1987, 1992; Horiba, van den Broek, & Fletcher, 1993; Hudson, 1982)。

1-7 メモリーに関するメモリー

認知についての認知を意味するメタ認知(metacognition)という用語がある。メタ認知とは，自己の知識や能力について把握したり認知処理の過程を監視したり制御したりすることを指す

(Baker, 1989; Baker & Brown, 1984; Garner, 1987)。メタ認知は，学習や理解の対象に対する自己の理解度や，それに伴う処理操作の手順について判断したりするものなので，テクスト理解を含む複雑な認知タスクをする際に必要なものである。またメタ認知は，それ自体が学習の対象となりメタ認知能力は人の成長とともに次第に発達する。記憶についての記憶という意味のメタ記憶（metamemory）という用語もほぼ同様に使われる。

テクスト理解においては，文字・語彙の理解，文の統語的分析と意味の理解等に必要な情報があるのか，読もうとするテクストのトピックに関する情報があるのか，そういった情報処理に必要な操作や手順の情報があるのか等の判断にも知識が用いられる。また，情報処理の操作に問題はないか，問題があるとすれば何が問題か，どう対処すればよいか等の判断に基づき，新しい適切な手順を選択してそれを実行に移す等の操作が行われる。また，タスクの目的に合わせて立てた計画が円滑に遂行されているかというモニタリングも行われる。

L2 による読解では，言語に関するさまざまな知識が発達途上にあり，いろいろな情報処理の段階で操作に困難が伴いやすい。したがって，L2 の読み手にとっては限られた認知資源をいかに効率よく使用するかということがより重要な問題となり，それを助けるメタ認知の有効な活用がよりクリティカルなものになるとも言えよう（Carrell, 1992; Carrell, Pharis, & Liberto, 1989; Horiba, 2000）。

2 テクスト理解とメモリーとの関わり

2-1 文理解からテクスト理解へ

単文の理解においては文を構成する語や語と語の関係を分析し

なければならないが，これには長期記憶に貯蔵されている文法解析装置と心的辞書(mental lexicon)が使用される。まず，1列に並んでいる語の知覚的インプットを語・句・節・文といった表層上の構成素という形で作業記憶の中で編成し，その下にある命題を抽出して，それにマッチングするものを長期記憶から取り出す。そして，その文の意味的解釈を行うと，文処理操作の結果として作業記憶の中にひとまとまりの命題(概念と概念の意味ネット)が生成される。このひとまとまりの意味構造は長期記憶のほうへ転送されることもあり，その場合は，文の理解の際に一時的に形成された命題構造が永久的なものになることもある(テクスト記憶の形成)。1つの文が処理されてその命題構造が長期記憶の中に形成されると，作業記憶の中のその文の表層構造に関する情報は消滅する。

　もっとも，この段階でも文法や単語の知識だけで文の意味解釈ができるとは限らない。たとえば，「マックのスイッチを入れたらすぐにメニューが出たがドライブの音が変だった。」という文の理解には，コンピュータ使用に関する先行知識が必要である。そのような知識のない場合は，この文の意味が解釈できないだけでなく，メニューやドライブという単語からレストランでの出来事や車でどこかへ出かける状況を連想するかもしれない。

　意味的に関連した文の流れを持つテクストの場合，文解析装置は文を1つ1つ独立したものとして理解するのではなく，次々と続く文の中にある命題と命題の間の関係を分析して，命題と命題の間を結合するという仕事をしなければならない(Clark & Haviland, 1977; McKoon & Ratcliff, 1980)。命題と命題をつなぐ関係には，照応関係，時間的あるいは空間的関係，因果関係，論理的関係等の種類があるが，表層構造に情報と情報の結合関係が言語的に明示されている場合もあるし，そうでない場合もある。

後者の場合は,文の意味解釈に基づいて一般世界知識を利用することで情報と情報を統合して解釈するということをしなけれならない。たとえば,"Jean likes to go to Antonio's for lunch. She fancies the waiter there. For dinner she prefers Pinocchio, where the food is better but the waiter is not nearly so handsome."というテクストの理解を考えてみよう。第2文および第3文のsheが第1文のJeanと同じ人物を指しており,第2文のthereが第1文のAntonio'sと同じ場所を指している。しかし,第3文のthe waiterは第2文のthe waiterと同じ役割をする人物を指してはいるが,異なる個人を指していると解釈しなければならない。

このテクストの理解を認知記憶の処理操作の面から見ると,次のようなことが起こると考えられる。テクストから新しい命題が抽出されるとまず,それがすでに先行テクストの中に登場した情報かどうか,すでに作業記憶の中に表象されているものかあるいは新しい情報かという判断を行われる。たいていの場合,テクストの中に何らかの言語的手がかりがあって,どれが新しい情報でどれが古い情報であるかを知らせてくれている。もし抽出した命題が新しいものであれば,それは先行テクストから記憶の中に取り入れたどの命題とも結びつけることができないので,新しい意味ネットを記憶の中に形成しなければならない。もし,その情報(命題)がすでに先行テクストの中に現れたものであれば,その先行情報のありかを探すために記憶の検索を行う。その際,すでに活性化されている命題と結びつけるのであれば,検索する時間も短くすぐにマッチングが起こる。しかし,もう活性化されていない命題と結びつけなければならない場合は,先行テクストについての記憶を検索して,それを作業記憶の中に復元してから結合しなければならない。また,それでも記憶検索がうまくいかない場

合は，長期記憶に貯蔵された一般世界知識から関連のある情報を取り出して推論を生成し，その推論(命題)とともにテクストの中の命題と命題を結合させなければならない(Graesser & Clark, 1985; Graesser, Singer, & Trabasso, 1994; Singer, 1994; van den Broek, 1994)。

　テクストから情報を抽出して記憶の中に取り込んでいく際に，長期記憶(知識)の中にある適切なスキーマが活性化されると，関連情報がアクセスしやすくなり，テクスト情報の処理操作が促進される。たとえば先のテクストの場合，レストランスキーマと比較スキーマが活性化されると，2つのレストランの料理とウェーターについて Jean という女性の好みを比べているという予測が働く。すると，テクスト情報は先行知識に基づく情報と結びつけられて，より効率よく長期記憶の中に取り込まれていく。また，この過程で情報の統合(たとえば「Jean はウェーターが気に入っているから Antonio's に行く。」)や緻密化(たとえば「Jean はハンサムな男性が好きだ。」)や要約(たとえば「レストランの選び方」)等も行われる。

　このように長期記憶に取り込まれたテクスト記憶は，意味的な一貫性のあるまとまった命題構造(意味ネット)を持ったものと考えられる。後にテクストに関する情報を必要とするタスクを行う際には，このテクスト記憶の情報が長期記憶から作業記憶の中に取り出されて使用されることになる。テクスト記憶の検索においても作業記憶は重要な役割を果たす。つまり，作業記憶の中にある情報が引き金となって長期記憶の中の情報が活性化されて取り出されるからである(O'Brien, Lorch, & Myers, 1998; Ratcliff, 1978)。その際，長期記憶の中の情報構造，とりわけ関連性のあるスキーマ構造が手がかりとなって働き，どの情報がどのように取り出されるかが決まってくる。

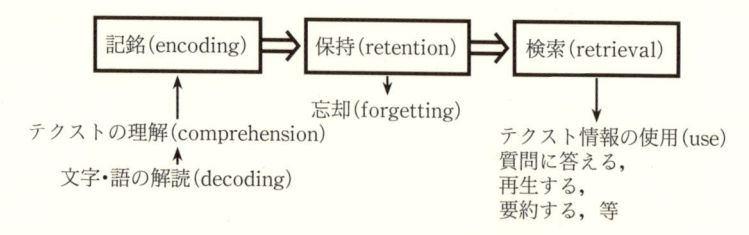

```
記銘(encoding) ⇒ 保持(retention) ⇒ 検索(retrieval)
       ↑              ↓                  ↓
テクストの理解      忘却(forgetting)   テクスト情報の使用(use)
(comprehension)                      質問に答える,
       ↑                             再生する,
文字・語の解読(decoding)               要約する, 等
```

図 3　読解に関する記憶の機能の図

2-2　テクストの内容が記憶に残るということ

　読み手は言語的および非言語的知識を用いながら，テクスト情報を統合したりして記憶の中に取り込んでいくが，その結果として，意味的にまとまりのあるテクスト表象が長期記憶の中に形成される。その記憶の中に保持されたテクスト表象は，後にテクストに関する情報を使うタスクを行う際に検索されて使用される。

　一般にテクストの情報は，その中に提示された命題(proposition)という情報のユニットと命題と命題の間の関係を分析することによって表示することができる(Bovair & Kieras, 1985; Kintsch & van Dijk, 1978)。命題というのは，外界の事象に照らし合わせて正しいかどうかの判断ができる意味の最小単位で，1つの命題は1つの関係を表す述部と，それに関連する1つ以上の概念あるいは下位レベルの命題からなっている。先に挙げたテクストを命題分析すると，以下のような階層的な意味的つながりを持つ命題リストとして表すことができる。

P1:　like-to Jean P2
P2:　　　go-to Jean Antonio's
P3:　　　　　for P2 lunch
P4:　fancy Jean waiter 1
P5:　　　of waiter 1 Antonio's
P6:　prefer Jean Pinocchio's (to Antonio's)

P 7 :　　　　　for P 6 dinner
P 8 :　is food 1 better（than food 2-of-Antonio's）
P 9 :　　　of food 1 Pinocchio's
P10：negate P 11
P11：　　　is waiter 2 as-handsome（as waiter 1-of-Antonio's）
P12：　　　of waiter 2 Pinocchio's

　このようなテクスト構造は，読み手の記憶の中に形成されるテクスト表象に影響を及ぼすと考えられる。たとえば，レベル効果（levels effect）と呼ばれる現象があるが，それはテクストの階層的な意味構造の上位にある情報は下位にある情報と比べて，読み手の記憶に残りやすく，より重要だと判断され読後に行われる要約にも含まれやすいというものである(Kintsch, 1988; Meyer, 1975)。物語文の構造は，出来事を表す節あるいは文を単位として因果関係を分析して表示する方法がよく用いられ，レベル効果は出来事間の因果関係によって説明できる場合が多い(Goldman & Varnhagen, 1986; Trabasso & Sperry, 1985; van den Broek & Trabasso, 1986)。

　読み手がテクストを読んだ後に，記憶の中に残る表象はテクストの言語情報そのものではない。読みを通して，テクストの中の言語情報をもとに知識（長期記憶）から取り出したさまざまな言語的および非言語的情報を用い，情報と情報を統合したり緻密化したり要約したりして，意味的にまとまった複数のレベルからなるテクスト表象が記憶の中に形成されると考えられる(Fletcher, 1994; Graesser, Millis, & Zwaan, 1997; Just & Carpenter, 1987; Kintsch, 1988; Meyer, 1975; van Dijk & Kintsch, 1983; van Oostendorp & Goldman, 1999)。この複数のレベルのテクスト表象は概ね，以下のようなものである。

　1つは最も表面的な表層レベル（surface level）のテクスト情報で，これはテクストに提示された，そのままの文の語や語順につ

いての記憶である。このレベルのテクスト表象はほとんど記憶に残らないか,あるいは取り出すことができない場合が多い。2つ目は,テクストの文字通りの意味を表す記憶で命題テクストベース(propositional textbase)と呼ばれる。このレベルのテクスト表象は文中の語句やそれらの統語的・意味的関係を表す命題がネット状につながったもので,その形成には当然語彙や文の意味の理解が必要とされる。3つ目は,最も記憶に残りやすいレベルのテクスト表象で,テクストによって描写・記述されたミクロ世界の中の状況や内容を反映する状況モデル(situation model),あるいはJust & Carpenter (1987)のレファレンシャルモデル(referential model), Johnson-Laird (1983)のメンタルモデル(mental model)と呼ばれるものである。このレベルの表象は,テクストの中に明示的に提示された情報を手がかりに,読み手が一般世界知識から取り出した情報を付け加えて,情報の統合や緻密化や要約を行うことで形成されるものである。テクストに記述・描写されている出来事を実際に目で見たかのように理解することであると説明されることもある。この状況モデルの形成には,テクストの情報の密度や読み手の先行知識の専門性等の要因が影響する。また最近の理論的研究では,さらに高次の2つの表象レベルの存在も注目されている(Graesser, Millis, & Zwaan, 1997; van Oost-endorp & Goldman, 1999)。書き手と読み手の関係を表すコミュニケーションレベルの表象と,ジャンルのテクストの特徴を表すジャンルレベルの表象である。こういったいろいろなレベルのテクスト表象の形成には,テクストはもちろん,読みの目的とタスクの特徴,読み手の先行知識の量と質および興味等が影響すると考えられる。

　L2読解研究の分野では,読みにおける作業記憶や推論の役割の重要性は一般的に認められているが,読みにおける認知処理や

テクスト表象の形成についてまだほとんど知られておらず，今後の研究が期待される(Barry & Lazarte, 1998; Horiba, 1996, 2000; Zwaan & Brown, 1996; 堀場, 2001)。この章で見てきたように，読み手はテクストの中に明示的に与えられた言語的な手がかりをもとに，知識(長期記憶)の中の活性化された情報を用いて情報の統合・緻密化・要約等を行い，テクストに記述・描写された出来事や内容についてまとまりのある意味表象を記憶の中に形成していく。したがって，L2読解能力を養うためには語彙や文法の知識や内容に関する知識を高めるだけでは不十分である。それらの知識の量と質の向上に加えて，テクスト情報を手がかりに行う知識(長期記憶)の中の情報へのアクセス，テクスト情報の意味的統合，テクスト全体が意味的一貫性を持つような解釈，自己の読みの監視や制御等の操作について，それぞれ練習するだけでなく，テクストの読みを通して総合的に練習することが必要である。そのためには，それぞれの学習目的や読み方に適したタスクの選択，読み手の興味や知識がプラスに働くような教材(テクスト)の選択やカリキュラムの工夫等が求められるであろう。

【キーワード】
ボトムアップ処理　トップダウン処理　短期記憶　長期記憶　作業記憶　メタ認知　宣言的記憶　手続き記憶　意味記憶　エピソード記憶　活性化　スキーマ　テクスト表象

8 言語習熟度

堀場裕紀江・荒木和美

　母語(L1)にしろ第二言語(あるいは外国語，L2)にしろ，書かれた文(テクスト)を読んで内容を理解するためには，当然のことながらそのテクストに使われている語彙や文法の知識を持っていなければならない。しかし一般に，L2学習者の読みを観察しているとわかることだが，十分な単語や文法の知識を持っていて，1つ1つの文の意味が理解できるからと言って必ずしもテクストの内容をまとまったものとして理解できるとは限らない。また，同程度の語彙や文法の知識を持つと思われる複数のL2学習者が同じテクストを読む場合，内容の理解の度合いにかなりの個人差が見られることが多い。一方，明らかに知らない語句がテクストの中に使われているのに，テクストの内容の理解には支障がないという場合もある。このように，L2で書かれたテクストを読んで理解するのにL2の言語知識は必要であるが，その言語知識がL2テクストの内容理解に見られる個人間の差異にどのくらい影響するのかについてはかなり不明な点が多い。

　語彙や文法といった言語知識の差異が，それを用いて行われる読み活動に影響することは当然考えられることであるが，ここで興味深いのは，言語知識以外の知識や能力，とりわけ母語(L1)経験に基づく読み能力がL2での読みに影響するという可能性である。つまり，L1で読み書きのできる人はすでに読みに役立つ

知識とその使用能力を持っており，人間の持つその他の知識や技能と同様，この能力にも習熟度というものが存在し個人間に差異がある。したがって，L2における読みにおいてもこのL1の読み活動の経験に基づく能力の影響が現れ，その結果L2テクストの理解の度合いが異なってくるということが想定できるのである。このような考えは一見，即座に納得できるもののように思われるかもしれないが，実はかなりやっかいな問題をL2の教育や研究の分野に提示するものである。と言うのは，もしこの考えが正しいとすると，われわれが広く用いている読解テストで測っているのはL2の読解能力というよりむしろL1の読解能力ということにもなりうるからである。またカリキュラムやインストラクション(教授)においても，L2の読解能力を向上させるためにはその語彙や文法といった言語知識の発達を優先させるのか，読みそのものに焦点をあてるのかという，学習指導上の意志決定についても再検討の必要性が生じるかもしれないからである。

こういった問題を念頭において，この章ではL2の言語習熟度(level of language proficiency)と，L2の読み能力(reading skills)との関係について考察する。まずはじめに，L2読解研究の分野で提案されている2つの仮説，言語相互依存仮説(Linguistic Interdependent Hypothesis)と言語閾値仮説(Linguistic Threshold Hypothesis)について関連する研究結果とともに説明する(→1)。次に，作業記憶の効率性という観点から言語習熟度とL2での読みとの関係を調べた研究を取り上げる(→2)。そして，発達段階にあるL2学習者の読みを特徴づける転移(transfer)と呼ばれる現象について述べる(→3)。これらを通して，L2読解において言語運用能力がその他の知識(特に一般世界知識と読み書きに関する知識)とともに，どのようにテクストの処理と理解に影響するかを考察していく。

1 L2 読解＝L2 言語知識＋読み能力？

　先ほど冒頭に挙げた問題は、実は L2 読解研究の分野でしばしば論じられてきた L2 読解の本質を問うものである。L2 読解における困難は L2 の言語知識に関する困難なのか、それとも読解能力に関する困難なのかという議論は20年ほど前の問題提起のときから引き続き行われている(Alderson, 1984; Bernhardt & Kamil, 1995; Carrell, 1991; Durgunoğlu, 1997)。この議論にたびたび引用される2つの仮説があるので、まずそれらについて見てみよう。

1-1 言語相互依存仮説

　これは読み能力は特定の言語によらない普遍的な技能であるとする考えで、「第二言語読解」の「読解」の部分に焦点を当てた見方と言うこともできる。もう少し具体的に述べると、言語相互依存仮説(Linguistic Interdependent Hypothesis)では、ある言語での読みは別の言語での読みと共通する部分が多く、テクストの読みにかかわる認知処理の大部分が特定の言語によらない普遍的な能力によって説明されている。したがって、L1 の読み活動を通して養った読み能力は L2 で読む場合にも活用されるので、L1 の読み能力が高い人は L2 の読みにおいても優れた読解のパフォーマンスを見せると考えられる(Cummins, 1979; McLaughlin, 1987)。

　言語相互依存仮説を支持する結果はいろいろな L2 読解研究から得られている。Fitzgerald (1995)は、米国における過去30年間の ESL 読解研究を対象に大がかりな分析評価を行い、次のような結論を出している。つまり、L2 読解の認知処理は L1 読解の認知処理と基本的に同様のものであり、異なるのは特定の下位

レベルの情報処理の質と速度に関するものである。L2読解の場合はL1読解と比較すると，言語知識の限界や読みの経験の不足からくる制約があるため，たとえば語彙や文の理解等の下位レベルの情報処理により多くの時間がかかり，情報の統合や緻密化等上位の情報処理があまり活発に行われず，自己の読みのモニタリングが徹底していない等が見られるとしている。

たとえば，Block (1986) は英語母語話者とESL学習者を対象に，説明文の読みストラテジーの使用と大学の学業成績の変化について調査した。その結果，言語がL1かL2かに関わらずテクストの中の情報を統合するような読み方をする読み手は，そうでない読み手に比べてテクストの内容の理解度が高く，大学の学業成績の上達も優れていたことが明らかになった。大学の学業成績は教科書や論文から得た知識と関連があることから，説明文の読み方が読みによる知識の獲得と関係があるのではないかと考察している。また，Horiba, van den Broek, & Fletcher (1993) は，日本人高校生の英語学習者が物語文を読んだ後に再生したデータを分析して，英語母語話者と同様，読みの最中にトップダウン処理を行ってテクスト構造に関する情報(出来事の因果関係や物語文法)を記憶に取り込んでいたことを検証している。これらの研究結果は，言語相互依存仮説を間接的に支持するデータを提供していると見ることができる。

1-2　言語閾値仮説

一方，「第二言語読解」は「第二言語」を対象にしており，中間言語(interlanguage，つまりL2学習者の言語)を用いる他の技能(話す・聞く・書く)の習得と同様，発達過程にある言語知識が重要な役割を果たすと考えられる。言語閾値仮説(Linguistic Threshold Hypothesis)によると，読み能力はその言語の習熟度，

とりわけ話す・聞く能力，文法・語彙の能力と密接な関係があり，L1の読み能力はL2における語彙・文法に関する言語知識がある一定のレベルに達してはじめてL2の読みの場に活用することができる。読み手にそのレベルの言語知識がなければ，L1の読み能力をL2での読みの場で用いることはできない。つまり，この仮説によると，L2の語彙や統語に関する言語知識の不足は一般的な読み能力(L1で養った能力)で補えるものではない。そのため，最低限のL2の言語知識がなければ，いくらL1の読み能力が高くても，その能力でL2読解の下位レベルの言語処理の困難を取り除くことはできないと考えられる。このような考え方に立てば，L2読解は，その言語を効率よく処理できない限り，基本的に読解の問題ではなく言語の問題であると言えよう(Bernhardt, 1986; Koda, 1987)。

この仮説を支持する研究結果は数多く報告されている。たとえば，Clarke (1979)はスペイン語と英語の読みを対象に，Cziko (1980)はフランス語と英語の読みを対象に，L1の読み能力の高い者はL2の読みの場面でも優れたパフォーマンスを見せるかについて，オーラルリーディングとクローズテストという2つの測定方法を用いて調査した。その結果，いずれの研究においても，L1での読みにおいては能力差の大きい2つの学習者グループが，L2での読みにおいてはその得点差がかなり減少するという結果が得られた。このことから，一定のL2の語彙・文法知識がなければL1読解ストラテジーはL2での読みの場に転移できないと結論づけている(ショートサーキット仮説＝the short-circuit hypothesis) (Clarke, 1980)。

1-3　2つの仮説の比較

言語相互依存仮説と言語閾値仮説を直接的に比較し検証しよう

とする研究もいくつか行われている(Bernhardt & Kamil, 1995; Bossers, 1991; Brisbois, 1995; Carrell, 1991; Lee & Schallert, 1997)。これらの研究では，読み手のL1読解能力，L2読解能力，L2言語知識をテストによって測定し，回帰分析による統計処理の結果，L2読解能力がL1読解能力とL2言語知識によってどのくらい説明できるかということを調べている。これらの研究で対象とされている言語はトルコ語・オランダ語(Bossers, 1991)，スペイン語・英語(Bernhardt & Kamil, 1995; Carrell, 1991)，英語・フランス語(Brisbois, 1995; Fecteau, 1999)，韓国語・英語(Lee & Schallert, 1997)で，対象とされている読み手は中学生から大学生までというように多様である。

興味深いことに，これらの一連の研究からかなり共通する結果が報告されている。たとえば，Bossers (1991)はトルコ語を母語とするオランダ語学習者を対象に，L1の読解能力およびL2の統語・語彙知識という2つの要因とL2読解能力との関係を調べた。その結果，L1読解能力もL2言語知識もともに有意にL2読解能力を説明する要因ではあるが，L1読解能力と比べてL2言語知識のほうが数倍も強力な要因であった。さらに，L2読解能力の低い読み手の場合にはL2言語知識が主な要因であったが，有能な読み手の場合にはむしろL1読解能力が有意な要因であったことも明らかにされた。この研究と同様，英語を母語とするフランス語学習者126名を対象にしたBrisbois (1995)や，英語を母語とするスペイン語学習者130名を対象にしたBernhardt & Kamil (1995)も，L2読解能力にはL1読解能力とL2言語知識(語彙・文法)の両方が関係しているが，前者より後者のほうがL2読解を説明する，より強い要因であったと報告している。

言語閾値仮説に関して言語習熟度の影響を詳しく調べたLee & Schallert (1997)は，韓国人中学生・高校生の英語学習者809

名を対象としている。この研究では，L2の読解テストと言語テスト(語彙と文法)，L1の読解テストを行い，被験者をL2言語テストの得点に基づいて10の言語習熟度グループに分類した。そして，グループごとにL1読解テストの得点とL2読解テストの得点の相関関係を調べた。その結果，これまでに挙げた先行研究と同様，L2言語知識とL2読解との相関関係はL1読解とL2読解の相関関係よりも強かった。しかも，L2言語知識の高い学習者グループではL2読解とL1読解の相関関係が高いのに対し，L2言語知識の低い学習者グループではその相関関係が低く，L2読解はむしろL2言語知識によって説明できるということが明らかにされた。

また，スペイン語を母語とする英語(第二言語)学習者グループと英語を母語とするスペイン語(外国語)学習者グループを対象にしたCarrell (1991)では，前者のグループは後者のグループと比べてL2読解とL1読解の間の相関関係がより高く，L2読解とL2言語知識の関係がより低いことが明らかになった。このことから，L2読解に対するL1読解能力とL2言語知識の影響は，読み手の学習環境(その言語が使用される文化社会環境の中でL2を学ぶか，そのような環境とは切り離された外国語としてL2を学ぶか)からの影響があるかもしれないとしている。さらに，英語を母語とするフランス語学習者のL1とL2における文学テクスト(18世紀のヴォルテールの作品)の読みを比較したFecteau (1999)では，L2読解とL1読解の関係が強く，L1読解はL2読解を説明する要因としてL2言語知識よりも強い要因であった。つまり，この結果もまた，言語習熟度の高い学習者においては，文学テクストの読みに関してL2読解はL2言語知識よりもむしろL1読解能力によって説明できることを示している。

このように，これらの研究では多様な研究対象(言語と学習者)

を扱っていながら，どの研究においても同じような結果が得られている。結果として得られた統計データの数値から判断すると，L1読解はL2読解の20％程度を，L2言語知識はL2読解の30％程度（そのうち27％は語彙知識，3％は統語知識）を説明することができるということになる。このことから，先に挙げた2つの仮説のどちらに対しても支持するデータが得られており，これら2つの仮説は相反するものではなく，むしろ補完的なものと考えられる。つまり，L2読解はL1読解能力とL2言語知識の両方が機能するものだと言える。しかしながら，これらの研究結果から判断すると，L2読解の残りの50％がどの発達段階にある読み手においても説明されていないということも指摘されている(Bernhardt, 2000)。

どの研究についても言えることだが，これらの研究について，方法論上の弱点がないわけではない。すなわち，これらの研究では言語知識は語彙・文法テストを，読解能力は文章読解テストを用いて，しかもたいてい多肢選択応答形式テストを用いて測定し，それらのテスト得点の相関関係を回帰分析するという手法を取っている。つまり，L2の読みにおけるさまざまな種類の認知処理の操作やそれらの交互作用等をダイナミックなものとして捉えてはいない。L2読解のダイナミックな性質を的確に捉えるためには，テクストが処理される過程をオンラインで調べたり，記憶の中に形成される複数のテクスト表象の特徴を分析するといったアプローチが必要である。

2 言語習熟度と作業記憶

L2読解に関する研究分野においても学習指導の分野においても，読み手の言語習熟度(language proficiency)がテクストの理解に大きな影響を与えるという証拠は十分に存在する(Bernhardt, 1991)。言語習熟度の問題は言語の運用能力という面から考えると，テクストの中のメッセージを表す言語情報をいかに効率よく処理するかという問題として捉えられる。そこで，L2 読解における言語習熟度の影響を作業記憶の効率性という点から論じている最近の研究を取り上げてみよう。まず，その理論的な背景となる L1 読解研究を簡単に紹介することから始めよう。

2-1　L1 読解における作業記憶

　作業記憶の重要性は L1 読解研究(ほとんどが英語を対象にしている)の分野において広く認識されている。人は限りある認知資源(cognitive resources)を持っており，作業記憶はその資源を用いて情報の処理(processing)と情報の保持(storage)という 2 つの機能を果たし，認知タスクを行うことを可能にする作業スペースと考えられる。この認知資源の容量あるいはその使用能力には個人間の差異があり，その結果として言語の運用や習得に関する効率性に差異が現れると考えられる。

　もう少し具体的に述べよう。Just & Carpenter (1992)の作業記憶の容量仮説(Capacity Hypothesis)によると，人が情報処理をしている際の一時点において使用できる認知資源には一定の限界があり，それはどのくらいの情報が活性化されるかという量的なもので表される。テクストの読みを含む高度な認知活動においては，さまざまな種類の認知処理が作業記憶の処理能力による制約の中で競争するような形で行われる。テクスト読解の場合は，処理能力の限界を超える情報処理が要求されると，文字・語彙・統語等下位レベルの言語処理が優先され，複数の文からの情報を統合したり一般知識をもとに推論を生成したりする等の上位レベルの認知処理は後回しにされる。したがって，下位レベルの言語処理が円滑に行われない場合，それらの情報処理のために多大な

認知資源が消費され，意味の統合・緻密化といった上位レベルの認知処理が十分に行われず，その結果十分に発達したテクスト表象(特に，テクストに記述されているミクロ世界の状況を現す状況モデルの表象)が記憶の中に形成されなくなってしまう。

従来から，作業記憶の保持能力を測定するものとして数字や単語を用いたスパンテスト(span test)があるが，それに対し，文の情報を保持しながら処理するという作業記憶の使用能力を測定するリーディングスパンテスト(reading span test)が開発されている(Daneman & Carpenter, 1980; Osaka & Osaka, 1992)。このリーディングスパンテストによる得点は，数字や単語のスパンテストによる得点と比べて文章読解テストの得点とかなり高い相関関係があることが多くの研究で報告されている(Daneman & Merikle, 1996)。さらに，リーディングスパンテストの結果，作業記憶の効率性が高いと判断された読み手の読解プロセスは，効率性が低いと判断された読み手と比べて言語的な曖昧さの解決，統語的に複雑な文の処理，テクスト処理過程での推論の生成，テクストの中にある新しい語彙の習得等においてより優れていると報告されている(Daneman & Green, 1986; Miyake, Just, & Carpenter, 1994; Singer & Richot, 1996)。

子どもを対象にしたL1読解研究においては，文字や文字配列を音韻と結びつけて語彙を認識する解読(decoding)の技能の重要性が強調されている。そのため，読解が聴解と同じくらい正確かつ迅速に行われるためには，この解読処理が自動化されていること(automatized)が前提条件であるという見解もある(言語効率理論 Verbal efficiency theory; Perfetti, 1985, 1988)。もっとも，解読処理は，その言語における音韻と表記の一致度によってその習得の難易度が異なる。たとえば，英語のアルファベットの場合，日本語のかなの場合と違って，音韻と表記の関係がかなり

複雑なため解読の技能の習得はかなりむずかしいことが予測される。この解読処理の自動化(automatization)によって、読解における語彙・文法といった基本的な言語処理能力(lexico-syntactic processing skills)の発達につながり、さらには、より多くの認知資源を必要とする談話レベルの処理操作を練習する機会が増えることになる。テクスト読解において、限られた認知資源が下位レベルの言語プロセスだけでなく上位レベルの認知プロセスにも配分されるためには、基本的な言語処理が正確かつ迅速に行われる能力が必要である。

これに関連して、基本的な言語処理能力の違いによって文脈コンテクストへの依存度が異なるという現象がよく観察されるが、そのしくみをうまく説明する理論として、Stanovich (1980)の相互作用補完モデル(the interactive-compensatory model)が挙げられる。この理論によると、語彙に関する基本的な処理能力を備えている読み手は、テクストを読み進む際、語彙の表記情報をもとにその語彙の音韻や意味の情報を長期記憶からすばやく取り出して使うことができる。この場合、文脈コンテクストは情報の統合や解釈の処理を行う時点で用いられる。これに対し、基本的な言語処理能力の低い読み手は語彙の表記情報をもとにその語彙の音韻や意味の情報を記憶からすばやく取り出すことができないことから、読み手はそれを補うために文脈コンテクストからの予測性に頼って語彙の意味を推測するということを行う。

これらのL1読解研究で用いられる作業記憶の効率性、基本的な言語処理能力の効果、それと関連する相互補完的な処理操作に関する理論や見解は、最近のL2研究にも取り入れられ、L2読解の性質をより詳しく説明するのに役立っている。

2-2 L2 読解における作業記憶と言語習熟度

　本書で対象とする L2 読解は，すでに L1 で読み書き能力のある読み手を想定している。したがって，L2 学習者の読解に関しては L1 の子どもの場合と同様，言語処理能力の習得が重要であるが，それに加えて L1 の成人の場合と同様，読解能力のさまざまな認知プロセスの特徴も見られると予測できる。しかしながら，L2 読解は L1 読解と明らかに異なる特徴も持っている。たとえば，L2 の読み手，とりわけ外国語として L2 を学んでいる読み手の場合，口頭言語能力の習熟が読解能力の習熟に先行しているとは限らず，読解能力のほうがむしろ優勢である場合も多い。また，L2 読解においては母語使用に基づくさまざまな言語的および非言語的な先行知識があり，それらが L2 の知識とともに作業記憶の使用や情報の処理操作に影響を与える。

　最近の L2 読解研究において，作業記憶の重要性は認められているが，それを直接的に扱った研究はまだ数が少ない。たとえば，Harrington & Sawyer (1992) は日本人の英語学習者を対象に英語と日本語のリーディングスパンテストと単語・数字スパンテストと TOEFL (文法・語彙) テストを行い，それらのテスト得点の間の相関関係を調べた。その結果，L2 リーディングスパンと L2 文法・語彙の関係は高かったが，単語・数字スパンと L2 文法・語彙の関係は高くなかった。

　また，Harrington (1991) は同じく日本人英語学習者を対象に，L2 読解能力と作業記憶の関係が L2 の語彙・文法知識によってどのくらい影響を受けるかを調べた。その結果，3 種類のテスト得点 (L2 リーディングスパン，L2 語彙・文法，L2 読解) の間にそれぞれ有意な相関関係が見られたが，興味深いことに，L2 リーディングスパンと L2 読解の相関関係は高く，その関係は語

彙・文法知識の影響を統計的に除いても有意なものであった。

これらの結果から，L1研究と同様，L2読解には一般的な作業記憶の保持能力(つまり単語や数字のスパンテストによって測定されるもの)よりも，言語処理に関する作業記憶の効率性(リーディングスパンテストによって測定されるもの)が関係しており，L2読解能力を説明するには，L2の語彙・文法の知識だけでなく，それに関する作業記憶の効率性というものを考慮しなければならないことが明らかにされた。

また，読み手の作業記憶の効率性はテクストの文の難易度によっても影響を受ける。テクストの文の統語的複雑さを操作して，読み手の先行知識がそのテクストの理解と記憶にどのような影響を与えるかを調べた研究もある。Barry & Lazarte (1998)は，スペイン語のL2学習者に統語的複雑さの異なる説明文を読ませて内容を再生(recall)させた。学習者は，テクストのトピックに関する先行知識の量によって2つのグループに分けられていた。その結果，統語的複雑さの高いテクストを読んだ場合，トピックに関する知識を多く持っている読み手は，テクストの文を効率よく処理し，知識をもとに推論を生成して，より統合された整合性の高いテクスト表象(状況モデル)を形成した。それに対し，トピックに関する知識の少ない読み手はボトムアップ処理ストラテジーを頻繁に用いて，推論をほとんど含まないテクスト表象を記憶の中に形成した。

また，L2読解における作業記憶と関連する認知資源の配分やテクスト心的表象の形成について，オンラインで測定する試みも見られる(Horiba, 1993, 1996, 2000; Zwaan & Brown, 1996)。L1読解研究では，テクストの特定の部分の読み時間や意味の活性化・推論等に関するさまざまな記憶タスク(word naming, lexical decision, recognition, sentence verification 等)による反応時

間の測定(1/1000秒単位で)が用いられている。しかし，L2 研究の場合，このような測定方法を効果的に使用することは非常にむずかしい。なぜなら，L2 読解が複雑かつ不透明であるだけでなく，読み手が意味・統語の処理に関する困難から余分な干渉を受けやすいからである。したがって，L2 読解研究では，思考発語法(think-aloud)や再生(recall)や質疑応答等，反応時間に基づかない測定方法を用いて認知処理やテクスト記憶の形成に関して検証を行っている。このような研究の成果の積み重ねを通して，L2 読解に関するより詳細な仮説が立てられ，やがて反応時間に基づく測定方法を用いた実証研究によって L2 読解理論の発展につながるものと考えられる。

　たとえば，Horiba (1993, 1996) は英語を母語とする中級と上級の日本語学習者，日本語母語話者，英語母語話者を対象に，言語習熟度と物語文のテクスト構造(意味的一貫性の程度)がテクスト処理における作業記憶の配分とテクスト記憶の形成にどのような影響を与えるかについて調査した。その結果，次のようなことが明らかになった。言語習熟度によって，テクストの処理時間とテクストの理解度が異なった。つまり，言語習熟度の高い読み手(母語話者，次に上級 L2 学習者)は低い読み手と比べて，読み時間が短く，より多くのテクスト情報を再生した。また，思考発語データによると，言語習熟度によってテクスト処理やテクスト表象の形成に質的な相違も見られた。つまり，L1 の読み手は推論や連想といった高いレベルの認知処理を盛んに行い，新しい情報を先行する情報と結びつける後ろ向き推論をテクスト構造に合わせて生成し，読んだテクストの情報構造を反映したテクスト記憶を形成した。一方，L2 の読み手は文字・語彙・統語等の下位レベルの言語処理に多くの認知資源を用い，テクスト構造にはあまり敏感ではなかった。しかしながら，L2 の読み手の中でも比較

的言語習熟度の高い読み手は，読解中に前向き推論も後ろ向き推論も生成していたが，いろいろな処理段階での操作が遅れる傾向も見られた。

また，Zwaan & Brown (1996)は英語を母語とするフランス語学習者にL1とL2で物語文を読ませ，L1読解能力がそのテクスト処理とテクスト表象の形成(命題テクストベースと状況モデル)にどのような影響を与えるかを思考発語法と連想タスクを用いて調査した。その結果，L1で読んだときは，読解能力の高い読み手は読解能力の低い読み手と比べて，テクストの内容を説明するような推論をより多く生成し，より整合性の高い状況モデルのテクスト表象を形成した。それに対し，L2で読んだときは，読解能力の高い読み手は低い読み手と比べて，より充実した命題テクストベースのテクスト表象を形成したものの，状況モデルのテクスト表象には差異が見られなかった。このことから，L1での優れた読み能力は，言語処理の効率性が高くないL2の読みの場面では十分発揮されないため，L2テクストの中の明示的な情報を記憶に取り込むことはできても，一般世界知識を活用して統合的な推論を含む，より充実したテクスト表象(状況モデル)を記憶の中に形成することはむずかしいことがわかる。

さらに，Horiba(2000)は，上級日本語学習者と日本語母語話者を対象に，テクストの種類(物語文・説明文)とタスク(自由に読む・文と文のつながりに注意しながら読む)によって，テクスト処理とテクスト記憶がどう異なるかを調査した。その結果，L1の読み手は，テクストの種類やタスクによって明らかに異なる認知処理に従事したが，L2の読み手の認知処理は，方略的ではあるものの，あまり効率的ではなかった。つまり，L1の読み手は，物語文と説明文とでは異なる種類の推論や連想を生成し，異なる種類のテクスト表象を形成した。また，文のつながりに注

意する読みのタスクでは自由な読みのタスクの場合と比べて、テクストの情報構造に注意を向けた統合的な情報処理をより積極的に行った。それに対し、L2 の読み手の場合、説明文と物語文とでは異なる種類の推論を生成したが、読みタスクの違いによるテクスト処理の違いは顕著ではなかった。このことから、言語習熟度によって、読み手が読みの目的との関係で従事するテクスト処理の操作や、それに関わる認知資源の配分のしかたが異なってくることがわかる。

このような研究結果に見られる L2 読解における言語習熟度の影響は、先に述べた言語閾値仮説と作業記憶容量仮説を基本的に支持するものであると言えよう。しかしそれと同時に、L2 読解において、テクストやタスクの特徴、読み手の読み能力や内容に関する先行知識がテクスト処理とテクスト記憶の形成にどのように影響するかについて、より詳しく検証している。

3 転移の問題

L2 読解が L1 読解と大きく異なる点として、L2 の読み手には母語(L1)使用の経験に基づくさまざまな種類の知識や能力がすでに存在していることが挙げられる。L1 に関する言語の知識や能力は、L2 の運用に含まれるさまざまな情報処理において用いられ、テクストの言語処理やテクスト記憶の形成に影響を与える。この現象は一般に転移(transfer)と呼ばれる。転移は、中間言語(interlanguage、つまり L2 学習者の言語)の発達の過程でよく観察されるもので、関連性のある先行知識(つまり、L1 に関する知識)が、特に発達の初期段階で L2 に関する知識の限界を補うような形で使用される場合(言語間転移、interlingual transfer)が多い。この場合、2 つの言語に関してどのような共通点と相違点(言語間距離とも呼ばれる)があるかによってその影響のあり方

が変わってくる。しかしまた，発達中のL2言語に関する知識について，1つの言語項目の規則(たとえば，音声・形態・統語等に関する規則)を別の言語項目に適用するという場合(言語内転移=intralingual transfer)もある。

たとえば，英語と日本語のように目標言語の文字が母語の文字と異なる場合，L2の読み手はL1経験に基づく文字認識ストラテジーを用いることができないので，文字や語彙の認識といった下位レベルの処理に困難が生じやすい(Everson & Ke, 1997; Horiba, 1990, 1996)。また，スペイン語やスウェーデン語を母語とする英語学習者は，L1とL2が共有する語彙や形態に関する知識をすでに持っているので，その知識を活用することによって，より効率よくL2読解を行うことができ，またL2の読解力の発達も促進される(Jimenez, García, & Pearson, 1994; Ringbom, 1992)。

統語に関する転移の問題もいろいろ報告されている。たとえば，Koda (1993)は英語・中国語・韓国語をL1とする日本語学習者の文処理ストラテジーを調べた結果，格助詞(が，を)の有無はどの学習者グループにも同様の影響を与えるのに対し，語順は，母語において語順が重要な学習者グループ(英語と中国語)には影響したものの，母語において語順がそれほど重要ではない学習者グループ(韓国語)には影響しなかったと報告している。また，Bernhardt (1986)は英語を母語とするドイツ語学習者とドイツ語母語話者を対象に読解中の眼球運動を測定した。その結果，言語習熟度によって読み時間が異なるだけでなく，テクストの中にどの語彙により多くの注意を向けるかが異なることがわかった。経験豊富なL2の読み手は，L1の読み手と同様，機能語により多くの注意を向けていたが，経験の浅いL2の読み手は，母語である英語のテクストを処理するかのように内容語により多くの時間をか

けていた。

　さらに，テクスト構造に関する知識もL2読解の際に用いられることがわかっている。たとえば，Hinds (1983, 1984)は英語母語話者が起承転結の構造を持つ日本語説明文を読む場合，英語の説明文とは異なる構造の部分が特に理解しにくく，英語の文に近い構造を持つテクストのほうが理解しやすかったと報告している。また，Connor (1984)は，同程度の言語習熟度を持つが，複数のL1言語背景グループからなるESL学習者を対象に，説明文を読んで再生させた結果，L1言語背景によって，再生されやすいテクストの部分が異なったと報告している。

　このような研究結果から，発達過程にあるL2の読み手はL1使用に基づく知識や処理ストラテジーをL2読解の場面に転用するが，それは，文字・語彙・文法といった基本的な言語処理についてだけでなく，テクスト構造といった読み書きの慣習に関する知識の使用についても起こることが明らかにされている。もっとも，読みに含まれる下位レベルの言語処理は2つの言語間で異なる特徴が比較的多く，L1に基づく知識がL2読解の場へ転用されるとよくない影響(干渉，interference)を与えることが比較的多いだろう。それに対し，推論・緻密化・要約等の上位レベルの認知処理は特定の言語によらない思考に関するものなので，L2読解の場へ転用されても比較的よい影響を与えるかもしれない。

　この章では言語習熟度とL2読解の関係について，L1読み能力の影響を考慮しながら考察してきた。しかし，L1読解に関する知識や処理ストラテジーがL2読解の性質やL2読解能力の発達にどのような影響を与えるのか，L2言語運用能力がL2読解の性質やL2読解能力の発達とどのように関わるのかといった重要な問題について今後の研究が大いに期待されるところである。L2読解は，読み手が言語・読み書き・一般世界に関する知識を

L1・L2の二重構造で持つことを前提に考慮されなければならない。その上で，読み手が，限られた認知資源を背景に，テクストをどのように処理して理解するのかについて，読みタスクにおける言語運用の観点から考慮する必要がある。

【キーワード】
言語習熟度　言語知識　読み能力・読解能力　言語相互依存仮説 (the linguistic interdependent hypothesis)　言語閾値仮説 (the linguistic threshold hypothesis)　中間言語 (interlanguage)　転移 (transfer)　作業記憶の容量　効率性　語彙統語処理能力 (lexico-syntactic processing skills)

9 推論

田近裕子

1 読解における推論の役割

1-1 物語りの展開と推論

　読み手の持つ知識とそれをもとにした推論は，読解過程において最も重要な役割を担っていると言えよう。書かれた文字は読み手が知識を活用して意味を構築することによって，はじめてテクストとして成立する。

　「おう，参ったか，彦一め。うむ，きっかり八人で来たな，わっはっはっは…。」
　殿様の笑い声で家来たちは静かになりました。
　「こっちへ参れ。くるしゅうないぞ。若もそのほうが喜ぶ。さ，さ，遠慮するな。」
　言われて，彦一たちは，殿様の席の近くまで，ぞろぞろ進みました。
　「さて，そこで1つ注文をいたす。彦一は，並んだ八人のちょうど真中に座るようにいたせ。よいな。」そう言うと，殿様は若様を見ながらニヤリニヤリ。
　やはり，殿様たちのはかりごとだったのです。(『日本の民話——とんち話』より)

上記のテキストにおいて,「彦一が八人のちょうど真中に座る方法を考えよ」という注文が出され,彦一たちがそれに応じなければならないことを理解するためには,少なくとも8人という偶数メンバーの真中にその1人である彦一が座らなければならない不可能さ,「殿様,若様,家来たち,彦一,彦一たち」がどのような人間関係,さらには力関係にあるのか等が読み手の知識をもとにして理解できていなければならない。「殿様」と「若様」が父親と息子であり,「若」が「若様」と同じ人物を指すことも了解している必要がある。これらのことはテキストにはいちいち書き込まれていないので,読み手は自分の持ち合わせの知識を援用してこれらを理解するのである。それをもとにして,読み手は「若もそのほうが喜ぶ」,「若様を見ながらニヤリニヤリ」等を手がかりに,「若」を意識して殿様が彦一たちを呼び出し,何らかの意図のもとに難題を与えたのであろうこと等,登場人物の持つ意図や,因果関係の推測等も行うのである。7人ならともかく8人で来た人びとに向かって,そのうちの1人が真中になるように座るというのが難題と理解するのも,読み手の数や空間の知識によるところが大きい。このテキストでは殿様の出した課題の意図は明示されていないが,読み手はその背後に殿様の若様に対する何らかの配慮があるらしいことも推測する。1行目で「きっかり八人で来たな」と殿様が言ったのは,5行目で「八人のちょうど真中に座る」という課題が与えられることになる伏線である。1行目の人数の確認と5行目の課題を読み手が数行を超えて相互に関係づけることによってテキストに首尾一貫性がもたらされる。テキストは,このようにしてはじめて「意味」を持ってくるのである。すなわち,明示的には書かれていないが読み手が持ち合わせている知識が不可欠な要素となり,それに基づく推論がなされることによって,はじめてテキストが物語として成り立つのである。

1-2 語および照応の推論

　以上のような推論は，読み手の知識が展開していく物語の理解にいかに貢献するかを示しているが，テクストに密着した語彙や文の意味理解のレベルにおいても，読み手の働かせる推論の役割は実に大きいと言える。たとえば，「椅子」という語彙1つを取ってみても，ベンチのような木の椅子，学校机に合わせた堅いプラスチックの椅子，ちょっと気取った食卓に合わせたオシャレな椅子，あるいはフカフカしたゴブラン織りの布張りの高級感あふれる椅子等，いろいろな「椅子」が考えられる。単に「椅子」とテクストに書かれていても，読み手が何を想像するかは読み手の知識とテクストの前後関係からなされる推論との関係で決まってくる。このような多様な想像は，異なったテクスト理解をそれぞれの読み手にもたらす。このことについては，たとえば，"He flew to Cairo."(Just & Carpenter, 1987: 197)という文を読んだ場合に，文脈や読み手によっては，「ジェット機」，「プロペラ機」，「ヘリコプター」，「グライダー」あるいは「空飛ぶじゅうたん」等さまざまな交通手段を想像しうることがしばしば指摘されている。

　こうした知識の援用と推論の作用は，あまりにも頻繁に，しかも自然に行われているため，特に意識されない場合が多い。しかし，どのような言語におけるどのような読解においても，テクスト理解は推論による読み手の積極的な意味の構築によってはじめて達成されるのである。たとえば，ごく簡単な代名詞の照応関係等のように，あまりにも当然と言えるテクスト理解においても実は推論が働いているのである。"This is Sam. He's my cousin."の2文において，"He"が"Sam"と同一人物であることを見いだすことができるのは，読み手の持つ英語の代名詞に関する知識と，それに基づく推論によるのである。

テクスト理解の過程で推論によって構築される意味は，上記の例にあるような代名詞の先行詞をテクスト上で同定するといった照応関係にとどまらず，さらに高度なものである場合がしばしばである。たとえば，次のような照応関係における推論の例が考えられる。

　　がまの油売りは，やおら刀を取り出して客が差し出した一枚の大きな紙を，大声を出しながら二枚，四枚，八枚と次々に切り裂き，最後に｛[それ]を｝パッと空中に乱舞させた。
　　(山梨, 1992: 59)

ここで言う[それ]は，テクスト上で明示されたものとしては，「1枚の大きな紙」を指すことになるが，文脈から考えると明らかに「切り裂かれた紙」である。しかし，この先行詞はテクストのどこにも示されていない。では，なぜこのような文脈に即した理解が可能かと言えば，読み手が推論を働かせるからである。このような推論は，料理本やマニュアルといったテクストによく見られる「オンライン・プロセス」(山梨, 1992: 57)における推論と言われる。事が進行するにつれて新しい状況が先行詞に加味され，読み手がそれを含んだ先行詞の意味を理解することによって，はじめて読解が達成される。

「オンライン・プロセス」における推論は，英文読解においてもしばしば行われている。次の Brown & Yule の例は，読み手が，いかに無意識のうちに推論を働かせ，テクストを意味あるものとして理解しているかを示している。

　　Kill an active, plump chicken. Prepare it for the oven, cut it into four pieces and roast it with thyme for 1 hour.
　　(Brown & Yule, 1983: 202)

第2文における下線部の"it"の指示する語は，テクスト上の先行詞としては"an active, plump chicken"ということになりかねない。しかし，この場合はそうではなく，"an active, plump chicken"に"kill"の要素を加味したものでなければならない(Emmott, 1997: 201)。第2文における下線部の"it"を，テクストの中でつじつまが合うように捉えるためには(あまり気分の良い想像ではないが)，たしかに，走り回っている元気なニワトリとして捉えるのでは不都合である。このニワトリは，オーブンの中に収まるもの，つまり第1文を総合した意味解釈を含む，新しい状態のニワトリでなければならない。このことを読み手は知っているのである。したがって，第1文と第2文を意味あるテクストとしてつなぐのは，代名詞の指示する先行詞をテクスト上で同定する力だけではなく，文脈に即して新しい意味を加味した上で指示詞の照応関係を把握する推論の力である。この加味された部分が読み手によるテクストへの働きかけ，貢献となるのである。

　一般に，テクスト上の照応関係の把握とは，きわめてテクストに密着した作業であるかのように言われているが，すでに見たように実は読み手の推論によるところが大きい。次の日本語の例を見ることによって，読み手の働かせる推論の重要性がさらに明らかになるであろう。

　　雪の中には鶏の鳴声も聞こえる。人家の煙も立ちこめている。[それ]が旧い飯山の城下だ。(島崎藤村『千曲川のスケッチ』)(山梨, 1992: 86より)

　　結婚して，一年分の野菜をつくって，「そのお金」を貯金するつもりなのか…。(林芙美子『女家族』)(山梨, 1992: 64)

　島崎藤村の例では，[それ]は前の2文の状況を推論により総合

した佇まい全体を指しどちらか一方ではない。読み手は最初の2文を読み，静かな中にも人や動物の息づかいの感じられる，雪に包まれた村を想像し，［それ］を飯山の城下の表象として捉えるのであろう。林芙美子の例の，「そのお金」にもテクスト上の先行詞はない。そこで読み手は，「つくった野菜を売る」「売った野菜でお金が手に入る」という2段階の推論の結果得られた表象を「そのお金」の指示する意味として捉えるのである。この2例ではいずれも照応関係の先行詞が明示されず，先行詞となるべき意味は推論を働かせなければ見いだせない。多くの場合，読み手は読解作業においてこのような高度な貢献をしながら，一方，それはあまり意識しないのである。むしろ自然な心の作用として推論を働かせ，いつの間にかテクストを理解しているのである。

このようにごく当然のこととして行っている推論の作用ではあるが，実は，テクスト理解の過程で，いつ，どこで，どのような推論が働くのかを実証的に調べるのはなかなか容易ではない。推論は検証するのが実にむずかしい作用である。おそらくこのむずかしさのせいであろう，読解過程における「推論」そのものに取り組んだ実証的研究はあまり多くなく，せいぜい過去15年ほどの間にやっと本格的な研究の試みが始まったところである。そこで，以下ではこの期間における研究の流れを概観し（→2），その成果として，推論にはどのような種類があるのか（→3），および，どのような推論が読解過程のどの段階で生成されるのか（→4）等，明らかにされた点を見ていこう。次に，日本語を母語とする大学生英語学習者が英文読解を行う際にどのように推論を働かせるのか，実験結果を紹介しながら見ていく（→5）。最後に，推論研究を英文読解指導にどのように生かしていけるかについて考えよう（→6）。

2 最近の推論研究

　推論研究は，談話分析におけるテクスト研究や心理言語学等におけるさまざまな認知作用の推論研究等，それぞれの領域で独自になされてきた。しかし，テクスト読解という視点での包括的な研究は十分に行われてはいない。その中で主な研究成果として，Rickheit & Strohner (1985), Graesser & Bower (1990), Yuill & Oakhill (1991), Lorch & O'Brien (1995)に収録されている論文等，テクスト読解における推論の働きを概観する上で助けになるものがいくつかある。

　Rickheit & Strohner (1985)は，読解過程における推論研究を正面から捉えようとした最初のまとまった研究書と言えよう。読解における推論研究の出発点とも言えるこの書では，「推論」を以下のように定義している。

> An inference is the generation of new semantic information from old semantic information in a given context. (Rickheit, Schnotz, & Strohner, 1985: 8)

　この定義では，読解における推論を幅広く「新しい意味の生成」として捉えている。したがって，読解研究における推論は論理学で言う，いわゆる「pならばq」といった演繹的推論(佐伯，1982)の狭義のものにとどまらず，あらゆる「意味の生成」を意味することになる。この広義の定義によって読解過程における推論研究は，その枠組みを大きく広げることができたと言えよう。実際，読解過程においては，あらゆるレベルの新しい意味が読み手によって生成され，それらがさまざまな形で推論としてテクスト理解に関わると考えられる。近年の読解における推論の研究は，この広い枠組みで捉えた定義に基づいてなされてきた。

Rickheit & Strohner (1985)は,「生成される意味」すなわち推論は, 3種類の形を取りうるとしている。それは, 概念的なもの, 命題的なもの, そして心理的な表象の形を取るものである。Rickheit & Strohner はそれらがいつ, どのようにして生成されるのかを実験的に検証しようとした。実験としては, 書かれたテクストを読んだ場合と聞いた場合の推論生成の違いを比較したり, テクスト構造の違いによる推論生成の違いを比べたりした。なかでも, L. F. Clark (Rickheit & Strohner, 1985)の論文は, 社会通念等の知識が読み手の持ち合わせの知識として推論生成に大きな影響を及ぼすことを示した点において先進的であった。しかし, 全体として, 推論の種類についても, 実験方法についても, まだ十分とは言えなかった。

　その後, Graesser & Bower (1990)が再び読解における推論の実証的研究に正面から取り組んだ。新しい実験手法や測定法を導入して, 厳密で多岐にわたる推論検証が多くなされた。この結果, 語彙レベルの推論, 物語理解に関わる推論, 空間に関する推論, 因果関係の推論, 一般知識や専門知識と推論の関係, 記憶と推論, テクスト理解に欠くことのできない推論(bridging inferences), 読みを精緻化する推論(elaborative inferences)等, 推論の種類とその生成について多くの特質があることが見いだされた。このような研究により, 読解における推論とはどのようなものなのかの全体像が把握しやすくなった。

　次に読解における推論を主に論じたものとして, Yuill & Oakhill (1991)がある。これは前掲の二書と違って推論のみを扱ったわけではないが, 子どもが読み手として推論を働かせるときに生ずる個人差が読みの得意な子どもと苦手な子どもを分けることを示し, 子どもの読解においても推論の果たす役割が重要であることを示した。この研究では, 英語のテクストを母語話者の子ども

に読ませた場合，音読がどんなにすらすらできても意味内容の理解や把握が困難な子どもがいたことを指摘している。むしろ，音読をさせると，つっかえつっかえ読む子どものほうが実はテクスト全体の意味を正確に把握できている場合もあった。後者の読み方をした子どもは，テクストの展開を追う過程で全体の意味と個々の箇所との関わりを自分なりに考え，常に全体の意味を把握しながら読むという推論の過程を経ていたため，結果的に音読がたどたどしくなってしまったのではないかと考えられる。このように，子どものテクスト読解においても推論の働きが重要な役割を担うことが検証されたのである。

Lorch & O'Brien (1995) は，テクストの首尾一貫性を扱った書であるが，推論とテクストの首尾一貫性の関係を論じた文献が多く掲載されている。Trabasso *et al.* (Lorch & O'Brien, 1995) では，読み手が読みながら心に浮かんだことを口頭で述べていく思考発語 (think-aloud) 法を用いて，読み手がテクストのそれぞれの文に説明を加えながら首尾一貫性のある物語としてテクストを理解していく過程を観察している。Graesser, Singer, & Trabasso (1995) は，テクストを首尾一貫性のあるものとして理解するために，読み手は必ず「因果関係の原因」，「登場人物の行為の動機」，「登場人物の心情」について，自分の持っている知識に照らし合わせて推論していることを示している。van den Broek *et al.* (Lorch & O'Brien, 1995) では，読み手はテクストを首尾一貫性のあるものとして理解しようとある基準を設けており，それが満たされないときには，因果関係と照応関係の推論を働かせて首尾一貫性を見いだそうとするということが示されている。

このほかにも，新しい研究成果が報告されている。Horiba (2000) では，日本語のテクストを母語話者と学習者とが読んだ場合，テクスト・タイプと与えられた課題によって生成される推論

に差があることを示した。Zwaan (1993)は,読み手に同じテクストを与えても,前もって新聞記事であると指示するのと,文学作品であると指示するのではテクストに取り組んだときに生成される推論に違いがあることを報告している。Singer (1994)は,ディスコース理解における推論がいつどこでどのように生成されるのかについて,全体像の把握を試みている。van den Broek (1994)は,特に物語理解における推論について,定義からその種類まで解説している。推論を働かせるためにはメモリーの使用が関わっていると考えられるが,これについては,McKoon & Ratcliff (1992), Perfetti (1993), Singer, Graesser, & Trabasso (1994)らの間で,メモリー使用の許容度に関しての議論があった。このほか,さまざまな角度からの推論研究が多数ある。Trabasso, Suh, Payton, & Jain (1995)は explanatory inference(説明的な推論)について,Murray, Klin, & Myers (1993)は forward inference(先を予測する推論)について,Long, Golding, & Graesser (1992)は goal-related inference(目的に関わる推論)について,Noordman, Vonk, & Kempff (1992)および Singer, Halldorson, Lear, & Andrusiak (1992)は causal inference(因果関係の推論)について,Seifert, Robertson, & Black (1985)は state inference(状態に関わる推論)について,Singer & Ferreira (1983)は consequence inference(結果に関する推論)について,Whitney, Ritchie, & Clark (1991)および Keenan, Potts, Golding, & Jennings (1990)らは elaborative inference(テクスト内容を精緻化する推論)について論じている。これらさまざまな呼称で呼ばれている推論は,研究者によっていくぶん異なった命名と分類をされており,ここではわかりにくいかもしれないが,次の3および4で,推論の全体像が把握できるようにまとめることにする。

さらに加えると，以上で紹介した研究のいちばんのもとになるものとして，van Dijk & Kintsch (1983)の状況モデル(situation model)がある。これは読み手が単に物語の展開だけを追うのではなく，テクストにある出来事，動作，登場人物，状況一般について推論を働かせ，心的表象を形成するものである。近年の推論研究ではこの流れを汲むものが多く，実証的で説得力がある。さらに，これらとは研究の流れが異なるが，Sperber & Wilson (1986)や Shiro (1994)等も読解における推論を理解する上で参考になる。

3 推論にはどのような種類があるのか

以上に挙げたように，読解研究においてはさまざまな推論があることが検証されてきた。そこで読解における推論を全体的に把握するために，推論をその種類によって分類する考え方(Long, 1990)をまず見てみよう。Long (1990)は，推論を種類によって主に2つのカテゴリーに分けている。その1つは，テクストを理解するために必ず行わなければならない，情報をつなげる推論 (bridging inferences)で，もう1つは，テクストの最低限の理解には必要はないが，読解過程において読み手が自由に行ってテクストの内容を膨らませる，あるいは精緻化する推論(elaborative inferences)である。

3-1 テクスト理解に最小限必要とされる推論 (bridging inferences)

テクスト理解に最小限必要とされる推論(bridging inferences)には，代名詞に見られる照応関係の推論と因果関係の原因の推論がある。照応関係の推論とは，文法的に可能な先行詞の中から妥当なものを見いだす作用である。原因の推論では，たとえば

「コップが割れた」という記述があれば,その原因として「落とした」,「倒した」等の先行行為があることを見いだし,因果を結びつける作用である。これらは,テクストを首尾一貫性のあるものとして捉えるために読み手が必ず行わなければならない推論と考えられる。bridging inferences は,後から出てきた情報を,先行テクストの情報に結びつける推論であることから,しばしば,後ろ向き推論(backward inferences)とも言われる。

3-2 テクスト内容を膨らませ精緻化する推論 (elaborative inferences)

一方,テクスト内容をより豊かにする,あるいは精緻化する推論(elaborative inferences)は,ある行為を行うために使われた道具や因果の結果や,テクストの中で今起きている状況に関する推論で,読み手によっては必ずしも生成しないものである(Long, 1990)。最近の研究によると,テクスト内容を膨らませ精緻化する推論は通常の読みではあまり生成されないが,先行テクストからの制約が強い場合と,読み手の背景知識が多い場合は生成される。また,読み手の動機によっても左右される(Graesser *et al.*, 1996; Singer *et al.*, 1994)。たとえば,"He drew a picture." という文において,"drew" という動作のために使われた道具が何なのかの推論は,テクストに明示されない限り読み手の裁量に任される。また,因果関係において起こりうる結果を予測する推論,すなわち「これから先どうなるのだろうか」といった推論も,テクスト理解のために必ずしもなされるわけではないと考えられる。この推論は前向き推論(forward inferences)とも言われる。さらにテクスト中に描かれたその場の状況,たとえば部屋や人物の様子等も最低限のテクスト理解には必要ではないと考えられている。

日常のテクスト理解における推論としては，bridging inferences も elaborative inferences も頻繁に行っているが，外国語学習において読解指導をする場合に，bridging inferences は常に問題にするものの，elaborative inferences については教室で取り上げる機会が少ないのではないだろうか。

4 いつどこでどのような推論が生成されるのか

Graesser, Singer, & Trabasso (1994)は，読解過程における推論を13種類に分類している。これは，Long (1990)と類似しているが，より詳細である。さらに，それぞれの推論がいつ生成されるかに注目して，大きく3つのカテゴリーにまとめている。まず，①テクストを読み進む途中で必ず生成され作用する推論(on-line inferences)，必ずしもそうではなく，②テクスト読解の後で生成され作用するとも考えられる推論(off-line inferences)，次に，このいずれでもない，すなわち，③いつどの時点で生成され作用するかが特定できない推論(on-line and/or off-line inferences)の3カテゴリーである。

On-line and Off-line Inferences from Graesser, Singer, & Trabasso(1994)

On-line
Class 1: Referential (anaphoric)
Class 2: Case structure role assignment (e.g., agent, object, recipient, location, time)
Class 3: Causal antecedent (causal chain or bridge between the current explicit action, event, or state and the previous passage context)
Class 4: Superordinate goal (goal that motivates agent's intentional action)

Class 5: Thematic (main point or moral of the text)
Class 6: Character emotional reaction (emotion experienced by a character)

Off-line (elaborative inferences: not normally generated on-line)
Class 7: Causal cosequence (forecasted causal chain)
Class 8: Instantiation of noun category ("breakfast" → inference: "bacon and eggs")
Class 9: Instrument ("fishing" → inference: "rod and reel")
Class 10: Subordinate goal-action (how an agent's action is achieved)
Class 11: State (ongoing states)

On-line and/or Off-line (uncharted at this point of inference research)
Class 12: Emotion of reader
Class 13: Author's intent

これらについて以下検討しよう。

4-1 読み進む途中で生成され作用する推論 (on-line inferences)

第1のカテゴリーに含まれる，テクスト理解の過程で必ず生成され作用する推論(on-line inferences)は，

1. 照応関係の推論
2. 文法上の格(case)を見分ける推論
3. 原因を見いだす推論
4. 登場人物の行為の究極の目的あるいは動機，つまり意図を見いだす推論

5. テクストの主題を見いだす推論

6. 登場人物の心情をつかむ推論

である。この中で，1.と3.はすでに Long (1990)で, bridging inferences として挙げられた代名詞による照応と因果関係の推論である。2.は，英文読解指導ではおなじみの，「いつどこで誰が何を誰にした」といった「wh-語」によるテクスト理解の推論である。4.の推論は，たとえば「殿様が彦一たちにきっかり8人で来るように言ったのは難題をふっかけるためだった」と，登場人物の意図を理解する推論である。5.の推論は，「彦一が見事に難題をとんちで解く話」であろうとテクストの主題を見いだす作用である。6.は，「彦一はどう感じているか」「殿様はどう思っているか」など，登場人物の心情を推論することを意味する。これらの推論は母語でテクストを読むときにはごく自然に行われていると考えられる。しかし教室の英文読解指導では，1., 2., 3.については学習者の理解を頻繁にチェックしているものの，4., 5., 6.については，読解練習では必ずしも行われているとは言えないのではないか。4., 5., 6.が，テクストを読み進むと同時に生成され作用しなければならない推論であることと，Yuill & Oakhill (1991)で，つっかえつっかえ音読した子どもが実は内容把握に優れていたこととは，おそらく関係があるであろう。優れたテクスト理解とは，読み進む過程で個々の箇所と全体の関係はどうなっているのかを把握しようとし続けることである。テクスト読解における推論が，1., 2., 3.だけにとどまることのないよう英文読解指導においても留意する必要があるだろう。

4-2 読解の後で生成され作用すると考えられる推論 (off-line inferences)

第2のカテゴリー，すなわち読み進む時点では必ずしも必須で

はない推論には，

7．結果がどうなるかを予測する推論
8．名詞句を具体化する推論
9．道具の推論
10．登場人物の行為がどのようになされたかの推論
11．現在の状況に関する推論

がある。7.，9.，11.の推論はLong (1990)もすでに挙げていたもので，"He drew a picture."という文を読んで次に何が展開するのか，"drew"という動作にはどんな道具が用いられたのか，その場の状況や部屋の様子はどうなっているのか等，読み手は必ずしもその文の理解と同時には推論していないのである。Graesser, Singer, & Trabasso (1994)で新たに加えられた8.は，たとえば「殿様の席」という名詞句から，大きくて立派な金糸の入った座布団の横に脇息があり，その後ろに小姓が刀を持っている席等を思い描く推論である。もう1つ新しく加わった10.は，いわゆる"how"を推測する，「どのように」の推論である。「殿様の席の近くまで，ぞろぞろ進みました」という記述から，「中腰でしずしずと，おそるおそる伏目がちに黙って」移動する彦一たちを想像することができる。たしかに，これらは読み手が必ずしも心的表象(mental representation)を持たなくても最低限のテクスト理解は達成できるものである。それだけに，英文読解指導では学習者の中でこのような推論がどのように行われているのかをチェックすることはまれではないだろうか。

4-3 いつどこで生成され作用するか判別できない推論

Graesser, Singer, & Trabasso (1994)で，最後のカテゴリーに，いつどこで生成され作用するか判別できないものとして，12.読み手の感情に関する推論と13.筆者の意図に関する推論が挙げら

れている。読み手は,「この話はおもしろい」,「このとんちは以前に聞いたことがある」等の意識を持ったり,「筆者の意図はどこにあるのか」を理解しようとしたり,あるいはしなかったりする。いつどこで,また,実際になされるかどうか等,あまり明確でないのが12.と13.の推論と考えられる。そのせいかもしれないが,英文読解指導においては,このようなことを教室で問題にすることはほとんどないのではないだろうか。

　以上,テクスト読解における推論についてさまざまな種類を紹介したが,これらがいつ生成され作用するかについては,研究者の間でいくぶん異なった見方がある。

　次に,英語のテクストを外国語として読む場合の推論の働きを具体的に考えてみたい。上述した推論研究は母語話者を対象とした研究結果であるが,日本人学習者が英語のテクスト読解に取り組む際,推論がどのように作用するかを見ていきたい。

5　学習者の持つ知識と推論の働き

　ここでは,日本人学習者が英語のテクストを読むにあたって,自らの持つ知識をどのように援用して因果関係の「原因」と「結果」の推論を働かせるかを調べた実験を紹介しよう。上記で見た推論研究では,「原因」を見いだす推論は読解過程で必ず行う推論(bridging inference)であり,テクストを読み進む中で必ずなされなければならない推論(on-line inference)である。一方,「結果」の予測はテクスト理解のために必須ではなく,テクストの内容を膨らませたり精緻化する推論(elaborative inference),すなわち,必ずしも読み進む過程で生成され作用するとは限らない推論(off-line inference)である。この両推論においては,いずれも読み手は自らの持つ文化,社会,世間一般,および世界に関する知識を大いに活用しなければならないが,両推論の必要性は

必須のものとそうではないものとして，その度合いが異なる。

5-1 因果関係の推論の実験

　この調査に参加したのは大学生英語学習者である(調査の詳細はTajika (1999)参照)。Aグループ(30名)は英語専攻で英語の勉強をかなり積んでいる。Bグループ(18名)も同じく大学生だが，英語以外の専攻を持ち，特に英語に力を入れているわけではない。A，Bグループともに同年代でいずれも大学生であることから，同じような背景知識，つまり，文化，社会，世間一般および世界に関する知識を持ち，認知的にも同じような心的操作が行われると考えられる。

　この大学生たちに以下の英文を読ませる際に，①〜⑦の各文を読み終えるごとに以下の3つの質問に答えてもらった。

調査用テクスト(Hill (1977)より一部修正)

① Some villagers were going to celebrate an important wine festival in a few day's time.
② They borrowed a huge barrel from the nearest town, and put it in the village square.
③ They decided that each of them should empty a bottle of the best wine he had into it, so that there should be plenty at the feast.
④ The night of the feast arrived.
⑤ Everybody gathered in the village square with their glasses for the wine.
⑥ The tap on the barrel was opened.
⑦ But what came out was pure water.

調査用質問

1) What happened?
2) Why do you think it happened?

3) What do you think will happen next?

5-2　実験の結果

①〜⑦の各文についての質問への答えを集計した結果，各個人がそれぞれ多様な意味を加味しながらテクストを理解していく過程を見ることができた。やはり，推論という視点から読み手の心の中にあることを調べてみると，同じテクストを媒体として，それぞれ個人の背景知識の違いによってさまざまな意味の生成があることがうかがえた。

ここでは，第③文から生成される「結果」の推論，すなわち問3)と，第⑦文から生成される「原因」の推論，すなわち問2)に絞って見てみよう。そのためまず1)の質問で，第③文(They decided that each of them should empty a bottle of the best wine he had into it, so that there should be plenty at the feast.)に述べられている村人の合意，1人1人が責任を持って最良のワインを樽に入れるという約束が学習者によって理解されていたかを確かめた。この文の理解を確認した上で，問3)から，第③文の結果，この先どんなことが起きると思ったかを調べた。さらに，問2)からは，第⑦文のような結果になってしまった原因は何だと思うかを調べたのである。すなわち，AグループとBグループの読み手が同じような知識を援用しながら，それぞれ2)のbridging inferencesと3)のelaborative inferencesをどのように働かせるか調査したわけである。

学習者の読みには，概ね5つの顕著なパターンが見られた。まずAグループに見られた4つのパターンでは，第③文は全員30名とも正しく理解していたが，因果関係の推論には個人差があった。

パターン1の読み手は第③の文が理解でき，その「結果」として樽の中が「水」になることを予測している。さらに第⑦の文で

	③の状況理解	③から結果を推論 (elaborative inference)	⑦から原因を推論 (bridging inference)
読みのパターン1 Aグループ(4/30名)	正確な理解あり	結果の推論あり	原因の推論あり
読みのパターン2 Aグループ(9/30名)	正確な理解あり	なし	原因の推論あり
読みのパターン3 Aグループ(2/30名)	正確な理解あり	結果の推論あり	なし
読みのパターン4 Aグループ(15/30名)	正確な理解あり	なし	なし
読みのパターン5 Bグループ(7/18名)	なし	なし	原因の推論あり

表1　実験結果

は、「原因」がやはり、「村人全員が樽に水を入れた」からだと読んだ。この読みをした学習者が4名いた(Aグループ=30名中)。

　パターン2の読み手は、第③の文は理解できたが「結果」を予測していない。しかし、第⑦の文を読んだ時点で「原因」として「村人全員が樽に水を入れた」とした。つまり、原因を推測できたものは9名(Aグループ=30名中)いた。

　パターン3の読み手は第③の文が理解でき、「結果」としては「樽の中は水になるのでは」と予測したにもかかわらず、その予測を第⑦の文を読んだ時点では「原因」として明記していない。つまり、予測の推論はしたものの、bridging inference としての原因究明の推論をしていない。2名(Aグループ=30名中)の学習者がこのような読みをした。

　第4の読み手は、第③の文は正しく理解したが、その「結果」を予測したり、第⑦の文の時点で「原因」を推測したりはしな

かった。この読みでは，物語が因果関係をもって展開するとは捉えられておらず，そのような読み方をしたものは15名（Aグループ＝30名中）いた。

　ここでAグループ全体について言えるのは，4名が「原因」と「結果」の双方を結びつけた読みをし，9名が「原因」の推論をした一方で，2名が「結果」の推論をしていることである。この結果は，上記で見たように「原因」は必ず読み手が行う推論であり，「結果」は必ずしも生成される推論ではないことと呼応する。Aグループの読解で気になるのは，「原因」も「結果」も推測しない読みをしている学習者が15名，つまり半数いたことである。これは，学習者が英文のテクストを意味のある全体として捉えようとしていないことを示すのではないだろうか。外国語のテクスト読解となると，各々の文を日本語に置換えることに専念し，自らの持っている背景知識を援用して推論し意味を把握するという，通常母語の読みでは行っていることが十分なされていないのではないかと思われる。

　次に，第5の読みのパターンとしてBグループに特有な結果が見いだされた。このグループは，第③の文に関しては理解の記述やそれからの「結果」の予測がないにもかかわらず，第⑦の文を読んだ時点では，「水」が樽から出てきた「原因」は「村人全員が水を入れた」ことであろうと答えた。

　Bグループの読みのパターン5では，第③文の理解は正確ではないが，「原因」の推論(bridging inference)のみあったものが7名（Bグループ＝18名中）いた。この読みのパターンは，外国語テクスト読解と学習者の持つ背景知識の援用による推論との関係を考える上で興味深いものと言えよう。これはある意味でテクストから得られる情報に対する正確な理解はともかく，読み手の持つ文化，社会，世間一般，および世界に関する知識とそれに基づく

推論が「原因」を割り出させたものと考えてよいであろう。ここでは，読み手が積極的に自分の持つ背景知識を援用してきわめて強い推論を働かせ，テクストから得られる情報の不足を補っているものと思われる。

6 推論研究を英文読解指導に生かすには

　望ましい読みとは，テクスト情報の正確な理解と，読み手の持つ背景知識に基づく適切な推論による両方向の情報処理により読み手の中に妥当な意味が構築されていくことである。しかし，多くの外国語の教育現場ではいわゆる「正確」な読みを優先させるため，語や文の解釈に最低限必須の推論(bridging inferences)ができることのみが強調された読解活動をしてはいないだろうか。たしかに，この方向性の学習も大切である。しかし，本来，読みが持つ楽しみを考えると，テクストの内容を膨らませたり精緻化する推論(elaborative inferences)を働かせることができたり，個人によってかなり異なる多様な発想を許容してくれるような読みの活動が行われても良いのではないか。通常，身のまわりにあるさまざまな読み物を母語で関心を持って読むことができるのも，テクストが明示している内容に加えて，読み手として推論を働かせ多くの貢献ができるところにあるのではないだろうか。外国語による読みにおいても，かなり積極的に推論を働かせて意味を構築することもできるはずである。読み手の学習者自身に，このような推論の力があることを認識させて読解指導にあたり，まずは読みは楽しい(reading for pleasure)という意識を育てる機会を設けてはどうか。たとえば，多読等はその方法の１つである(第13章)。多量に読むことによって英語との接点も増え，言語インプットだけでなく，読みに関わるテクスト分析能力を育むことができる。

最後に，冒頭の彦一を含む8人に課せられた難題の解説をしておこう。彦一はこれを難なく解いた。仲間7人に輪を作ってもらいその真中に彦一が座り，これで8人の真中としたのである。これには殿も若も喜んだ。彦一たちは，ごほうびとご馳走を頂いて村へ帰ったということである。

【キーワード】
推論　照応関係　因果関係　意味の生成　首尾一貫性　精緻化する推論(elaborative inference)　最小限必要とされる推論(bridging inference)　前向き推論(forward inference)　後ろ向き推論(backward inference)　原因　結果　背景知識　読み手の知識

10 ストラテジー

小西正恵

1 読解研究におけるストラテジーとは

　本書では，英文読解について読み手のもたらす要因とテクストに関わる要因に大別して論じているが，本章で扱う読み手の用いるさまざまな工夫，つまりストラテジーは，広い意味において「読み手のもたらす要因」のすべてに関与するとも言える。また，「テクストに関わる要因」についても，読み手がそれらの知識を活用して読みに対してこれまで以上の工夫をするという点で，ストラテジーはテクスト要因にも関与すると言えるのである。

　そもそもストラテジー(strategy)とは，一般の英語辞書における意味としては戦争に関連した用語である。しかし，本書の取り扱う読解研究や第二言語習得研究分野においては，「目標に到達する方法として機能する，学習や思考等で用いられる手順」(ロングマン応用言語学辞典)と定義づけられている。この辞典にはさらに，「学習方略(ストラテジー)とコミュニケーション方略(ストラテジー)は言語学習者が言語を学習したり用いたりする際に利用する意識的または無意識的な過程である」とも記されている。本章では，読解のためのストラテジーが焦点となるが，その前に少し，言語を身につけたり使ったりするときに活用するストラテジー全般についても触れておこう。

2 「優れた言語学習者」が用いるストラテジー

1970年代頃の初期のストラテジー研究では，Rubin (1975)やStern (1975)に見られるように，優れた言語学習者と言語学習が苦手な者の違いが調査対象とされていた。そこから得た調査結果をもとに，たとえばStern (1975)の挙げた10項目のストラテジーのように，優れた言語学習を特徴づけるストラテジーを認定し，それらをすべての言語学習者に推奨することが行われた。

3 言語学習ストラテジーとコミュニケーション・ストラテジー

その後の研究の発展に伴い，Oxford (1990)は単著としてはじめて出たストラテジー研究の専門書と評される著書の中で，言語学習ストラテジーの包括的研究を発表している。その中で言語学習ストラテジーは「学習をよりやさしく，より速く，より楽しく，より自主的に，より効果的に行い，新しい状況に素早く対処するために学習者がとる具体的行動」と定義されている。

Oxford (1990)は，表1に示すように言語学習ストラテジーをシステム化して分類している。まず，目標言語に直接かかわり言語の認知処理を要する直接ストラテジーと，言語学習を支える間接ストラテジーに大別する。直接ストラテジーは，①新しい情報の蓄積と想起を助ける記憶ストラテジー，②学習者が目標言語を理解し発話するのに役立つ認知ストラテジー，③言語使用にあたって知識のズレを埋める目的で使われる補償ストラテジーの3つのグループに分けられる。間接ストラテジーも同様に，①学習の位置づけ，順序立て，計画，評価といった機能を使って，学習者が言語学習過程を調整するメタ認知ストラテジー，②感情，動機づけ，態度を調整するのに役立つ情意ストラテジー，③学習者が他の学習者とのコミュニケーションを通して学習していくのを

助ける社会的ストラテジーの3グループに分けられている。

A. 直接ストラテジー
    1. 記憶ストラテジー　　(1) 知的連鎖を作る
                          (2) イメージや音を結びつける
                          (3) 繰り返し復習する
                          (4) 動作に移す
    2. 認知ストラテジー　　(1) 練習をする
                          (2) 情報内容を受け取ったり送ったりする
                          (3) 分析したり推論したりする
                          (4) インプットとアウトプットのための構造を作る
    3. 補償ストラテジー　　(1) 知的に推論する
                          (2) 話すことと書くことの限界を克服する

B. 間接ストラテジー
    1. メタ認知ストラテジー　(1) 自分の学習を正しく位置づける
                            (2) 自分の学習を順序立てて計画する
                            (3) 自分の学習をきちんと評価する
    2. 情意ストラテジー　　(1) 自分の不安を軽くする
                          (2) 自分を勇気づける
                          (3) 自分の感情をきちんと把握する
    3. 社会的ストラテジー　(1) 質問をする
                          (2) 他の人々と協力する
                          (3) 他の人々への感情移入をする

表1：Oxford(1990)によるストラテジー・システムの一覧表

このほかに、ロングマン応用言語学辞典の説明にも取り上げられているもう1つのストラテジー、すなわちコミュニケーション・ストラテジーについても言及しておこう。Oxford (1990)にも取り上げられているが、一般的にはコミュニケーション・ストラテジーと言うとき、ある種の発話ストラテジーの意味で用いられることが多い。しかし、コミュニケーションを、使用言語の知識を共有する2人あるいはそれ以上の人たちの間で行われる意思疎通と捉えると(Savignon, 1983)、コミュニケーション・ストラテジーは話し言葉にも書き言葉にも、ひいては四技能全体に関わ

るものであると考えることができるだろう。

4 リーディング・ストラテジー

　それでは，読みの技能に特定したストラテジーを見てみよう。まずはじめに，読みの認知プロセスに基づくストラテジー（→ 4-2），つまり読解行動の際にどのような作業が頭の中で行われているかに焦点を当てた研究について説明を行う。次に，読み手が取り組むべきタスクによる使い分けに焦点を当てたストラテジー（→ 4-3）を見ることにする。

4-1　自分のリーディング・ストラテジーをチェックしてみよう

　リーディング・ストラテジーの理論的説明に入る前に，まず次のチェック項目に目を通してみてほしい。
1．英語で書かれた文章を読む際に，意味を知らない単語に出会うと必ず辞書を引く。
2．文章中の単語の意味には，文脈に関わりなく自分の知っている意味をあてはめる。
3．文単位の文法を理解していれば，文章全体の意味はその総合計として理解できる。
4．文章を読み進む際には，今読んでいる部分にのみ注目し前後を気にする必要はない。
5．文章中に明示的に書かれていないことについては考える必要はない。
6．文単位で意味が理解できていれば，読み終わったあとに何が書いてあったかを振り返る必要はない。
7．どのような状況や目的で文章を読むときにも，一字一句もらさず丁寧に理解しようとする。
8．小説や新聞，学術書等，どんなジャンルの文章でも同じ読み

方をする。
9. 英語で書かれた文章を読んでも，必ず日本語に翻訳しないと読んだ気がしない。
10. 文章を読む際には，書き手の意図を理解するのが最重要であり，書かれている内容について自分の意見を持つ必要はない。

これらのうち，1つでも賛成できる項目がある人は，自分の読みの習慣を見直してみるべきかもしれない。それはなぜか。なぜ自分の読みの習慣がよくないのか納得のいかない人は，本章を読み終わってからもう1度このチェック項目に戻ってきてほしい。

4-2 読みの認知プロセスに基づくストラテジー
──読んでいるときに頭の中では何が起こっているのか

1. 無意識のうちに蓄積した知識が役に立つ──スキーマ理論に基づくトップダウン／ボトムアップ処理

スキーマという用語については，序章ほか本書の各所で触れられているが，ここにも簡単な説明を入れておこう。Bartlett (1932)では，過去に蓄積した経験を抽象した知識構造と定義されており，Rumelhart & Ortony (1977)では，長期記憶内に蓄えられている総称的概念との説明がなされている。

スキーマには以下の4つの特徴が認められる。まずはじめに，スキーマはいくつもの変数(variable)から構成されている。たとえば，「顔」という単語を目にしたとき，目，鼻，口等いくつかの構成要素が思い浮かぶ。そのそれぞれが，さまざまな条件により変化する可能性を持っている。たとえば，目にも大きな目や細い目があるように。特別な条件が示されていない場合には，最も標準的なものをとりあえずあてはめて，人は理解をするとされている。この標準的な値のことをデフォルト値(default value)と呼ぶ。人は頭の中に「顔」というスキーマを持っているからこそ，

福笑いの遊びが成立するのだとも言える。つまり，目や鼻，口の標準的な位置を理解しているからこそ，目隠しをしているためにそれから逸脱した位置にそれらを置いてしまった場合，できあがった顔をおかしいと感じるのである。

次に，スキーマは階層構造を形成する。つまり，下位のスキーマが上位のスキーマに埋め込まれて，さらに大きなスキーマを構成すると言える。たとえば上で挙げた例で説明すると，目・鼻・口のスキーマは顔のスキーマの下位構造を担っているのである。

3つ目の特徴として，スキーマはあらゆる抽象度の総称的概念を表現する。たとえば，顔のスキーマのように目で見ることのできるものについての知識から，レストランのスキーマのように一連の出来事をひとまとめにした知識であったり，物語スキーマ等のように抽象度の高い知識までをも含むものである。

最後に，スキーマとは，百科辞典的知識，標準的・ステレオタイプ的な知識の表現であり，物事の厳密な定義ではない。最初の特徴にも挙げられているように，人はデフォルト値をとりあえずあてはめて理解を進めるが，必要に応じて変数を入れ替えられる点で，スキーマは固定した定義的な知識とは異なる。

このようなスキーマを基盤とした文章理解の理論によると，英文の内容理解の際に2種類の処理過程が作用しているとされる。1つは，アルファベットの文字認識から始まり，それらが集まって単語となり，文を構成し，文章が組み立てられるというように，細部から徐々に大きな構成要素へと発展させるボトムアップ処理(bottom-up processing)である。一方，読み手が頭の中にある背景知識を利用して，文章中の情報の中からその文章が何について書かれているのかについての手がかりを取り出し，予測・確認作業を繰り返しながら全体から細部へと理解を深めていくのが，トップダウン処理(top-down processing)である。優れた読み手

は，これら2つの処理過程のどちらか一方に偏ることなく，2つを同時並行的に働かせて，互いに補いあうようにして包括的な内容理解へとたどり着くと言われている。これが，相互作用的あるいはスキーマ理論的モデル(interactive or schema-theoretic model)と言われる読みの心理学的モデルである。

2. 蓄積された知識を活発に働かせるためには——主題の事前提示によるトップダウン処理の有効性

ここで，トップダウン処理をうまく活用できなければ文章理解が完全には行えないことを示す興味深い実験例を示してみよう。下記の文章は，Bransford & Johnson (1972)の実験に用いられたものである。実際の実験では，英語母語話者である高校生・大学生を対象に，下の文章を音読したテープを聴かせて理解度を測ったり，できるだけ内容に忠実に復元するように指示したりしている。被験者は2つのグループに分けられている。一方は何も事前の情報を与えられないグループ，もう一方はどのような内容についての話なのか，主題を事前に提示されているグループである。この文章には実験のために人工的な操作が加えられているので，語彙も自然な文章に比べると中立的な意味を持つものが選ばれている。ここでは主題の提示なしに読んでみて，何についての話なのか考えてみていただきたい。

> The procedure is actually quite simple. First you arrange things into different groups. Of course, one pile may be sufficient depending on how much there is to do. If you have to go somewhere else due to lack of facilities that is the next step, otherwise you are pretty well set. It is important not to overdo things. That is, it is better to do too few things at once than too many. In the short run this may not seem important but complications can easily arise. A mistake can be expensive as well. At first the

whole procedure will seem complicated. Soon, however, it will become just another facet of life. It is difficult to foresee any end to the necessity for this task in the immediate future, but then one never can tell. After the procedure is completed one arranges the materials into different groups again. Then they can be put into their appropriate places. Eventually they will be used once more and the whole cycle will then have to be repeated. However, that is part of life.　　　(Bransford & Johnson, 1972 : 722)

　何についての話なのかわかっただろうか。主題を提示されるかどうか、つまりは背景知識を活性化し、トップダウン処理を十分に活用するための情報を事前に与えられるかどうかによって、読解過程全体がいかに違ったものになるかということをここで実感できるのではないかと思う。実はこの文章の主題は「洗濯」である。読む前からこの情報が手に入っていたら、どのような理解過程になるか想像できるだろう。自分で読み終えた後も、主題が思い浮かばなかった人は、「洗濯」についての文章であるという前提に立って読み直してみて欲しい。おそらく急にわかりやすくなったという印象を持つのではないだろうか。

3．優れた読みの鍵を握る全体的ストラテジー

　上記1.で述べたスキーマ理論的モデルを、具体的なデータを用いて調査したのがCarrell (1989)である。Carrell (1989)では、個々の単語の意味を理解することにエネルギーを費やすといった、ボトムアップ処理に関わるストラテジーを局所的ストラテジー(local strategies)と名づけている。一方、文章の内容理解のために読み手がすでに持っている知識や経験を利用したり、文章全体の構造に注意を向け主要な部分と詳細部分を区分けして読み進める、さらには書かれていることの重要性や真実性を問うといった批判的な読み方ができる等、トップダウン処理に関わるストラ

テジーを全体的ストラテジー(global strategies)と呼んでいる。表 2 に具体例を示して，これらを整理しておく。

Carrell (1989)の調査では，読解能力，特に推論を必要とするような深いレベルの文章処理能力を測るテストを実施し，その成績により読み手を優れた読み手と読みが苦手な者とにグループ分けした。質問紙調査の結果，優れた読み手と判定されたグループでは，局所的ストラテジーに頼りすぎず，局所・全体，どちらのストラテジーもバランスよく活用しているということが明らかにされた。一方，読解テストで成績のよくなかったグループでは，局所的ストラテジーこそが読みの困難点を回避するものであると考えていることが示された。ここで重要なことは，どちらのグループも局所的ストラテジーを活用しているが，成績のよくないグループは局所的ストラテジーのみに頼って問題を解決しようとしている点である。個々の単語の理解にこだわりすぎず，自己の背景知識を活用して推論を働かせ，文章全体の意味を捉えようとする全体的ストラテジーをうまく活用できるかどうかが，優れた読みの鍵を握ると言えそうである。

4. もう一人の自分が自分の読みをチェックする——モニタリングによるメタ認知

さらに，Carrell (1998)では，上記 3. での調査結果を踏まえて，読み手が自分の行っている読みの活動をあたかももう 1 人の自分がそばにいて観察しているかのように，自己監視(self-monitoring)することができるかどうかがストラテジーの効果的活用を左右するとしている。つまり，これが「認知の認知」と言われるメタ認知(meta-cognition)であり，これこそがストラテジー使用の成功の鍵を握っているのである。

Carrell (1998)には，Anderson (1991)と Kern (1997)の研究が紹介されている。Anderson (1991)では，読解が成功するには読

A. 全体的ストラテジー＝トップダウン処理
- 文章中にすでに存在する情報と次に来る情報を関係づける＝結束性・首尾一貫性の認識
- 主要部分とそれを支える詳細部分との違いを認識する＝文章構造の知識の活用
- 文章中で次に何がくるかを予期する＝推論の活用
- 読んでいる文章の内容を理解するために，既存の知識や経験を利用する＝背景知識の活用
- ある事柄が理解できているかどうかを認識する＝モニタリング機能の活用
- 著者の言っていることの重要性や真実性を問う＝批判的読みの活用

B. 局所的ストラテジー＝ボトムアップ処理
- 単語の意味を理解する。
- 知らない単語を辞書で調べる。
- 文レベルでの文法的構造の把握。
- 内容の詳細部分に焦点を当てる。

表2　全体的・局所的ストラテジーの具体例

み手がどのストラテジーを使うべきかを知っているだけでなく，そのストラテジーをうまく活用し，他のストラテジーの効用とあわせて活用できる方法を知っていなければならないとしている。また，Kern (1997)では，同じストラテジーでも，よい使い方と悪い使い方があり，その違いはそれらが使われる文脈によるとしている。つまり，個々のストラテジーが本質的によいものであったり，悪いものであったりするのではなく，それらのストラテジーがいかに運用されるかにかかっているのである。たとえば，一般的によく悪者にされるストラテジーとして翻訳があげられるが，このストラテジーも，それ自体が本質的に悪いものではなく，

使い方や使うべき時と場所次第で、大いに効果を発揮することもあるのである。

5. 読みの活動における直接的/間接的ストラテジー

本章のはじめに取り上げた Oxford (1990)による研究の中で、言語学習ストラテジーを直接ストラテジーと間接ストラテジーに大別しているが、リーディングに特定したストラテジーを論じる中でもこの分類が生かされていると言える。全体的・局所的ストラテジーという見方は、いわば目標言語に直接かかわり、言語の認知処理を要する直接ストラテジーに含まれるものであろう。この種のストラテジーを認知的ストラテジー(cognitive strategy)と呼ぶこともある。一方、自己のストラテジー使用をモニターするといったストラテジーは、学習の位置づけ、順序立て、計画、評価といった機能を使って学習者が言語学習過程を調整するといった、間接ストラテジーに含まれる、メタ認知ストラテジー(meta-cognitive strategy)であると位置づけられる。これらの関係を表3にまとめておく。

A. 認知的ストラテジー＝直接的全体的/局所的ストラテジー

B. メタ認知的ストラテジー＝間接的モニタリング

表3　認知的/メタ認知的ストラテジー

4-3 読みのタスクによってストラテジーを使い分けよう
——読みを5種類に分類する

ここまではスキーマ理論を中心に、読み手の認知プロセスに焦点を当ててリーディング・ストラテジーを見てきたが、次に読みの目的に応じて活用されるべきストラテジーについて説明しよう。

これまで見てきた読み手の認知プロセスに焦点を当てたリーディング・ストラテジーについての研究の中では、実験室や学校

の教室環境での読みを念頭に置く傾向が強い。Urquhart & Weir (1998)では，その出発点から振り返って，読みにはさまざまな種類のあることを考えるべきだと提案している。これまで多く取り上げられてきた読みは，局所(local level)に注意を向けて単語認識や構文解析を行う注意深い読み(careful reading)であるが，今後は，「局所」対「全体」(local vs. global)と「注意深い」対「迅速」(careful vs. expeditious)という2つの軸に沿って読解行動を分類すべきであると提唱している。それによると，注意深い読みの中でも，局所レベルの注意深い読み(local careful reading)に着目することが多いが，全体レベルに焦点を当てた注意深い読み(global careful reading)についても考慮する必要があるだろう。また，注意深い読みのみならず迅速な読みとして，検索読み(search reading)，スキミング(skimming)，スキャニング(scanning)，拾い読み(browsing)についても，読みのタスクに応じた読み方の種類であると考えるべきだとされている。注意深い読みを，局所と全体を合わせて1つにまとめると，全部で5種類の読みが提唱されていることになるが，それぞれについて以下に説明を加えよう。

まずはじめに，多くの教育学者や心理学者に好まれる読みとして「注意深い読み」がある。学習のための読みと結びつき，そのために教科書の読みとの結びつきが強い。その特徴は，読み手が文章中のほとんどの情報を扱おうと試み，その処理は選択的でないことにある。また読み手は，書き手が何を重要と考えているかを含む，書き手の文章構成を受け入れる。文章中のほとんどの情報を基盤として，全体的構造を構築しようと試みるのである。

「スキミング」については，これまでの読解に関する書物にも多く取り上げられている用語であるが，要旨を把握するための読みと定義し，その特徴として，無視したりほとんど注意を向けな

い部分がある等,選択的な読みとなり,文章中の詳細にはできるかぎりとらわれずに要旨を構築しようとするものである。

「スキャニング」も,スキミング同様に,これまでの書物に多く取り上げられてきた用語であるが,住所録から特定の番号を見つけだすといった,特定の読みの目標を達成するための選択的な読みである。スキャニングの主な特徴は,求める情報が文章の一部にない場合は,その部分を切り捨てるというものである。

次に,「検索読み」についてはスキミング,スキャニングと似ているようにも思えるが,あらかじめ決められた話題についての情報を特定する読みである。スキミングと異なる点は,検索読みにおける情報検索は,あらかじめ決められた話題によって導かれるので読み手は文章の全体的概念構造を構築する必要がないということにある。スキャニングとの違いは,スキャニングが取り出そうと目指す情報は,単語や句等,比較的小さな単位の記号レベルであるのに対して,検索読みでは課題を完成させるために疑問に答えたりデータを提供できるような情報を求めている点にある。つまり,目標とする情報の単位や分量が,スキャニングに比べて検索読みのほうが大きいと考えられる。

最後に,「拾い読み」については注意深い読みと対比して,目標があまり明確でなく,文章の一部分をかなり恣意的にとばし読みしたり,情報を全体構造に統合しようとはしないものと定義される。

これら5種類の読みについて Urquhart & Weir (1998)では,明確な目標,選択性,全体的構造という3つのキーワードを用いて整理している。明確な目標については,拾い読みのみが明確な目標を持たず,残りの4種類の読みには明確な目標が存在する。選択性については,注意深い読みのみが文章すべてに目を通す読み方になるが,それ以外では,読み手は意図的に文章の一部分を

避けたり注意を払わなかったりという決断を下す。注意深い読みとスキミングにおいては，意識的に全体的構造，つまり文章の要旨を構築しようと努力するが，拾い読みにおいてはぼんやりとした話題という概念があるが，残りの2種類については全体的構造を考慮することはない。これらを**表4**にまとめてみよう。

読みの種類	明確な目標	選択性	全体的構造
注意深い読み	○	×	○
スキミング	○	○	○
スキャニング	○	○	×
検索読み	○	○	×
拾い読み	×	○	△

表4　読みの種類による特徴

　最近は，インターネットによる情報収集能力が大きくクローズアップされる時代になっているが，その中では拾い読み(browsing)という用語が多く用いられる。Ganderton (1999)は，インターネット利用の第二言語学習について興味深い研究を発表している。オーストラリアの高校生にフランス語で書かれたホームページのみを見るようにとの指示を出し，特定の情報を集めるという課題を出したグループと，自由にページを閲覧してよいと指示したグループの読解行動を分析した。課題グループは，フランス・ボルドーとスウェーデン・ストックホルムの天気予報を調べるようにと指示された。課題なしグループは，フランス語で書かれているページであれば，気に入った内容のページを自由に見てよいとされた。この両グループは，語彙の推測の仕方といった一般的な読解行動だけでなく，インターネットのホームページに特有のアイコンやリンクの用い方，画面をスクロールしてページにざっと目を通す方法においてもまったく異なっていたという結果が示されている。

今後は，従来のように紙に印刷された文章のみならず，インターネット上にあるようなハイパーテキスト(hypertext)を読む機会も増えるだろう。その意味においても，Urquhart & Weir (1998)が提唱するように，読みにもさまざまな種類があり，読みのタスクや目的に応じて異なるストラテジーが用いられるという視点を，読解行動の研究面でも教授面でも今後はますます取り入れるべきであろう。

5 ストラテジー・トレーニング

5-1 ストラテジーをうまく使いこなすにはトレーニングが必要

教授面では，ストラテジー・トレーニングは近年その重要性を増してきている。Cohen (1998)は，言語学習全般を念頭において学習者が明示的に訓練を受け，言語学習過程を通して利用できる幅広いストラテジーを使う訓練をすれば学習は促進されるという見地に立っている。教授内容にストラテジー・トレーニングが含まれていれば，学習者は言語の内容を学ぶと同時に外国語の学習方法も身につけることができるとし，以下のような必要な道具が与えられれば，学習者が学習技能と言語技能の両方を改善できるとしている。

1. 言語学習における自己の強い面，弱い面を自己診断する。
2. 学習している言語を最も効率よく学ぶために何が手助けとなるかを認識する。
3. 幅広い問題解決技能を身につける。
4. 親しみのあるものとないもの，両方の学習ストラテジーを試してみる。
5. 言語課題にどのようにアプローチするかを決める。
6. 自己の行動をモニターし自己評価する。

7．成功したストラテジーを新しい学習環境に移植する。

　Cohen (1998)では，ストラテジーを言語学習ストラテジー(language learning strategies)と言語使用ストラテジー(language use strategies)に大別し，そのどちらをもトレーニングの中で同時に伸ばしていくことが，総合的に言語能力を伸ばすことになると主張している。言語学習には，常に言語使用が伴わなければならないという考え方に立っているのである。

5-2　ストラテジー・トレーニングのための3つの知識
—— 条件的知識が重要

　また，Winograd & Hare (1988)では，ストラテジーについて教師が学習者に説明する際には，次の5項目に触れる必要があるとしている。

① ストラテジーとはどのようなものか。ストラテジーの定義・説明。
② ストラテジーをどのように活用するか。ストラテジーの使用方法。
③ なぜストラテジーを学ばなければならないのか。ストラテジーを学ぶ目的。
④ いつ，どこでストラテジーを使用するか。ストラテジー使用の適切な環境。
⑤ ストラテジーの使用をどのように評価するか。ストラテジー使用の評価。

　これまでにも，①については記述的(declarative)知識として，②については手続的(procedural)知識としてその重要性が認識されてきているが(Flavell, 1978)，ここで重要なのは，③，④，⑤に関する条件的(conditional)知識であると言える。つまり，この条件的知識を活性化することがストラテジー使用に対するメタ

認知につながっていくのである。

> 記述的知識＝定義
> 手続的知識＝方法
> 条件的知識＝目的・環境・修正　→　メタ認知

表5　ストラテジーに関する3つの知識

　表5にまとめた3つの知識の関係をストラテジー・トレーニングの視点から見ると，学習者自らがどのようなストラテジーが存在し，それらをどのように活用すればよいかを身につけるだけでなく，客観的に訓練することによりストラテジー使用に対してメタ認知的取り組みをすることを促すと言える。いつ，どのような目的で，その場に適したストラテジーを使用すればよいかを認識できる学習者は，条件的知識をも備えた自律したストラテジー使用者となれるのである。ストラテジー使用で問題となるのは，ストラテジーを知っていても（記述的知識），それをいつ，どのように活用すればよいかがわからない学習者がいる点である。ストラテジー・トレーニングは，そのような学習者にとって手続的知識や条件的知識が得られるようにするという意味において，大変重要な機会であると言える。ストラテジーを適切に活用できるということは，その学習者がそのストラテジーを認識しているのであって，無意識にストラテジーを使用するということはないということになる。

5-3　ストラテジー・トレーニングにおける教師の役割

　Williams & Burden (1997)は，ストラテジー・トレーニングにおいて教師の果たすべき役割に焦点を当てて，ストラテジー的教授モデルを提示している。

1．思考発語(think-aloud)，面接，質問紙を通してストラテ

ジー使用を評定する。
2．ストラテジーに名前をつけたり，少しずつ使い方を説明する等してストラテジーを説明する。
3．教師がストラテジーを使って見せたり，その間の自分自身の思考過程を言葉に表す等してストラテジーのモデルを提示する。
4．生徒が練習している間に支援したり，生徒の必要に合わせた支援をする，自律的ストラテジー使用を奨励し，支援を段階的に停止する等により指導の足場を築く。
5．成功経験を与えたり，ストラテジー使用を上達した言語使用に結びつける等して動機を高める。

5-4 読解技能を向上させるためのストラテジー・トレーニング ——読みの習慣についてのチェック項目の解説

　これまでは，言語学習全般についてのストラテジー・トレーニングに関する取り組み方を紹介してきたが，本書の扱う中心的技能である読みについては，これらの知見がどのように生かされるかを見てみよう。
　優れた読みのストラテジー使用には，局所的ストラテジーと全体的ストラテジーが相互に作用する形でバランスよく活用できることが必要である。その上に，自分のストラテジー使用を客観的に監視でき，自己評価できるストラテジーが同時に働いている状態が理想的なストラテジー使用と言えるだろう。また，そのモニタリングは，ストラテジーに関する3つの知識の視点を取り入れると，条件的知識に焦点を当てて，特定のストラテジーをなぜ用いるのかといった目的や，そのストラテジーを使用するのに適した環境であるかどうかの判定，もし目的や環境が適切でなければ修正を行うべきであるという判断ができるという点が非常に重要

になってくる。このような判断ができるためには,意識的なストラテジー・トレーニングが不可欠なのである。

Carrell (1994) では,文章構造に関するフォーマル・スキーマが無意識的に活用されるためには,その前提として意識的メタ認知過程がなければならないことが明らかにされている。これにより明示的トレーニングは意識的メタ認知過程を活性化させるのに役立ち,第二言語学習者の読解力は結果的に促進されることが示されていると考えられる。

ここで,4-1で提示した,読みの習慣に関する10のチェック項目についてまとめの解説を加えておこう。1.～6.にチェックをした人は,トップダウン処理に重点を置いて全体的ストラテジーをより多く活用すべきであると言えるだろう。意味を知らない単語に出会った場合,辞書を引くことは悪いことではないが,その前に前後の文脈や自分の持っている知識を活用して,その単語の意味を推論してみることも大事なことだと考えられる。文章中で出会う単語には,自分になじみ深い意味をすぐさま当てはめるのではなく,前後の文脈に沿った意味になっているかどうか確認してみる必要があるだろう。1文ずつの理解ができていても,文章全体の構造を考慮して,主要な部分と詳細部分に分けて理解をする必要があるだろう。文章を読み進む際には,前後の情報とのつながりを考えて,明示的に書かれていないことでも全体の理解を深めるためには推論をする必要もあるだろう。1文ずつの理解ができたと思っていても,最後に振り返って何が書かれていたかを確認してみると意外に要点がつかめていないこともあるので,読み終わった後にまとめてみることも大事だろう。

7.と8.は,読みのタスクに応じて,用いるべきストラテジーも異なるという観点からの項目である。書かれている内容を漏らさずじっくりと理解する必要のある読みなのか,必要な情報だけが

取り出せれば，それ以外の部分は気にせずに読み飛ばしてもよいのか，その時々の読みの状況や目的に応じて読み方は違って当然なのである。また，文章のタイプによってはフォーマル・スキーマとしての文章構造が異なるため，主要な情報がどこに配置されているかも違ってくる。そのような知識を活用して，重要な情報を間違いなく手に入れるためには，文章の種類によって読み方も変えなければならないのである。

9.は，ストラテジー使用に関する条件的知識の活用についてである。翻訳が悪いストラテジーであると断定するつもりはないが，場合によっては日本語に置き換えずに理解してもよいこともあるだろう。どのような目的で，どのような環境で翻訳というストラテジーを用いると効果的なのか，条件的知識を働かせて，その場に応じたストラテジーを活用することが大事であろう。

最後に10.では，批判的な読みの重要性について触れている。学習者の立場では，書かれていることを理解するだけでも大変な課題なのだから，それだけできれば十分と考えがちだが，これまで読んだ内容と自分の持っている背景知識とをつきあわせて，著者の言っていることの重要性や，真実性を問うという習慣はぜひ身につけてほしいものである。

5-5 「学習者ストラテジー」を生かして学習者の自律を目指す

McDonough (1999)のまとめによると，本章で詳しく見てきたストラテジーを，学習者ストラテジー(learner strategies)という用語で総括し，学習ストラテジーもコミュニケーション・ストラテジーも，4技能それぞれに特有のストラテジーも，ストラテジー研究は総じて，学習者の自律(learner autonomy)を最終的には目指したものであるとしている。さまざまなストラテジーを活用することにより，学習者が自らの学習を前進させ，成功へと

導くための手段として，より多くの可能性を身につけられるようにストラテジー・トレーニングを行うのである。

5-6 情意的ストラテジーの重要性
── 読みの楽しみを味わえるようになろう

また，ストラテジーということを考えるときには，得てして認知的(cognitive)側面に焦点を当てがちであるが，Oxford (1990)にも，間接的ストラテジーの1つとして取り上げられているように，動機や態度といった情意的(affective)側面もストラテジーの一部として考慮することも重要である。言語学習あるいは読解という行動は優れて知的な作業であるが，と同時に，知りたい，学びたい，身につけたいという意欲がなければ学習者の自律は最終的には実現できないだろう。読解に限って言えば，「楽しみのための読み」(reading for pleasure)が実感できるようになれば，自律した読み手の仲間入りを果たしたと言っても過言ではないだろう。この意味においては，第13章で詳述される「多読」(extensive reading)の取り組みも，今後ますます重要視されるべきである。

【キーワード】
リーディング・ストラテジー　トップダウン/ボトムアップ処理
背景知識　フォーマル・スキーマ　全体的/局所的ストラテジー
モニタリング　認知的・メタ認知的ストラテジー　読みのタスク
ストラテジー・トレーニング　記述的・手続的・条件的知識

11 文化知識

田近裕子

1 読み手の持つ背景知識

　読解とは，テクストのもたらす諸要因と読み手のもたらす諸要因がさまざまなレベルで相互に作用し合い，そこに新しい意味が構築される過程であるということは本書の随所で述べてきた。この考え方は，1970年代および1980年代以来，盛んに論じられたスキーマ理論(Rumelhart, 1984)に基づいている。読むということは，読み手がその背景知識・先行知識，すなわちスキーマを活性化させ，推論を働かせることによって統合的に意味を構築していく過程である。したがって，読み手がどのような知識を持ち，それがどのように生かされるかが読みを左右する。本章では，読み手の持つ背景知識あるいは先行知識について考えてみよう(推論については第9章参照)。

　読解過程において，読み手の持つ背景知識あるいは先行知識が重要な役割を果たすことについては多くの研究成果がある(Brown, 1998; Carrell & Eisterhold, 1983; Carrell & Wise, 1998; Hammadou, 1991)。その中で，Carrell & Eisterhold(1983)は，背景知識あるいは先行知識の中でも，読み手やテクストの持つ文化背景が読解を大きく左右することをいち早く指摘し，外国語学習者に異文化の背景知識を教えることが読解を助けることになる

と提案している。

　読解には，コンテント・スキーマ(content schema)とフォーマル・スキーマ(formal schema)が関与するが，異文化に関する知識はコンテント・スキーマの中でも，文化スキーマとして読解を左右する要因と考えられる。たとえば日本社会で育った読み手であれば，「端午の節句」と言えば，こいのぼり・兜・五月人形・菖蒲・ちまき・柏餅などについて，ある程度の知識があり，何をどうするのか，どのような意味が込められているのかについて，おおよそ見当がつくであろう。このような知識は，それぞれの異なった文化によって規定され，文化スキーマを持つ読み手と，そうでない読み手が端午の節句に関するテクストを読んだ場合，スキーマの有無によって読みが容易になったり困難になったりすると考えられる。外国語のテクスト読解は2つの異なった文化の接点であるとも考えられるので，読み手が既に持っている文化背景知識と，読み手が持っているであろうと期待される文化背景知識の果たす役割は大きいと言えよう。そこで，以下では背景知識・先行知識の中でも，異文化に関する知識を中心に読み手の持つ知識と読解との関りを論じていく。まず，読み手の持つ文化知識，すなわち，文化スキーマがテクスト内容の理解をどのように左右するかを実証的研究を取り上げながら検討する(→2)。次に，学習者の持つ文化知識がコンテント・スキーマとしてだけでなく，読むことそのものに関する意識や態度にどう影響するかを考察したい(→3)。

2　文化知識と読み

　どのようなテクストにも，必ず何らかの文化的要素が含まれる。第9章の冒頭で扱った彦一の一節を読むのにも，日本史に登場する封建時代や，その世界の一部としての侍と町人や農民の力関係

等に関する知識があってはじめて、この一節が理解できるのである。彦一たちが「殿」の出した注文に応えなければならない等、登場人物の言動を、「殿様」「若様」「村の衆」といった三者の関係において把握することができるためには封建社会に関する知識が必要である。読み手がそのような知識を持ち合わせているかどうかが、このテクストの理解を大きく左右することは明らかである。以下では、このような文化知識が読解に及ぼす影響を具体的に見ていく。まず、異文化のテクストを第二言語あるいは外国語で読んだ場合について取り上げ(→2-1)、次に異文化のテクストを母語で読んだ場合の文化知識とテクスト理解の関係について見てみよう(→2-2)。

2-1 異文化のテクストを第二言語(外国語)で読む

ここでは、異文化の生活習慣に関する知識の有無が、テクストを第二言語(外国語)で読んだ場合に大切な役割を果たすことを、以下4論文を紹介しながら見てみよう。いずれの論文もきわめて文化特性の強い題材をテクストとして使っている。まず、イランにおける文化背景とアメリカ合衆国におけるそれとを民話を用いて調べたJohnson(1981)、および、アメリカ合衆国におけるHalloweenの文化体験が読解に及ぼす影響を調べたJohnson(1982)がある。さらに、Steffensen & Joag-Dev(1984)は、アメリカ合衆国とインドでの結婚式に関する私信形式の記述を、読み手がどう理解するかを調べた。この結婚式の手紙の実験結果は、文化知識としてのスキーマ活用の典型的な例としてしばしば引き合いに出される。これとは少し異なった視点から文化知識を教えることが、読解を助けるとするFloyd & Carrell(1994)も取り上げてみよう。

研究の紹介の前に、読解の測定法について触れておこう。以下

に紹介する4研究報告は,読解の測定法として,いずれも再生(recall)を用いており,これが読解のプロセスのその場その場の状況を伝えるわけではないことは,実は近年の研究では指摘されている。近年頻繁に用いられる思考発語(think-aloud)のように読解のプロセスで平行して読み手の中で起きていることを把握するのと異なり,再生には,読み終わってから加えられた推論が入っているので,語彙や文をテクスト中で処理している段階での読みを正確に把握することはできない。再生作業の際に見られる推論には,第9章で挙げた読解の,あるいは読解後のどの段階で生成されるかわらない推論で,テクストの内容を膨らませたり精緻化したりする推論(elaborative inference)が含まれる。このことを前提にして,文化知識が読解へ及ぼす影響について見よう。

● Johnson(1981)の研究

この調査はイラン人のESL(English as a Second Language)学生を対象とした。イラン人学生とアメリカ人のコントロール・グループに,イランの民話 Mullah Nasr-el-Din とアメリカの民話 Buffalo Bill を読んでもらった。このテクストはオリジナル版とやさしく書き直した修正版の両者だった。調査の結果,テクストの難易の効果よりも母文化のテクストか,異文化のものかのほうが読解に影響力があった。読解の評価は,読んだ後思い出して書く再生作業と,多肢選択式の理解度テストで行った。イラン人ESL学生は,いずれの版のテクストにおいても母文化のテクストの読みに優れていた。コントロール・グループのアメリカ人も,イラン人ESL学生ほどではないが文化知識の有無の影響を示したのである。

この研究では,特に文化知識に影響されると思われる推論が見いだされた。それはテクスト内容を膨らませる推論(elaboration)と,内容を歪曲する推論(distortion)である。たとえば,テ

クストの Mullah の民話に，年老いて衰弱した「ろば」が登場するが，これに対してイラン人は，自分の知っているこの類の民話知識に基づいて，誤ってはいないが読んだテクストにはなかった情報を加えていた。一方，アメリカ人の読みでは，「ろば」の衰弱が過酷な労働のせいであるとする歪曲された情報が加えられていた。それぞれの民話の再生においては，いずれも母文化のテクストには豊かな追加情報が推論によって加えられ，異文化の民話では歪曲された推論が用いられていた。

● Johnson (1982)の研究

　この研究では，Halloween の実際の体験を基にして学習したことが異文化のテキスト理解に影響するか，また語彙を教えることはそれと比べて意義があるかを調べた。対象はマレーシアやチュニジアをはじめとする世界27か国からの ESL 学生72名である。読解の評価は，読んだ後書く再生作業によった。テクストは Halloween についてのもので，2つのセクションに分かれていた。第1セクションは，つい最近学生たちが Halloween について体験したことで，理解が深まるような親しみやすい内容のものだった。一方，第2セクションは，母語話者もあまり知らないようななじみのない Halloween の歴史的な内容だった。調査の結果，語彙を教えたことよりも実体験のほうがテクスト理解に効果があった。また，親しみやすい内容のテクストの読解からは，より多くの正しい命題が再生され，その内容はテキストとしての緊密性(cohesion)のあるものだった。一方，なじみのない内容のテクスト読解からは，緊密性(cohesion)のない誤った命題が再生された。読み手が実体験をしたことについて書かれたテクストで，スキーマの働かせやすい状況での読解は，背景知識もなくなじみのないテクストの場合より正確で成果があがると Johnson は結論づけている。

● Steffensen & Joag-Dev (1984)の研究

　この研究は，文化知識によるスキーマ活性化の考えをサポートする流れとしては最も頻繁に引用されるものである。実験は次のようであった。アメリカ人とインド人20人ずつがそれぞれアメリカの結婚式とインドの結婚式について，いずれも英語で手紙形式のテクストを読み，その後再生して書く作業を行った。その結果，アメリカ人はアメリカの結婚式について52.4％，インドの結婚式について37.9％正確に再生し，インド人はインドの結婚式については37.6％，アメリカの結婚式については27.3％正確に再生した結果を得た。どちらのグループもテクスト内容を膨らませる推論(elaboration)を追加したのは，ほぼ母文化のテクストについてばかりであった。一方，歪曲された推論(distortion)は異文化のテクストに関して主に起きていた。このことから，Steffensen & Joag-Dev は，母文化のテクスト読解においては，読み手は十分なスキーマを持っているのでそれが活用されたとしている。

● Floyd & Carrell (1994)の研究

　以上のような，母文化のテクスト理解においては，読み手の持つ母文化知識が有利に働くようであることから，Floyd & Carrell では，そのような文化知識を読解前に与えることはできないかという点を調査した。アジア，中南米，トルコ，ギリシャ，イラン，アラブ等各国から来ているESLの学生を対象に，アメリカの独立記念日(7月4日)についての手紙の読解を調査した。実験群には文化知識を実際のトレーニングとして与えたのである。すなわち，スライドを見せたり，音楽をかけたり，実際にピクニックやバーベキューを催して，実践的に文化知識を与えた。一方，統制群にはこのような文化知識は与えなかった。その結果，独立記念日についての手紙の読解において，実験群は統制群に比べ有意の差で読解に優れていた。読解評価は再生して書く作業で

あったが，結論としては，文化知識も実地に教えることができ，しかもそれが読解を助けることになるということが明らかにされた。

次に，同じく母文化の知識が読解をうながすケースを紹介するが，この研究は，上記の場合のように ESL の学生や非英語話者に英語のテクストを読ませる読解調査ではなく，読み手が母語を使って母文化と異文化のテクストを読む場合の報告である。

2-2 異文化のテクストを母語で読む

Pritchard(1990)は，優れた読み手と考えられる Palau の11年生の生徒と，英語の母語話者の同じく11年生の読解を比較した。どちらの生徒もそれぞれ母語で書かれた両文化の手紙を読んだ。この点は，他の調査報告とは違ったアプローチであり，ある意味で文化知識の違いを最も公正な形で扱った実験と言えよう。さて，テクストとなる手紙は，ある身近な人物の葬儀について遠くに住む姉か妹に伝える内容のものである。葬儀というのは，読み手にとってそれぞれ社会の必須のこととして起こる出来事で，しかも Palau とアメリカでは，そのやり方にかなりの相違点があるので，この実験のテクストとして選ばれた。つまり，それぞれの文化の葬儀については文化知識を発揮しないとなかなか理解ができないということである。読解の評価は，think aloud と再生の2通りであった。

いずれの文化背景の生徒たちも，母文化のテクストを読んだ後のほうが異文化のものを読んだ後よりも多くを再生した。また，いずれの生徒の間でも，母文化のテクストを読んだほうがより多くのテクストを膨らませる推論(elaboration)がなされ，一方，内容を歪曲する推論(distortion)は，異文化のテクストでより多く起きた。両グループの生徒の違いとしては，Palau の生徒のほ

うが母文化のテクストに対してより多くの内容を膨らませる推論(elaboration)を行った。この実験の全体的結果は，上述した4つの研究報告に同調するものであった。

この実験では，think aloud手法により，生徒たちが読解のプロセスで何を考えどうテクストに取り組んだか，つまり読みのストラテジーが観察された。生徒たちは特に母文化のテクストを読んでいるときに，自分の体験に言及しながら読むストラテジーを取っていた。つまり，"It makes me think of my grandfather's funeral."と言ったり，"I don't like funerals!"等，自分にとって身近なものとしてテクストに反応している。このタイプの読みのストラテジーが，実は，異文化のテクストになるとずっと少なくなる。この傾向は，Palauの生徒の場合のほうがアメリカの生徒より強かった。また別のストラテジーとして，think aloudからわかることは，異文化のテクストでもアメリカの生徒たちはテクストを全体的に位置づけようとするコメントを述べていた。たとえば，

"It says how um ... the person he's writing to is probably very sad and that he a ... he regrets or that we regret that he is so far away; obviously they're not in the same part of the world or at least not really close."

一方，Palauの生徒のコメントでは，個々の文の意味を解釈するものが多く，

"So ... she felt bad ... but they thought it would be alright if she didn't come. They wanted her to come but ... they couldn't do anything about it."

この点について，Pritchardは，アメリカの生徒の読みは，テクストをグローバルに捉えようとするものである一方，Palauの生徒たちは，テクストあるいは文寄りのストラテジーを取ってい

るのではないかとしている。Pritchardはこの傾向を文化知識のみの問題ではなく，それぞれの社会の文化的傾向として捉えている。すなわち，アメリカの生徒たちが異文化のテクストに向かうとき，柔軟性(flexibility)・誤りを恐れない(risk-taking)・他の推論の可能性を考える(considering alternative inferences)・テクストに対する自分の思いを述べる(responding affectively to texts)・疑問を投げかける(formulating questions)等，といったストラテジーを取ったのは，文化・社会・教育の反映であると考えられるという。一方，Palauの生徒たちが，文やテクストレベルの推論しかしないことは，現在でも模倣記憶学習(rote memorization)をその特色とする文化・社会・教育と関わりがあると考えることができるとしている。

Palauとアメリカの実験結果からは，文化知識の違いによる母文化のテクストと異文化のテクストにおける読解の成果だけでなく，それぞれの読み手のストラテジーの違いが，文化や教育と関わっているかもしれないことがうかがえる。次に，この点について触れよう。

3 文化背景による読みの態度の違い

Pritchard (1990)で，文化の違いと読解の関係を当初は文化知識のみから見ていたが，これが実は，文化との関わりで社会現象として見ることができることが示された。つまり，文化あるいは社会が違うと読みの態度が異なるということである。このことで，しばしば言及されるのがコーランである。イスラム教においてはコーランは絶対的なもので，人々はこれを神の言葉として読み，祈りを捧げる。このような社会におけるテクスト読解は，たとえば近年のアメリカ社会における批判的読み(critical reading)の態度とは大きく異なると言えよう。西洋的な意味では楽しみのた

めに読む(reading for pleasure)とは，登場人物と気持ちを1つにすること("affective identification with the characters")(Boyarin, 1992: 10)と考えられたり，ヘブライ語で聖書を読むということは「声を出して誰かに読む」という発話行為である(Boyarin, 1992: 12)等，読むということは社会文化によって実にさまざまな意味を持ちうるのである。

このような読むことの文化的位置づけは，実は学習者が読解にもたらす1つの要因であるとも考えられる。Parry(1996)は，ナイジェリアと中国における英語学習者の読解への取り組みを比較している。ナイジェリアの学習者は語彙や文法の詳細についてはあまりこだわらず，むしろスキーマを活用し，自分の心の中にある世の中の道理("the theory of the world in the brain")(Parry, 1996: 676)に基づいてテクスト全体の意味を捉えようとする態度を取る。一方，中国の英語学習者は，1つ1つの単語の意味，1文1文の意味解釈を正確に把握しようとする。自分の経験と照らし合わせながら，テクストを総体的なものとして捉える("understanding the text as a whole and relating it to their own experience")(Parry, 1996: 680)といった読みは，中国の学生にとっては，英語を学んでしばらくしてからでないとできない読みの態度のようである。これは，読むことそのものが社会文化的にそれぞれの地域で異なっていることから生じる。

Parryはナイジェリアと中国での英語教育の経験からは，それぞれの国での言語経験も作用しているのではないかとしている。つまり，ナイジェリアでは多言語環境で人々が複数の言語を身につけていき，英語等の文字を学ぶ段階では，実は母語の識字がないといった状況もしばしばである。

一方，中国は家庭にも地域においても中国語の歴史的に長い識字環境があり，方言が多いとはいえ，中国語は1つの言語で，英

語学習は全くの外国語学習として位置づけられる。その影響で当然のことながら，読解はもちろん外国語習得も分析的に行うのかもしれない。これは，外国語学習における学習者の態度や姿勢に文化・社会・教育が影響を及ぼしていると考えられる。Palauの読み手も，中国やナイジェリアの読み手も，それぞれの文化に規定された読みの態度や姿勢を取っているのかもしれない。この視点から見た学習者の文化背景も，読みの1つの要因として考えていかなければならないであろう。

読みと文化のかかわりでは直接の関係はないかもしれないが，学習者が母語で読む場合と，第二言語(外国語)で読む場合とでは，その態度に違いがあることも十分考えられる。Davis & Bistodeau(1993)で，英語話者とフランス語話者の読みの態度が，母語と第二言語では異なることが思考発語法によって報告されている。いずれの言語話者も，母語のテクストの読解では，批判的に読むことができた。一方，いざ第二言語のテクストを読んだときは，テクスト中の理解できないことがらに遭遇すると自分のせいであるとしてしまう傾向があった。読み手がL2学習者としてもつ傾向についても，今後読解の要因として捉えていく必要があるのではないか。

4 まとめ

本章では，特に異文化の知識との関係で読解を扱ったが，学習者は自分の慣れ親しんだ母文化のスキーマを大いに活用してテクストを理解している。この関係を調べた多くの研究成果では，親しみの持てる母文化のテクストであれば内容を膨らませる推論も盛んに生成され，一方，なじみのない異文化のテクストでは誤った推論が付け加えられてしまうことがわかった。このことを考えると，読解用の教材としてテクストを選択する際には，母文化の

ものと異文化のものを適宜選択し，それぞれのメリットを生かして読解練習をしていく必要がある。

また，他の文化面，つまりさまざまな文化背景を持った学習者が読むことをどう捉えているのかといった面についても，学習者の持つ文化知識が読解に関与していることが示された。文化が読み手の知識を左右するのはテクスト内容だけではなく，読むこととはどのようなことかといったメタ認知的な点も含むのである。「端午の節句」について読む場合，この文化的事象について何を知っているかということだけでなく，このような内容について読むことそのものに対する読み手の態度，意識，姿勢，読みに対する評価や価値判断が，読み手とテクストの相互作用に影響を与えるのである。文化知識はコンテント・スキーマとして捉えられる場合が多いが，文化スキーマとは，さらに広義の文化知識として捉えられなければならないであろう。今後，読み手の態度，意識，姿勢，評価，価値判断等が文化，社会，教育との関わりで，どう読みに関わるかをさらに研究する必要があろう。

【キーワード】
背景知識　先行知識　文化　異文化　推論　スキーマ　コンテント・スキーマ　フォーマル・スキーマ　再生(recall)　思考発語(think aloud)　読みの態度　批判的読み

Part 3
今後の英文読解指導への示唆

Part 3では，今後の読解指導の具体的アイディアを挙げて方向性を示したい。ここで取り上げる3章は，いずれも従来日本で行われてきた英文読解指導の問題点を改め，新しい指導法を考える示唆を与えてくれるものである。

第12章「アセスメント」では，学習者の読解力を測るということはどのようなことなのかを原点から考え直し，その上で，読解力の評価をするためにはどのようなことに留意すべきか，また，具体的にはどのような評価方法があるのかを提示していく。読み手はどのように読解に取り組んでいるのか，その心の中を観察する具体的方法として，思考発語(think-aloud)と再生(recall)の具体的手法をサンプル・データとともに紹介する。

第13章「多読の勧め」では，多読という最も強力とも言われている読解指導法の理論と実践を，具体的な授業運営方法を交えて述べる。多読と語彙や他のスキルとの関係について理解を深め，抄訳本やインターネットを利用する方法等，具体的に紹介する。また，本章では，アメリカで実際に評価されている，多読に適した推薦図書のリストを，日本語の数行の解説つきで記載する。

第14章「コンピュータによる支援」では，コンピュータと読解について最新の情報を紹介する。昨今，書かれたテクストの領域が，いわゆる書物だけでなく，インターネットの世界に広がり，コンピュータを通してテクストを扱うことが日常的になっている。本節では，まず，コンピュータが人間言語を理解するということについて述べた上で，自動要約，単語訳出，機械翻訳，斜め読みや拾い読みを助けてくれるツール，読解力アップのためのトレーニングツール等，コンピュータが人の読解作業に多様に貢献できる具体例について述べる。

12 アセスメント

堀場裕紀江

　第二言語(あるいは外国語，L2)を含む教育において，アセスメント(評価)はカリキュラムとインストラクション(教授)とともに，教育の本質的な核にあたるものである。そのうちカリキュラムは，最も教育の原動力になるもので，その本質は概念的なものであるが，実践においては教科科目の内容と指導方法のことを意味しており，ガイドラインのような記述や授業計画あるいは教科書・教材等の形で表される。インストラクションは，カリキュラムに基づいて行われる学習を促進するための教育的方略のことで，教師による直接的な教授，学習者のグループ学習，チュートリアル等の個人的指導等いろいろな異なる形態が存在する。そして，アセスメントは，学習の進度や結果に関する証拠となる情報を収集して分析し，その結果の考察を通して学習および教授の活動に関する判断と意志決定を行うという一連の過程のことを表す。

　アセスメントは，一般的に，学習者の知識や能力がすでにどの程度あるか，学習の結果としてどの程度向上したか等を調べるために行われる。しかし本来は，教授の適切さ，すなわち教授が学習者のニーズに合わせて適宜に調整されながら行われているかをモニタリングする(監視・制御する)こともアセスメントの重要な役割である。つまり，アセスメントは，教育内容を表すカリキュラムを基に行われる教授が適切かつ効果的に学習を促進している

かについて情報を提供し，それによって教授とカリキュラムのあり方にフィードバックを与えるという重要な役割を担うものである。

この章では，L2 読解のアセスメントに焦点をあてて，はじめに，アセスメントの目的について考える(→1)。次に，アセスメントの方法と性質について述べて(→2, 3)，L2 読解のアセスメント方法を選択する際の留意点を挙げる(→4)。そして，L2 学習者がテクストを読む際に使う，いろいろなストラテジーが観察できるアセスメント方法を2つ紹介し(→5)，教育活動の一貫としてのアセスメントの有用性について述べる。

1 第二言語読解のアセスメントの目的

アセスメントが有意義であるためには次の3点が十分考慮されなければならない。まず第1に目的，つまり何を調べるのか。第2に方法，つまりどのような方法でどのような情報を集めて，どのように分析するのか。第3に解釈と意志決定，つまり分析結果はどの程度の信頼性と意味があり，結果の解釈に基づく意志決定はどのようなものが妥当であるか。

第二言語(L2)教育における読解のアセスメントは当然のことながら，読み手が L2 で書かれたもの(テクスト)を読んで理解するという行動と，それに関わる能力を問題とする。しかし，具体的に何をどう調べるのかということになると，これは L2 読解というものについての定義や考え方の問題とかかわり，それによってアセスメントで用いられる方法や結果の解釈も異なってくる。そこでまず，L2 読解というものが最近の読解研究の分野でどのように説明されているか簡単にまとめてみる(Bernhardt, 1991, 2000; Durgunoğlu, 1997; Grabe, 1991; Fitzgerald, 1995; Urquhart & Weir, 1998)。

1-1 対象が「読解」であり「第二言語」であるということ

　読解は読み手とテクストのインターアクションであり，同時に読み手の頭の中で起こるさまざまな種類の情報処理のインターアクションにも特徴づけられる。L2読解の研究は，第一言語(L1，主に英語)読解研究における理論や見解をL2の場に応用することによって発達してきた(Bernhardt, 1991; Grabe, 1991)。現在，L1読解について広く受け入れられている考え方は次のようなものである(Balota, Flores d'Arcais, & Rayner, 1990; Graesser, Milis, & Zwaan, 1997; Just & Carpenter, 1987; Kintsch, 1998)。優れた読み手は基本的な言語に関する知識と，内容に関する一般世界知識を持っており，テクストを読み進む際に，知識を使いながらテクストの情報を処理して記憶の中に取り込んでいく。その結果として，意味的にまとまりのあるテクスト表象を記憶の中に形成する。そのテクスト記憶は，後にテクストに関する情報を使って行うタスク(たとえば，質問に答える，内容を人に伝える)のときに検索されて用いられる。

　記憶の中に取り込まれたテクスト表象は複数のレベルからなっており，理解の度合いや解釈のしかたを反映している。文の中の語や語順についての情報(表層レベル)は記憶に残りにくいが，文そのものの意味(命題テキストベース)はわりと記憶に残りやすい。テクストの中で記述されたミクロ世界の事象や内容を反映する情報(状況モデル)は最も記憶に残りやすいが，このレベルのテクスト記憶は，テクスト情報に一般世界知識からの推論を付け加えて形成されるものなので，テクストの情報密度や読み手の知識の専門性や目的や興味等によって大きく左右される。さらに，経験豊富な読み手は，読み書きに関する知識を使って読み手・書き手間のコミュニケーションや，テクストのジャンル等に関する情報も

テクスト記憶の中に取り込むと考えられる。

一方，L2読解研究では，第二言語習得研究で発達した理論や見解も，L2読解の特徴を説明するのに用いられている。この場合，L2の語彙・文法の知識や話す聞く能力等に見られる言語知識が問題とされ，読みにおける文字・語彙の認識や文の理解といった基本的な言語処理能力の重要性が強調される(Bernhardt & Kamil, 1995; Carrell, 1991; Clarke, 1980)。また，L2の発達過程においては，学習者が母語(L1)に関する知識をL2使用の場へ応用するという行動がよく観察される(転移と呼ばれる現象)(Bernhardt, 1986; Koda, 1987, 1993)。L1の経験に基づく読みのストラテジーの中には，L2の読みの場面に用いられてもよい場合(たとえば，全体的なアプローチのしかた)もあれば，干渉となって悪い影響を与える場合(たとえば，語順，イディオムの解釈，照応関係のしくみ)もある。そしてその影響力は，L2とL1との間にどのような言語的特徴の差異があるか，それぞれの言語での読み活動にどのような社会文化的特徴があるのか，自己の読みのモニタリングが効果的に行われるか等によって異なってくる。

1-2 アセスメントの対象と内容の関係

これまで述べてきたような考えのもとにL2読解のアセスメントを行うのであれば，次のような点を考慮しなければならないだろう。

1. テクスト処理とテクスト記憶について

読み手の行うテクスト処理と，その結果つくられるテクスト記憶の性質に関する理解にもとづいて，アセスメントが行われなければならない。たとえば，テクストをそのまま表面的に覚えていることと，文を1つ1つ訳せることと，テクスト内容を頭の中に描くように理解することは，それぞれ異なるテクスト表象を反映

している。したがって，テクストに明示的に用いられた情報だけを使って答えたり認識したりできるというだけでは，テクスト内容を理解したことにはならない。アセスメントでは，テクストに記述・描写されている事象や，状況を反映する意味が記憶の中に形成されたという証拠を得なければならない。たとえば，テクストの内容を言葉や図で説明する，テクストから得た情報を新しい場面に応用する，テクストの記述に従って手順を実行する等のタスクを用いる方法が考えられる。

2. さまざまな先行知識の影響について

　読解アセスメントの最もむずかしい点は，テクストの内容の影響と読み手の知識の影響が複雑に関係して読解に影響を与えることであろう。読解そのものを調べようとするのであれば，読解能力以外の能力や知識や興味からくる影響をできるだけ避けなければならない。たとえば，内容に関する知識があればテクストを読まなくても正答が得られるようなテストは無効である。これはテクストに使われている言語と同じ言語で書かれた多肢選択式の答えが与えられる場合に（専門家が作成したテストの場合でも）よく起こる問題である。逆に，（たとえば未知の文化社会の事象や専門的な内容のように）テクストの内容が読み手にとって全く知識のないものである場合，語彙・文法に関する知識があっても，テクスト内容を十分には理解できない。読み手の先行知識を必要とする状況モデルのレベルのテクスト表象が形成されないからである。したがって，そのようなデータからその読み手の読解能力を推測することはむずかしい。

3. 語彙・文法等の言語知識の影響について

　読解テストは語彙・文法テストではない。語彙・文法の知識のみを強調するようなアセスメント方法は読解能力について十分な情報を提供できない。L2読解ではとりわけ語彙の影響が大きい

ので，テクスト内容の理解において重要となる語彙の影響を十分に考慮してテクストを選択する必要がある。また，読み以外の書く・話す・聞く能力が必要とされる方法についても，それらの能力の影響を考慮しなければならない。さらに，タスクの指示や質問をL2で与える場合は，それが正確に理解できることをあらかじめ確認しておく必要がある。

4. L1の読解ストラテジーの転用について

日本語と英語のように，2言語間に文字・語彙・文法・テクスト構造等比較的大きな違いがある場合には，L2の読みの最中に起きる困難が不十分なL2の言語処理に由来するものなのか，その場にはふさわしくないL1の読みストラテジーの使用が原因なのかを識別することはむずかしい。したがって，アセスメントに際しては，テクストを含む読み材料の言語的・社会文化的特徴を考慮し，結果の解釈を慎重に行うことが必要である。

2 アセスメントの方法

アセスメントの方法には，テストやテスト以外の方法がある。テストとは，調べたい対象(たとえば，L2読解能力)に関する情報(データ)を，あらかじめ計画されたタスクによって抽出し，そのデータを分析して結果を得るという方法である。テスト以外の方法には，教師による観察，学習者による自己観察，日記や日誌，ポートフォリオ等の観察や記述による方法がある。

教室内での言語学習と実世界での言語運用という関係から，テストはいくつかの種類に分類できる。授業で教科書を使って学習したことについて，学習者が実際どのくらい習得したのかを調べるテストは，アチーブメントテスト(achievement test)である。このテストでは受験者が全員満点を取ることもある。一方，実世界で起こりうるさまざまなコミュケーションの場で学習者がどの

ように言語を運用するかを調べるのは、プロフィシェンシーテスト(proficiency test)である。このテストは、特定の授業や教科書とは関係なく行われるので、たいてい受験者が満点を取ることはない。さらに、最近注目されているテストは、プロチーブメントテスト(prochievement test)と呼ばれるもので、このテストはアチーブメントテストとプロフィシェンシーテストの両方の特徴を合わせ持つ。このテストは、学習者が教室で学んだことを実世界でのコミュニケーションの場にどのくらい応用できるかを調べるものである。このテストは、教室内学習から実世界の言語運用へというつながりを強調するので、コミュニケーション能力を重視する教育プログラムにおいてきわめて有用である。

3 優れたアセスメントの性質

どのようなアセスメント方法を用いる場合でも、できるだけ正確な情報を得るためには、できるだけ質の高い方法を用いるべきである。それでは、質の高いアセスメントの方法とはどのような特徴を持っているのか。これは妥当性(validity)と信頼性(reliability)というきわめて重要なアセスメント方法の性質に関する問題である。

3-1 得られた結果が妥当であること

アセスメントの妥当性というのは、その方法で得られた結果が調査の対象(たとえば、読解能力、読み学習の進度、読みに対する意識や態度)を理解するのにどのくらい意味があり、どのくらい適切で、どのくらい役に立つかという問題である。妥当性の低い調査や測定はむだであるだけでなく、その結果行われる意志決定によっては有害にもなりうる。L2読解能力のアセスメントについては、L2で書かれたテクストを読んで理解するという能力

がどのようなものであるかという明確な理解(理論的定義)に基づいて,方法とタスクが計画され使用されなければならない。その理論的定義が適切でない場合,それに基づいて計画・使用される方法も適切でないものになる。

このL2読解能力の定義の問題について先のセクションで簡単に考察したが,ある研究分野における概念の定義のしかたは,その分野の歴史的発達とともに変化するものである。このことは,これまでの読解研究の歴史を振り返っても明らかである。たとえば,以前は「読解はテクストを音読することである」という理解に基づいてテストが作成され,学習者に声を出して文を読ませて,その読み方や発音の正確さを測定するというテストが行われていた。しかし,発音の正確さはテクストを理解する能力と直接的な関係はない。1語1語上手に発音できても内容の理解が不正確なこともあるし,発音が悪くても内容の理解がしっかりできていることもある。L2でテクストを読む場合は特に,文中の1語1語を発音するように要求されると作業記憶の制約から意味の理解に十分な注意が払えなくなり,かえってテクストの内容が理解できなくなることが多い。

また,アセスメントにおいては調べたい能力や性質以外のものの影響もあるが,本来調べたいものとは直接的な関係のない要因はできる限り結果に影響しないよう配慮しなければならない。たとえば,英語で書かれたテクストを読んで英語で要約文を書くというテストは,内容をどのくらい理解したかということだけでなく,どのくらい上手に英語で書けるか,つまり作文能力がテストでの行動(パフォーマンス)に大きく影響するので,本来測りたい読解能力を正しく表す情報を提供するとは言えない(Lee, 1986)。さらに,読解能力とは関係のない,読み手の性質や特徴に関する要因(たとえば,年齢,性別,文化的・社会的・経済的背景,性

格等)によって個人差が出るような，テストは，バイアスがあるので適切なテストではない。もっとも，アセスメントの目的と対象によってふさわしい方法の選択や結果の解釈の基準も異なってくる。

3-2 得られた情報が信頼できること

　アセスメント方法の信頼性というのは，その方法で得られた情報が調査の対象を表すものとして，どのくらい安定した信頼できるものかという問題である。L2学習者の言語運用には特に可変性(variability)が伴うので，より多くの情報を提供する方法は，そうでない方法よりも信頼できる。たとえば，読解テストに関しては，ある特定の文章を1つだけ用いるテストよりも，いくつかのトピックに関して複数の異なる文章を用いるテストのほうがよい。また，複数のテストやテスト以外の方法によって得られた情報を分析した結果から，調査の対象に関して同じような解釈ができる場合は信頼性が高いと言える。

　信頼性はテストの様式や，形態や採点方法にも左右される。たとえば，TOEFLテストのような大規模に行われる標準テストには，複数の様式が用意されていて，異なる様式間でも同じ能力が測定できるように慎重に作成されている。また，同じ読み材料を用いた読解テストでも，どのような形式で応答するかによって異なるデータ(テスト結果)が得られる(Wolf, 1993)。さらに，応答を作成させるテスト等では，同じ解答(応答文)でも採点者間で採点のしかたに大きな差が生じたり，同じ評定者であっても解答によって採点のしかたが変わったりしないように，採点基準と採点方法をあらかじめ明確化して採点者を訓練しておく必要がある。この問題は特に，観察や記述によるアセスメント方法によって得られたデータの解釈の際に考慮すべきものである。

3-3 どの程度の質が要求されるか

　アセスメント方法の妥当性と信頼性という概念を理解するのに役立つ比喩を挙げよう。「ダーツ」というゲーム（的に弓矢を放つのに似たゲーム）をイメージしていただきたい。投げ手は手にダーツをもって的に向かって放り投げる。1つ1つのダーツはそれぞれ1つのテスト（あるいはテスト以外の調査方法）を表し，的の真ん中の部分はテストで測りたいもの（たとえば，読解能力）を表している。投げ手は的の真ん中にダーツを当てようとして投げる。投げたダーツが的の中心に近いところに当たれば，測りたいものをそれだけ正確に測っている。いくつか投げたダーツがみな同じところに当たっていれば，それらのダーツ（テスト）はそれぞれ同じものを測っている（つまり信頼性が高い）。しかし，それらのダーツが的の中心から離れたところに当たっているのであれば，みな同じところに当たっていても測りたいものを測っていることにはならない（つまり妥当性が低い）。

　アセスメント方法の質について信頼性・妥当性は重要なものであるが，信頼性の高い方法が必ずしも妥当性の高い方法であるとは限らない。しかし，妥当性の高い方法は，対象となる能力や性質を正確に適切に調べることができるので信頼性も備えていると言える。どの程度の妥当性と信頼性が必要かは，アセスメント結果を基にして下される判断や意志決定がどのくらい重要なものかによって判断される。重大な影響を与えるものであるほど，高いレベルの妥当性と信頼性が要求され，それほど重大な影響を与えないような場合には，それほど高い妥当性・信頼性は要求されない。たとえば，日常の授業との関連で行われるアセスメントの場合にはむしろ，必要なときに必要な情報が簡単に得られてすぐ次のレッスンに生かせること（実用性）のほうがより重要かもしれな

い。そのような場合はあまり高い妥当性・信頼性は要求できないだろう。逆に，アセスメントの結果下される判断が入学や卒業や就職に直接的に結びつくような場合は，高いレベルの妥当性・信頼性がアセスメント方法に要求される。

4 第二言語読解のアセスメント方法の選び方

どのようなアセスメント方法を用いるにしても，その方法によって得られる情報と得られない情報とが必ず存在し，それによって何が観察できるかが変わってくる。したがって，ある特定のアセスメント方法を有効に用いるためには，その方法でどのような情報がどのような形で得られるのかを熟知し，そこからどのような結果が得られて，どのような解釈ができるかを認識している必要がある。

L2読解に関するアセスメント方法について判断する際，基本的な要因として，テクスト(読み材料)，タスク(読み手が読み材

表1 読解アセスメント方法の判断基準

(1) 扱われるテクストの範囲： 1つのテクスト <------------------> 複数のテクスト 局所的な情報　　　　　　　　　　　全体的な情報
(2) テクストの自然さ： 不自然なテクスト <------------------> 自然なテクスト
(3) タスクの自然さ： 不自然なタスク <------------------> 自然なタスク
(4) 応答の制約と自由さ： 応答選択式 <------------------> 応答作成式 1つの正答　　　　　　　　　　　　複数の正答

料を使って何をするのか），応答(分析の対象となる読み手の行為)の3つが挙げられる。言語教育の実践的視点からOmaggio Hadley (1993)は読解アセスメント方法の判断の規準として，表1のようなテクスト情報の量と範囲，テクストとタスクの自然さ，応答の自由さという両極をもつものさしを挙げている。

特定の読解のアセスメント方法について，このものさしの両極間のどのあたりに位置するかを分析することによって，その方法の特徴がより明確になる。たとえば，機械的に作った文を用いて穴埋め式で1語入れさせるようなテストは，局所的な情報を問題にしており，テクストとタスク両方の面で自然さが低い。また，読んだテクストについて多肢選択式で応答を求めるようなタスクも，自然さが低く，応答にかかる制約が大きい。より自然なコミュニケーションの中で起こる読解のパフォーマンスを調べる場合は，テクスト・タスク・応答それぞれのものさしの右側の極により近い特徴を持つアセスメントの方法を用いることになるだろう。

さらに慎重にL2読解のアセスメント方法を選択したり作成したりする場合は，テクストを含む読み材料，タスク，応答の3つの要因について，より詳細な分析が必要となる。表2に具体的な留意点をまとめたチェックリストを挙げよう(*cf.* Backman, 1990)。

表2 L2読解アセスメント方法のチェックリスト

(1) テクスト(読み材料)について
a．内容的特徴(具体的/抽象的，一般的/専門的，文化社会的な特殊性)
b．言語的特徴(語彙や文法，タイトルや見出しの有無，スタイル，テクスト構造，ジャンル)
c．自然さ(自然なテクストか，自然な言語が使用されているか)
d．長さや物理的構成(長さ，1つのテクストか複数のテクストから

なっているか)
　e．非言語情報の特徴(イラストや図等の有無，そのテクスト内容との関係)
　f．コンテクスト(状況コンテクストの有無，その特徴)

(2) タスクについて
　a．目的(テクストの要旨を捉える，概略を押さえる，内容を詳細に理解する，特定の情報を抽出する，書き手の意図を推測する，情報の真偽や価値を判断する，鑑賞する等)
　b．指示の明確さ(読み手が具体的に何のために，何をすることが要求されているかが明確か)
　c．指示に用いる言語(L1かL2か)
　d．自然さ(自然なコミュニケーション活動としての読みをどの程度に反映しているか)
　e．時間や場所(時間の長さ，時期や期間，頻度，教室の中か外か，等)

(3) 応答について
　a．与えられた答えの中から応答を選択するのか，応答を自分で作成するのか
　b．選択式の場合の応答のしかた(正誤判定，多肢選択肢，マッチング，順序づけ，当て推量の当たる確立の度合いはどうか)
　c．選択式の場合の選択肢の特徴(判別の根拠となるのはどのような情報か，テクストで使用された語・句・文とどのくらい表面上で一致しているか)
　d．作成式の場合の応答の長さと制約(単語で答えるか短い文あるいは長い文で答えるか，応答作成に関してどの程度自由が与えられているか)
　e．応答とテクスト情報の関係(テクストの中の事実の理解のみが要求されるか，どの程度の推論や一般化が要求されるか，語彙・文法等特定の言語項目に関する応答か，書き手の意図や書き方に関する応答か，読み手の個人的な意見や感想が要求されるか)
　f．応答と質問や指示の関係(質問や指示に部分的な答えや答えのヒントとなる情報が含まれているか)
　g．応答に用いる言語(L1かL2か)
　h．読み以外の能力の使用(書く・話す・聞く等の技能が要求されるか，言語能力以外の能力が要求されるか，高度な思考分析力が要求されるか等)

ここに挙げた留意点は当然のことながら，アセスメントの目的と対象によってそれぞれの重要性の度合いが変わってくる。

　実世界で役立つコミュニケーション能力を重視するL2教育であれば，読解学習においても実世界で行われるようないろいろな読みの活動が含まれることになる。その場合，より幅広い読み方が学習の対象になり，いろいろな目的にあった柔軟な読み方のできる能力や，より高度な思考力(比較分析，整理統合，問題解決等)が読解学習の目標に含まれるだろう。したがって，アセスメントに関しても，より幅広くいろいろな角度からアプローチすることが求められるだろう。ただし，読み手が1つのテクストをどのくらい理解したかという情報は，読解能力のアセスメントにとって基本的な情報である。このことを念頭においた上で，基本的な読解アセスメントに加え，さまざまな読み活動に関する観察や記述による方法を用いていろいろな情報を集め，それらの情報の分析結果を柔軟に学習活動に還元していくことが求められるであろう。

5　学習者の読みを観察しよう

　この章の冒頭で述べた教育の一環としてのアセスメントという観点から，Teacher as researcher つまり「研究者の目を持つ洞察力のある教師」という考えを実践に生かす読解のアセスメント方法を2つ紹介しよう(Horiba, 1990)。その1つは読解ストラテジーの研究でよく用いられる思考発語法(think-aloud)という手法で，もう1つはスキーマ理論に基づく読解研究で用いられるようになった再生(recall)という手法である。これらの方法は読解研究で広く使用されているものであるが，その有用性と効果は最近のL1およびL2の読解学習指導についても注目されている(Afflerbach & Johnson, 1980; Anderson, Bachman, Perkins, &

Cohen, 1991; Auerbach, & Paxton, 1997; Bernhardt, 1991; Block, 1986; Carrell, Devine, & Eskey, 1988; Faerch & Kasper, 1987; Horiba, 1993; Pressley & Afflerbach, 1995; Urquhart & Weir, 1998)。

5-1 テクストを読みながら考えていることを報告する

　読み手がどのようにテクストにアプローチするか，読みの最中に困難が生じたときどのように対処するか等を調べるために，メタ認知ストラテジーの研究ではプロトコルデータ(protocol data)を収集することが多い。プロトコルの1つの収集方法として思考発語(think-aloud)という手法がある。このデータ収集法では，読み手がテクストを読みながら考えていることを口頭で報告するということを行う。この方法の背景となる理論によると，読み手がテクストの中の情報を処理する間，作業記憶が重要な役割を果たすわけだが，読み手が意識下にある思考(情報処理)を言葉にして発したもの(プロトコルデータ)に読み手の思考過程が反映されていると考えられている(Ericsson & Simon, 1984; Faerch & Kasper, 1987)。

　プロトコルのやり方として，テクストを読んでいる最中に思考を報告するか(concurrent protocol)，テクスト(の一部)を読んだ後にすでに起きた思考について報告するか(retrospective protocol)，思考について一般的に報告するか，特定の思考について報告するか等バリエーションがある。L2学習者の場合，テクストの読みにはまだ自動化されていない処理操作が比較的多く，とりわけ困難に対処する際に用いるストラテジーは意識されて報告されやすい。したがって，プロトコルデータは読み手の読解中の困難の解明につながる情報を提供してくれる可能性がある。

　思考発語データの具体例が**付表1**にあるので見ていただきたい。

このタスクでは，日本人高校3年生の英語学習者Aが説明文『The Mole(モグラ)』を思考発語しながら読んだ。学習者には，「読みながら頭に浮かんだことをそのまま口に出して報告してください」という指示が与えられた。ほんの数行の文の読みの間に得られたデータを見ても，読み手の頭の中で起こっている思考，つまりテクスト情報の処理に関する認知活動についていろいろなことが観察できる。**付表1**の下線部に注目していただきたい。この読み手はとりわけ語彙("mole", "furry", "dig", "mounds", "lawns", "dirt", "adapted")の処理に困難があるようだが，それをL1に存在するカタカナ語(「モール」，「マウンド」，「ラウンジ」，「アダプター」)に置き換えると同時に，文脈から意味的な制約をかけることによって，語彙の困難に対処してテクスト内容の理解を増していっているのが観察できる。

どのようなアセスメント方法をとってもそれぞれに長所と短所があり，この手法も例外ではない。思考発語法の長所は，読みの最中に起こるさまざまな認知処理に関して，多くの質的情報を提供してくれる点である。たとえば，文字・語句・文構造を分析する，母語に置き換える，文と文のつながりやテクスト構造に注意を払う，速度を変えたり戻ったり飛び越したりして読む，L2で言い換える，質問する，イメージを描く，予測・連想・要約を行う，自己の読みをモニタリングする，辞書を使う等，さまざまなストラテジーの使用を観察することができる。しかし，データ収集と分析には時間と労力がかかることが短所である。データの集めやすさに関してかなり個人差もある。しかしまた，成人のL2学習者の場合，読みながら自己の思考に注意を向けてそれを言語化するという訓練によって，読み手の戦略的で自律的な読み方の学習にもつながるという効果があり，他の方法では得られない貴重な情報を提供してくれることから，思考発語法は最近のL1お

よびL2の読解ストラテジー指導の研究や実践で注目されている(Auerbach & Paxton, 1997; Pressley & Afflerbach, 1995)。

5-2 読んだテキストの内容を再生する

読み手のスキーマや背景知識の影響を重視する研究は、再生(recall)という手法をよく用いる。やり方は、読み手がテキストを読み終わった後、テキストを見ないでその内容を筆記あるいは口頭で再生するというものである。この方法は、思考発語(think-aloud)と同様、読みの認知過程に注目しているが、読んだ結果としてのテキスト記憶には、テキスト内容をどの程度理解しているかだけでなく、読みの最中の処理や知識の使い方が反映されているという考えを基にしている。

付表2に、アメリカ人大学生の中級日本語学習者BおよびCが物語文『返事をしたどろぼう』を読んで再生したデータの例(Horiba, 1993)があるので、それを見ていただきたい。このタスクでは、読み手は「テキストを読み終わってから、それを読んでいない他の人にテキストの内容がわかるようにL1で再生してください」という指示が与えられた。テキストの中の漢字には全てふり仮名がついていた。下線部のデータに注目していただきたい。学習者Bは、語彙の困難が原因で特定の出来事(「竹づつをくわえる」、「くいみたいな物」、「水に浮き上がる」)の理解が妨げられているが、関連のある一般世界知識を用いて推論(「竹の木に登って隠れる」)を生成し、話のつじつまを合わせていること(「木に登ったどろぼうが返事をする」)が観察できる。学習者Cの場合は、トピックを表す重要単語「どろぼう」の意味がわからず大変な困難を抱えているが、文脈から得た出来事の流れに関する情報(たとえば、「それが現れて人々が大騒ぎしていた。やがて皆でそれを見つけようとしたが、なかなか見つからない。」)や、おそら

く西洋の物語の題材に関する知識("dragon"，空から来る竜)等を用いて，何とか物語としての形をとどめようとしている様子が観察される。

この再生という手法の長所は，データ収集に時間と手間がかからず，さまざまな背景知識がテクスト内容の理解とテクスト記憶にどのような影響を与えるかについて，詳しい情報を提供する点である。再生データから観察されやすいのは，背景知識に基づく情報をテクスト情報につけ加えて，情報の統合・推論・連想・要約等を行ったことを反映するテクスト記憶である。また，L2の読み手の再生データから，テクスト処理の途中で起きたさまざまな困難の痕跡が観察されることも多い。

つまり，再生データは，与えられた質問や選択肢を用いた伝統的な読解テストから得られるデータと異なり，学習者が自力で(つまり質問や選択肢の影響を受けずに)どのようにテクストを理解したかという，読み手の本来のテクスト理解より正確に反映するものと言えよう。一方，再生データは情報が豊富なだけ分析が難しく時間がかかるという短所がある。また，再生をL2で行う場合は，L1で行う場合と比べて，読み手が記憶の中にあるテクスト情報を取り出して言語で表現することがむずかしくなる。そのため，言語習熟度のあまり高くない読み手のL2による再生データは，読んだテクストの本当の理解の度合いや記憶を正確に反映しているとは言えない。

しかしまた，読んだ内容を後で再生するというタスクは，テクストを1つのまとまりのあるものとして読んで理解しようとする姿勢を育てるという波及効果もある。ふだんの学習活動としての読みが常にテクスト・質問・単語表の3点セットで行われていると，学習者は質問や単語表に頼りながらテクストを読むので，読解処理が途切れ途切れになってしまい，テクスト全体の内容を1

つのまとまった意味として理解するという訓練がなかなかできない。テクストを読んでから，記憶の中のテクスト内容に関する情報を取り出して使用するという行為は，実世界で行われる自然な読み活動に近い読みを学習することにもつながる。

　最後に，現在一般に見られる L2 読解に関するアセスメントがどのような特徴を持っているか振り返っていただきたい。アセスメントによって学習者の読み能力や読み活動を調べた結果をカリキュラムや学習指導の工夫に役立たせるということが，どのくらい行われているだろうか。本来は現場のカリキュラムや授業に直結したアセスメントであるのに，学習者1人1人の特徴や進度状況に関して詳しい情報が得られるような方法ではなく，むしろ個人に関する情報をあまり提供しないような多肢選択式のテストが安直に用いられ，結果だけを見て成績をつけておしまい，という傾向があるのではないだろうか。もしそうだとしたら，教育の3つの核，つまりカリキュラム・インストラクション・アセスメントのサイクルがうまく機能していないことになる。アセスメントが教育の一環としてカリキュラムやインストラクションにフィードバックを与えるためには，学習者がL2で書かれたテクストをどのように読むかを，より深い知見と洞察力を持って観察し，観察されたことを慎重に解釈して次の教授活動（学習指導）や学習内容の工夫に生かしていくことが求められるのではないだろうか。

【キーワード】

アセスメント方法　テスト　要因　タスク　応答　妥当性（validity）
信頼性（reliability）　思考発語（think-aloud）　再生（recall）

【付表1】
テクスト『The Mole』

The Mole

The mole is a small furry animal that lives underground. Moles move around underground in tunnels that they dig. Sometimes you can see mounds of dirt on people's lawns. Those mounds are the roofs of the mole's tunnels.

The mole is adapted to its life underground in four ways. The furry little mole has short, stout legs that are very good for digging tunnels. The mole digs food tunnels so it can hunt for the worms it likes to eat. Deeper underground the mole digs a home tunnel where it sleeps.

Fairly good hearing is important for the mole so it can hear intruders in its tunnels. But its ears are tiny and cannot be seen on the outside of its head. Larger ears would only get in the mole's way when it was digging.

Because moles live their lives underground where it is dark, they have little use for sight. Their eyes are very small, and the animals can "see" only light and dark. Moles do not like the light, and they stay away from it if they can.

The mole has a special way of figuring out where it is going. When it is going forward, it feels its way with its nose and the tail tells it which way to go.

Moles like to tunnel in soft, wet soil. They push the dirt from the tunnel out of the opening in the ground. The little pile at the opening is called a molehill.

最初の5文について学習者Aが産出した思考発語(think-aloud)データ

タイトル: *The Mole*
読み手: モールかな。なんか，モールって，クリスマスみたいな，なんかきらきらしてほっほーとしているようなのが頭に浮かんで。
文1: *The <u>mole</u> is a small <u>furry</u> animal that lives underground.*
読み手: あっ，違うんだ。動物だ。で，*that lives underground,* 地下

に住んでる。あーじゃもぐらとかそんな感じかな。で，*Small* なんとか *animal*。ファ，ファリーかな。わかんないけどま，動物のこと言ってるんだろうと。動物。地下に住んでる動物だからもぐらとかそういう感じかな。とりあえず，ん，流して読んでみて。

文2：*Moles move around underground in tunnels that they dig.*

読み手：モールは動く。*around underground in tunnels tha, that they dig*。*dig* ってわかんないけど。取りあえずなんか地下で動くって。*tunnels* はトンネルだから。で自分で，*that they dig* だから，彼らがなんかするんだからやっぱり掘る。彼らが掘った。で，*that* は説明。トンネルの説明かな。で，彼らが掘ったトンネルの中を動いているんだと思う。やっぱりモー，モール，モール，モールかな，もぐらだろうと思う。あ，モールってなんかもぐらとなんか音似てるしな。で，*move* だから動いてる。*round,* なんか地下をぐるぐるぐるぐる。*Around* なんか丸い感じでぐるぐる回ってるって感じかな。で，トンネルの中を動いてる。

文3：*Sometimes you can see mounds of dirt on people's lawns.*

読み手：時々，*you can* あなたは見ることが出来る。*Mounds of dirt,* これはよくわかんないけど，時々，*you can see* だからなんか，見ることが出来る。*Mounds,* あっマウンド！ 野球のマウンドと同じできっと山，土が山盛りになってる。*Of di, de, da, dirt, dirt* かな。でなんか土とかそういうことを言ってるんだろう。*on people's lawns, lawns*。ラウンド，ラ，ラウンかな。なんかこのスペルであってるかどうか分かんないけど。まあなんか，人々のラウン，ラウンジとかそういうのと一緒で，なんかそういう，人々がいるところとかってことかな。ディートってなんか，なんかごみとかそんな感じもするし。よく分かんないけど。とりあえず，土が山盛りになってんのが見えるってことなのかな。見ることができるとかそんな感じなのかな。とりあえず，ちっとよく分かんないけども，そんな感じだろう。

文4：*Those mounds are the roofs of the mole's tunnels.*

読み手：それらの *mounds are the roofs of the mole's tunnels*. あ，*roof* だから屋根。*Of the mole's tunnels* だからやっぱり，土が盛り上がっているんだ。で，土が盛り上がってるのは，そ

第12章 アセスメント —— 263

のモールのトンネルの屋根。だから要は，蓋，それが蓋になってるから，それが蓋になって，そのトンネルをふさいでる，だろうと。で，*mole's tunnnels roofs*。で，これは問題ない。

文5：*The mole is <u>adapted</u> to its life underground in four ways.*
読み手：四つの方法？ 道？ 分かんないけど。*In four ways*。あ，使い方とかかな。で，*underground life*だから地下生活。あ，生きるかな。まっいいや。落ち着いて見よう。そのもぐら *Moles* は *adapted*，<u>んー養われているとか。んー，*adapt*。えーと，変換することかな。養うとか変換するとか。あっ，適応させる。そうだ。んーと，そうアダプターのあれだから，適応させるだ。で，そのもぐらはだ，そのもぐら，もぐらたちっていうのは適応してるんだろうと</u>。*Adapt to* で何々に対してだから，それらの生活。うん，*underground in four ways*，四つの，*in* だから，ま，四つの点でっていう感じかな。ポイントでっていうか，四つの点で地下生活に適応してると。

【付表2】
テクスト『返事をしたどろぼう』

　どろぼうが，大きなふろしき包みをかついでお屋敷を出ようとしたら，村の人達に見つかってしまいました。「どろぼう！ どろぼう！」みんな，手に手に棒きれをもって追いかけて来ます。どろぼうはふろしき包みを投げ捨てて逃げ出しました。あっちこっち走り回っているうちに，池の中に飛び込むよりほかに逃げる所はありません。どろぼうは竹づつをくわえると，池の中に飛び込みました。そこへ，村の人達がやって来ました。でも，どろぼうの姿がありません。「おかしいな。確かにこっちへ逃げてきたはずだ。よく探せ。」みんなで池の周りの草むらを探してみましたが，やっぱりどこにもいません。「もしかして，池に落ちたのかもしれないぞ。」誰かが言いました。「そりゃたいへんだ。いくらどろぼうでも，殺すわけにはいかない。」みんながじっと池の上を見たら，くいみたいな物がまっすぐ立っていて，ゆらゆらゆれています。それを見て，村の人が言いました。「おい，それはどろぼうか。」するとどろぼうは，水に浮き上がって，「これはどろぼうじゃない。くいだ，くいだ。」と言いました。

学習者Bの再生データ

As a robber tries to leave a store, carrying a wrapped-up pack, people shout that there is a robber. The robber drops the pack and runs away. He approaches a pond and is forced to hide in the thick bamboo next to the pond. As the people approach the pond, they look for him around and in the pond and find nothing. Then they look up and see something in the trees. They say that a robber couldn't possibly climb such straight standing trees, but the robber inadvertently reveals his location, by shouting that he is capable of climbing the bamboo, and has indeed done so.

学習者Cの再生データ

Title : Dorobo that did "something." After reading this story I feel like that a dorobo is a bad creature. Maybe a dragon or devil-like. Well, first the "dragon" comes down on a town and is searching for people. The people scream. "Dorobo, dorobo." The people are running around here and there in their houses. They are trying to take things with them. After a while they people get together and try to find this dorobo which I think they are trying to destroy. Some people as they looked up said that they should build something and look up in the "clouds." Other people said something about the "dragon" and water and said that he wouldn't be up there. They looked everywhere in the ike (world?). But they had no luck.

13 多読の勧め

深谷計子

　21世紀に入り，情報化が一層加速している現代においても，知識の多くは読むことから獲得されている。世界の情報，特にインターネット上の情報を伝える言語は英語が圧倒的に多く，したがって，いろいろな情報を早く比較検討するための英語読解力の必要性は増大している。しかし，この読解力を向上させるには語彙，文法の習得をはじめとして世界知識の習得に至るまで多大な努力が必要である。では，読解力を楽しみながら培える方法はないのだろうか。

　Nuttall(1982)は第二言語学習者の読書における理解・速度・量・情意の関係を1つの円上に描き，その円は「理解できない」「読むのが遅い」，「読む量が少ない」，「楽しくない」からなる「悪循環」と，「よく理解できる」，「読むのが速い」，「読む量が多い」「楽しい」からなる「良い循環」の2種類があると述べている。そして，どの箇所からでもこの循環に入れるのである。

　本章ではこの「良い循環」に入るための読解指導法の1つである多読プログラムとその効果について述べるが，その前に多読の意味について触れてみたい。

1 多読(extensive reading)とは

　一般に英語における読みの種類として，「精読」(intensive

reading)，「多読」(extensive reading)，「スキミング」(skimming)，「スキャニング」(scanning)の4つが挙げられるが，この4つの方法は読解過程において重なり合って用いられることが多い。たとえば，多読をしつつ興味を持つ部分は精読方法を用いることもあり，目的を持って読むスキミングやスキャニングも多読と平行して行われることが多い。では，その多読とはどのような定義づけがなされているのだろうか。

「多読」(extensive reading)という表現は，1917年にPalmerが「速読」，「次から次に本を読む」という意味で用いたのが始まりである。「次から次に本を読む」ということは，読み手の注意はテクストの言語でなく内容に向けられ，読書の目的は楽しみや情報入手といった実用的なものとなる。その後，彼はこれに対比する読みとして「テクストを行を追って読み，絶えず辞書と文法を参照し，テクスト中のすべての表現を比較，分析し，訳し，保持する」読みを示す「精読」(intensive reading) (1921；1964)の語を生み出した。すなわち，Palmerによると「多読」は知識・情報入手，楽しみを目的とするテクストの内容に焦点を当てた読みであるのに対し，「精読」はテクストの言語そのものに焦点を当てた読みである。

1980年代に入り，Krashen(1982, 1985)は言語習得は理解可能なインプットを受けることによってなされるとするインプット仮説(Input Hypothesis)を唱え，言語習得におけるリスニングとリーディング，特に内容把握を中心とする多読の必要性を説いた。多読の目的はテクストから知識，情報や楽しみを得ることであるが，その過程において付随的に言語習得がなされるため，逆に言語を習得するには多読が必要なのである。L2においても，多く読めば読むほど読解力は培われるだろうと考えられ，最近ではbook floodといった言葉もよく見られる。

それでは，こうした知識・情報入手，楽しみを目的として次から次に多く速く読む「多読」の方法を授業で用いるには，どのようにしたらよいのだろうか。

2 多読を取り入れた授業

2-1 授業への取り入れ

多読の方法を用いた読みは，授業の中で一部の時間に，また休暇中の課題として用いられることが多い。しかし，世の中がスピード化している現在，速く多くの情報を読む能力を養うために多読を中心とする授業も増えつつあり，カリキュラムの上では独立した英語講読の科目としている大学もある。では，実際にどのように多読の方法を取り入れたらよいのだろうか。

多読の授業では，教材選択は学生が行うという特色がある。そこで教師は毎回英字新聞，雑誌の記事，論説等を数種類用意し，学生はその中から各自が興味ある記事や論説を選択し，各記事ごとにリーディング・グループを作り進めていくような授業も多読の授業の1つである。また，教材としてインターネットや抄訳本(graded readers)を用いた多読の授業もある。学校に英語の図書が揃っていなくても，予算がなくても，多読を中心とした授業は簡単に行える。最近は教材として使用できるものが豊富なので，授業は工夫次第でいかようにもなるだろう。

次に，近年よく行われている抄訳本を用いた多読のプログラムと，インターネットを用いたプログラムを紹介する。

2-2 多読プログラム──抄訳本を用いて

第二言語学習者が，楽しく多量の読書をすることを目的としたクラスが多読プログラムである。多読プログラム用の教材として

は，学生が選択しやすいように言語レベルが示されていること，教材の言語レベルが学生のレベルより少し低めのものであること，楽しく速く読むには物語文のほうが説明文より一般的に読みやすいこと等から，抄訳本(graded readers/guided readers/ladder readers)がよく用いられる。最近，抄訳本の種類が増え，何百冊もの抄訳本が出版されているが，日本ではMacmillan-Heinemann, Oxford University Press, Penguin-Longman (Pearson), Cambridge University Press のものが入手しやすい。

まず，抄訳本を1クラスの人数の2～3倍の冊数購入する。その際，内容，レベル等多岐にわたるよう配慮する。これらの本は学期終了後に全員に配分し，各自の所有とすれば，このクラスのための予算はゼロで始められる。1回目のクラスではHeinemann, Oxford 等から発行されている全抄訳本のあらすじをまとめたカタログを全員に配布し，生徒はそれぞれのあらすじを読んで自分の読みたい本を決める。本の借り出しの手続きは図書館と同様のことを授業の中で行う。授業では黙読，ペアまたは小人数グループでの口頭によるブックレポート，ワークシートの書き込み，クラスでの発表等をさせることにより，英文の理解力と発表力の両方のスキルの訓練が行える。ワークシートは本のタイトル，主人公，登場人物の関係，あらすじ，最も印象に残った文，感想等を簡単に述べる項目からなる。本を読むときには速読による内容把握の効果を求め，辞書の使用はさせないほうがよい。授業中に読む量は限られるので，貸し出しをして時間外に読んでもよいことにすると読書量が増加する。

評価は，ワークシート，インタビュー，読んだ頁数等を参考に行う。読んだ頁数の算定はレベル別に乗数を変えて重みづけをする。たとえば，初級レベルの頁数を100％と数えると，中級レベルの頁数は実際の頁数の150％と見なすといった具合である。速

読の習得度合いについては一定の時間内での読解力の測定，多読の目標に合致した最小読破頁数の設定等も評価の対象とする。多読の授業の目的がむずかしいテクストの読解力向上というより，楽しく，多く，速く読むことであるから，テストによる評価は最小限にとどめるほうが望ましい。

この授業が目指すものは流暢な読みであり，それは言語レベルのやさしい興味のあるものを読むことによって培われる。したがって，読む本の選択を行うとき，未知語が1頁に4～5以下のものを取り上げるように指導するとよい。

2-3　多読プログラム——インターネットを用いて

近年はニュース，情報の取得から旅行，チケットの予約までインターネットを使用することが多い。そこで，楽しみながら情報を入手することを目的とした多読のクラスをインターネットを使用して行う場合を紹介する。教師は毎回，今週のニュース，推薦する映画，夏休みの旅行計画，外国人に紹介する日本の文化といったような大枠で課題を設定し提示する。生徒は各自がネット上で《http://www.yahoo》等のアメリカやイギリスの検索エンジンサイトから入っていって興味に合った情報を収集し，発表し，意見交換を行なう。たとえば，「夏休みの旅行計画を立てなさい」という課題が提示されると，生徒は飛行機の時刻表，目的地の地図，ホテル，観光地，レストラン等多くのサイトにアクセスし，その情報を読む。クラスの後半の時間には，発表やディスカッションにより，各自が得た情報を交換しつつ情報入手の方法を学習する。英語で書かれたネット上の情報をすばやく読んで，さらに絞り込んだ的確な情報にアクセスする作業は，ゲーム感覚で楽しみながら英語を読む力をつけることができる。

評価はクラスでの発表と，数回のレポート提出で行う。レポー

トには入手した情報や情報についての意見等をまとめさせるとよい。

抄訳本を用いるプログラムが物語文を中心とした読みの授業であるのに対して、インターネットを用いるプログラムは説明文を中心とした読みの授業となる。

2-4 成功の要素

多読プログラムを成功させる要素として、Day & Bamford (1998)は以下のような10項目を挙げている。①授業中、および授業外でできるだけ多くの時間を読書にあてる、②広範囲に渡った主題の多種類の図書が入手可能である、③読みたい物を読み、興味のない物は途中でやめることができる、④読書の目的が娯楽、情報入手、内容理解に関係したものである、⑤読書自体が狙いであって、その内容に関するテスト等は極力控える、⑥読み物に用いられている語彙や文法が生徒の能力内のものである、⑦読書は1人1人が黙読で各自のペースで行い、教室の外では好きなときに好きな所で行う、⑧生徒にとって読みやすいものを読むので、読書はたいてい速い速度で行われる、⑨教師は生徒をプログラムの目標に向かわせ、方法を説明し、生徒の読んだものを把握し、このプログラムから最大の益を得るように指導する、⑩教師は生徒に対して読み手のロールモデルである。

2-5 多読の授業目標

Dayらはさらに、多読の授業を進める際に、以下の8つの事項を目標にすることを提案している。①第二言語を読むにあたっての積極性、②自信、③動機、④未知語をいちいち辞書を引かずに読む、⑤未知後を推測する力、⑥何のために読書をしているのかという目的意識、⑦目的にかなった速度での読書、⑧各自の興

味と言語レベルに見合った読み物を選ぶ方法を知る。

これらの具体的な授業目標は多読のクラス独自のものであり，この目標を達成することが楽しく，速く，多く，よく理解できる，だから楽しい，という読みの良い循環に入ることになる。

3 多読の材料

多読の読書材料には，どのようなものを選んだらよいのだろうか。生徒が興味を示し，適切な言語レベルのものが望ましい。実際の材料としては本，新聞，雑誌，パンフレット，ラベル，インターネット上の情報等多くのものがある。本については言語レベルの低い子ども向けの本，青少年向けの本，抄訳本，オリジナル(authentic)の本等，いろいろあるが，どれを選択すべきかが問題となる。

3-1 同一の主題・著者によるテクスト vs. 多岐に渡る主題・著者によるテクスト

読書材料について，同一の主題や著者のものがよいだろうか，それとも，多岐にわたる主題や著者のものに取り組んだほうがよいだろうか。Krashen は L2 の場合はインプットするものの範囲を狭くすることが望ましいとしている。すなわち，同一の作者のテクストを続けて用いると，独自の語彙やスタイルが繰り返されるため語彙の獲得につながることが実証されている。

3-2 物語文 vs. 説明文

多読のクラスでは，物語文と説明文のどちらのテクストを用いたらよいのだろうか。Nation(1990)が一般のテクスト中に出てくる語彙を高頻度語，University Word List(UWL)上の語，専門用語，低頻度語に分類したところ，専門用語と低頻度語は全体

の5％で，残りの95％は高頻度語およびUWLに掲載されているものであった。テクスト別に見ると，物語文のほうが一般的な高頻度語彙が多く使われ，説明文には専門用語や低頻度語が多い。多読によって語彙の習得をめざす場合，どういった種類の語彙の習得をめざすかによって，取りあげるテクストは異なってくる。

3-3 オリジナル vs. 抄訳本

　オリジナル(authentic)の本が望ましいことは明らかであるが，言語レベルが合わない場合はどうしたらよいのであろうか。オリジナルの本の言語レベルが読み手のレベルに合致しない場合に，抄訳本を選択すべきか否かは，多くの英語教育者の中で意見の分かれる問題であり，個人の中でも一貫した考えを持ちにくい問題である。

　何を目的として読書をするかによって読む材料は異なる。文学作品に関してはオリジナルの本を用いるべきであるという意見が多い。オリジナルのほうが，抄訳本に比べてより明確に語彙の説明をしているので推論が生まれやすい，情景の理解がしやすい，話の展開の予想が立てやすい等，利点は枚挙にいとまがない。

　抄訳本の1種であるgraded readersは，言語的にコントロールされていて一見読みやすそうである。しかし，実際には，低頻度語彙が削除されている上，普通のテキストで普通に使われている統語的・意味論用法も削除されていることが多いので，文章表現が下手で，堅苦しい文体で，読んでもつまらないことが多い。このため，多読用として使用する場合でも母語話者が使っているものを外国語学習の授業でも使用すべきとする意見も多い。もっとも，graded readerの文章は，以前に比べればかなり改善されてきていると言われている。

　抄訳本に対する意見が1個人の中で葛藤している研究者も多い。

たとえば，Nuttall(1996)はオリジナルの作品が理想であるとし，「オリジナルの作品は学生に動機づけをし，かつ真の談話の特色を示す」と言いつつも，レベルに合ったものがなければ抄訳本を使うのもやむを得ないとしている。

さらに，抄訳本の使用に賛成寄りのRivers(1981)は，早期にむずかしいものを読むと解読に労力を用いる結果，作品の文学的感覚，外国の文化や人々の考え方に対する態度の習得ができないとしている。そして能力以上のテクストを読ませることは自信の喪失につながると述べている。言語習得においては，新しい語はテクスト中に繰り返し出てきて，読み手が楽に消化できる教材でなければならない。また，外国語教材に対する記憶時間は母語の教材の記憶時間より短いので，外国語のテクストの一区切りの分節は，母語よりいくぶん短めにすべきであると述べている。そして，graded readersを読ませることも良い読みの習慣を培う一案として抄訳本を用いることに賛成している。

実際にgraded readersを使用しているクラスの学生からは，「英語を読むのが楽しくなった」という反応が大きく，冒頭で述べた「読みのよい循環」に入っていることがわかる。オリジナルの作品にしても抄訳本にしても，表現力豊かであるものと下手に書かれたものがあり，抄訳本でも最近出版されているものの評価は上がりつつある。また，抄訳本を使用することにより，語彙の習得がより容易になされることもある。Wodinsky & Nation (1988)は2冊のgraded readers(レベル4：1100語レベル)で962語が使用されていると報告しているが，graded readersをレベルを追って使用することにより段階的に語彙を習得できることが利点である。

このように，言語レベルを考えた抄訳本の支持者もいるが，抄訳本の大半は文学作品であり，文学作品を鑑賞するには精緻化す

る推論を生みやすいオリジナルが望ましいことは明白である。しかし，むずかしすぎるからと言って読まないよりは，やさしいものでも読むほうがよいということも明らかである。

なお，各出版社による抄訳本のレベルや内容を比較するには《http://www.kyoto-su.ac.jp/information/er/JALT98.html》のサイトが役に立つ。また，抄訳本に関しての推薦図書は《http://www.kyoto-su.ac.jp/information/er/ken1.html》のKen Schmidtのサイトを参照するとよい。

3-4 推薦図書

文学作品を取り上げたいが，抄訳本は不適当であるなら何を選んだらよいのだろう。言語レベルが適切でない場合は，言語レベルの合う文学作品を選択してはどうだろうか。第一言語のcapacity theory (Just & Carpenter, 1992) は第二言語にも適用されることがわかっているが，これによると，読みにおいて解読，語彙，統語等の低レベルでの負荷を減らすことが，推論等を含めた高レベルでの文章理解につながるのである。そこで，初心者にはオリジナルでやさしい英語で書かれたテクストが理想的である。大人向きの読み物でもChicken SoupやReader's Digest等は語彙も統語もやさしい。しかし，言語レベルの難易度を表した図書リストがないために読み手の言語レベルにあったテクストの選択がむずかしいのが現状である。

これらの点を考慮すると，日本の高校生，大学生向けの物語文として，言語レベルでは子どもや青少年向きの作品が適当であるが，教師としては学生にどのような本を推薦したらよいだろうか。そこで，サンフランシスコを中心とした小，中，高校計28校から出された1998年夏の推薦図書のリストを集計し，計2338冊を推薦校の多い順に並べ替え，3校以上の推薦のあった図書を小学校レ

ベル，中学校レベル，高校レベルに分類し，該当する学年およびあらすじを付記したリーディングリスト(参考資料1)を作成したので参考にされたい。内容的には，異文化，人種差別，友情，人生観，愛を扱ったものや，アメリカ図書協会から最高の児童文学に与えられる Newberry Award を受賞したものが多い。

なお，英語専攻の大学1年生に推薦できる多読の図書リストは，約700冊のタイトルと読者の評価の掲載されている《http://www.kyoto-su.ac.jp/information/er/eva/scr.html》が参考となるだろう。このほかに，高校生，大学生初級者に推薦できる本には，Penguin から出版されている Puffin Books がある。また，インターネット上で'recommended books'をアメリカのサイトで調べると，多くの教育機関からの推薦図書のリストが入手できる。

3-5 未知語数と読書材料

読み手の語彙レベルに適したテクストは，どのように探したらよいのだろう。テクストを読むとき，未知語の意味が推測できるのは未知語の出現の割合がどのくらいまでだろうか。いろいろな説があるが，テクストの95%の単語を知っている(おおよそ2行に1語の割合で未知語がある)とテクストが理解できるとする羽鳥・浅野・伊村・大井上(1979)や Hirsh & Nation(1992)の説が妥当であろう。しかしながら，楽しく読み進めるには1頁に未知語が4～5語くらいが望ましい。

4 多読の効果

多読は読み手に知識，情報，楽しみをもたらすが，言語的にはどのような効果をもたらすのであろうか。母語における言語，特に語彙の習得は，子どもの場合は大半が学校における直接指導でなく日常読む本等から行われるとする，付随的語彙習得仮説を

Nagy & Herman(1987)は唱えている。Krashenはこれを第二言語学習者にも適用できるとしているが、この仮説を支持する第二言語習得(SLA)の研究はまだ数少ない。第二言語の語彙の付随的習得に関しては、専門用語と一般の語、1つのテクスト内での頻度等、多くの変数が影響すると考えられる。

多読の成果と見られるものに、語彙の習得のほか、言語能力面ではリスニング・リーディング・ライティング・スピーキングにおける能力の向上、思考力面では目的言語に即した思考方法の使用、情緒面では自信の増加、英語の読みへの興味の増加といった点が挙げられる。このような多読による付加価値がすべて得られるというわけではなく、読み手の年齢、読みの目的、読み材料、指導方法等によって、多読の効果が異なると言えよう。

4-1 語彙

語彙の習得と多読の関係を考えるにあたって、数多くある語彙の分類方法のうち、1)視覚語彙と、2)一般的語彙の2つの分類方法から考えてみよう。

1. 視覚語彙(sight vocabulary)

読解の構成を考えたとき、本書の第2章で述べたように読解をreading = decoding×comprehensionとする解釈方法がある。すなわち、文字が速く、自動的に読めることによって読解の基となる認知力が得られ(Adams, 1994)、読解力の向上が見られるとする解釈である。Perfetti(1985)やSamuels(1994)も語彙の意味理解が遅く、そこに努力を要する場合は作業記憶の働きがよりむずかしくなり、話全体の理解の困難につながると述べている。効率的な音と意味の2つの面からの語彙認識は、読解の十分条件ではなく必要条件である(Stanovich, 1992)。自動的語彙認識、すなわち語が即座に理解できることは、作業記憶の働く容量の空きが

大きいことになり文全体の意味の容易な理解へと結びつく。この自動的語彙認識に視覚語彙の認識が含まれる。よく目にする，すなわち熟知性の高い文字表記は，単語としてのユニットを形成し，日本語の漢字同様，パターン認知のインプットとなる。つまり，読みの過程の［文字入力→音→意味］と［文字入力→意味→（音）］のルートで，文字入力から即座に意味理解に到達する可能性がある。このことが正しければ，ルートの簡略化により作業記憶における容量の空きが大きくなり，これによって文の内容が容易に理解されるようになる。

視覚語彙の習得は，母語の読みに困難を持つディスレクシア児（読みの障害）の教育でも重点がおかれ，基本的な視覚語彙は学習リストに挙げられている。L2の学習者についても視覚語彙は重要であり，Laufer(1991a)によれば，視覚語彙が不足すると母語の読解方略を第二言語に適用できないことになる。これを支持する形でCoady(1997)は，Laufer(1991b)が読解のための語彙閾値として設定した3,000語を，視覚語彙として認識する必要性を説いている。すなわち，LauferがL2の読解に最低必要であると述べている3,000語のword family(派生語を含んだもの)のことである。

では，語彙の習得は，どのくらいの回数触れることによってなされるのであろうか。5回に始まり20回まで研究者によって意見はさまざまである。専門用語のように文脈上重要なもの，物質名詞か抽象名詞かといった違い，語の長さ等多くの要因が語彙の習得の速さにかかわるので，一概には答えが出ないだろう。

視覚語彙の内容や大きさは個人個人で異なるが，第二言語学習者にとっては，多読によって何度も同じ単語が与えられることで，各自の視覚語彙を増やし，よりよい読解が導かれると考えられる。

2．一般的語彙(general vocabulary)

Krashen(1985, 1989)やParry(1991)は，多量の理解可能なインプットが第二言語習得，特に語彙習得についての最も重要な要因としているが，単なる語の理解は習得とはならないという意見もある。語彙の習得とは受容的理解でとどまるのみでなく，発信にも至るものであるべきかといった習得の深さと幅を考慮に入れると，言語の理解が習得に至ったか否かの境界線を引くことは不可能である。

　多読による付随的学習によって，第一言語と同様に第二言語においても一般的語彙の増加が図れるとする語彙習得のプラス効果を示す研究が多くある(Coady, 1993)。しかし，統制群と実験群の間に指導時間の不均衡が見られたり，統制群が小さすぎたり，被験者の英語が比較的流暢なために成果がはっきり現れなかったりと実験環境に問題がある。一方，プラス効果がないとする研究も多い。

　目的意識の強い成人学習者の場合には，目標語彙の頻度の多少にかかわらず，一般語彙の習得に要する時間は短い。とりわけ，専門用語の習得時間は短い。Brown(1993)は，文脈中の重要語が頻度にかかわらずに習得されることと，学習者が目標語の概念を持っていると習得されやすいこと等に基づき，目標語の頻度と習得には明らかな関係はないとしている。これはNation(1990)やSaragi, Nation, & Meister(1978)等の報告とは反する。

　また，単に多読のみの指導に比べ，多読と合わせて語彙の直接指導を行った場合は，語彙の習得度が高いことが多くの実験結果で示されている。多読による一般語彙の習得は，目的，学習方法等で成果が大きく左右されることは確かである。しかしながら，記憶をつかさどる海馬(脳の一部)で記憶できる期間は約2年であるから，1度習得した語彙も，保持するためにはその後の反復が必要である。

4-2 読解力

　読解は多くの構成要素から成り立つので，読解力とは何かを一概に述べることはできない。しかし，語彙，文法，知識，推論等の構成要素の熟達度の平均を読解力とすると，この読解力の向上はほとんどすべての多読の研究実験で報告されている。前項で述べた語彙力の増加が読解力の向上に影響していると考えられるが，文法，知識，推論の力も増加していると考えられる。

　読みの困難の原因の1つに，読書材料がむずかしすぎることがある。しかし，多読のプログラムでは，それぞれの読み手が各自に適した言語レベルの読書材料を選択することができる。したがって，どのレベルの読み手も内容把握が可能となり，各自の読みのストラテジーやメタ認知能力を使用しながら読み進むことができる。その結果，知識が増え，知識量の増大から推論の能力も高まる。この多読による読解力の向上は，さまざまな言語レベルの学習者について言える。多読による効果を測る実験で，読破頁が増加するにつれて英文を読むスピードと理解度が高まり，成績上位者，下位者にかかわらず，読解力が向上することが検証されている(橋本・高田・磯部・境・池村・横川，1998)。

　読解はボトムアップの過程(text-driven)とトップダウンの過程(concept-driven)の相互作用からなるが，読みの苦手な人は往々にしてボトムアップの過程だけにとどまることが多いために，全体の理解に及ばないことがある。各自の言語能力に適した読書材料を選択することにより，ボトムアップの過程にかける労力を減らし，トップダウンに重点を置く内容把握を中心とする読書ができるようになるのである。

4-3　ライティング

　英語のリスニング，スピーキング，リーディング，ライティングの4技能は互いに密に関連しているため，リーディングすなわち読解力の向上は他の技能にも影響する。多読の結果，特別に教えなかったのに書く力が伸びたことを指摘し，多読と書く力の間に相関関係があると述べている研究も多い。多読により，語彙，文法のみでなく無意識的に文の構成および展開方法，文の自然な流暢さを理解し，ライティングの力に向上が見られたのであろう。

4-4　リスニング

　興味深いことには，多読を取り入れた授業をQ-A(question and answer)方式を用いて，教師と生徒および生徒同士の相互作用を図る方法で進めた結果，リスニングによる理解の向上が認められたとする研究もある。聴覚理解と読解には相関関係があるため，読解の向上がリスニングによる理解の向上に結びついたと考えられる。また，聴覚記憶より視覚記憶の優位な人にとっては，文字による大量の視覚認知が聴覚認知を補い，かつ刺激した結果，リスニング力が増大したとも考えられる。この教師・生徒の相互作用を図る授業方法を用いれば，スピーキングの力の増加も期待できる。

　視覚認知が聴覚認知を補助するということだけがリスニングの力の向上に結びついたのだろうか。聴覚記憶もリスニング力の向上に関係すると思われる。読み手が自己の言語，知識レベル相当のテクストを読む場合，テクスト中の単語，句，節，文は読み手の頭の中で滞らずに一定のリズムで音に置換されることになる。このリズミックに音韻化された言語は記憶され，内言語(Myklebust, 1978)の量の増加となる。このようにリズミックに

インプットされた句・節・文の聴覚記憶が語句の想起にプラス効果を示し，英文のリスニングが強化されるのである。

4-5　思考過程の変化

　精読の場合では，L2学習者は英文の1字1句を日本語に訳し，日本語でメンタルモデルを作ることが多い。そして，そのメンタルモデルは日本語における思考方法で作られたものである。しかし，多読の場合は，重点が内容把握に置かれるので，速読をすることによって日本語に翻訳することなしに英語でメンタルモデルを作ることが必然的に多くなる。その結果，日本語での思考方法と異なる英語での思考方法への変化が見られると考えられる。

4-6　英文のフォーマル・スキーマの形成

　英語初・中級レベルの日本人は英文を読むときに，日本語のフォーマル・スキーマを当てはめながら読むが，多読を通してパターン化されたテキスト構造を多量に経験することによって，英文のフォーマル・スキーマが習得される。

4-7　自信・達成感

　読解力の向上と並んで，自信の増加という目覚ましい効果があることは，多くの多読のプログラム研究で立証されている。語彙，英語の理解力等の進歩が自信につながるほか，各自のレベルにあった読書材料を終わりまで読み通すことからくる達成感，充実感がさらに自信を強化すると考えられる。

4-8　動機

　Day & Bamford(1998)によると，外国語のテクストを読みたいという動機は，読書材料，読書力，姿勢，社会文化的環境の4

つの変数の影響を受ける。このうち，読書材料と読書力が読書の成功に大きく関わるのである。読書材料の選択においては内容の興味，語学的レベル，読み物の装丁，入手しやすさ等が重要である。一方，読書力は，それぞれの学習者が自分にあったレベルのものを読むことによって培われる。そこで，言語的レベルや分野等が多様で，生徒の読みたい本や雑誌を揃えてあるようなイングリッシュ・ライブラリーを設けることによって動機づけをすることが望ましい。生徒は多読を行い，その結果 Nuttall(1982)の唱える読みの「良い循環」に入ることになる。イングリッシュ・ライブラリーの内容や規模は各施設の特色や予算に合わせたものでよい。

5 まとめ

1990年代の半ばに全国の大学生対象に行われた JACET の実態調査によると，「読解の授業の重点を大意把握と速読においてもらいたい」という意見が9,415名中，43％を占めている。時代のスピードの加速化，情報の氾濫の中で，いかに簡単に必要な情報を入手し，整理できるかが今後ますます必要になってくるであろう。インターネット上で世界中の情報を瞬時に多量に得られる現在，速読とスキャンニングが第1段階で必要な読みであり，第2段階として精読とスキミングが求められる。速読とスキャンニングを身につける方法としては，常に教科書以外の多くの英文を読む習慣を身につけておくことが望まれる。英文読解学習の最終目的は，苦しみでなく，楽しく英語を読むことであることを再確認すべきである。直接的学習に加えて，多読による付随的学習の量が英文読解力を左右するものとなるので，多読を大いに推奨したい。

【インターネット参考サイト】

● Extensive Reading
《http://www.kyoto-su.ac.jp/information/er/er.html》
R.Day, M.Helgesen, B.Mason, T.Robb, K.Schmidt の5人のメンバーの協力の下に多読に関して教材，指導法，研究，参考文献等に関して莫大な情報が織り込まれているサイト

● Edinburgh Project on Extensive Reading
《http://www.ials.ed.ac.uk/epermenu.html》
多読の教材等に関する情報が豊富で，教材はランクづけ，難易度，長さ等が説明されている。EPER Institute for Applied Language Studies, University of Edinburgh, 21 Hill Place, Ed. UK. FAX (44) 131-667-5927

● Amazon 《http://www.amazon.com》
インターネット上の書店であるが，一般書に加え，青少年向きの本，ベストセラーのコーナーも充実しており，各書物の概要が述べてあるので便利。

● Scholastic《http://www.scholastic.com》
低学年向きの書物が多い。

● ALA Resources for Parents, Teens and Kids
《http://www.ala.org/parents/index.html》
子どもから大人までを対象に推薦図書が挙げられている。

(2001年7月現在)

【キーワード】
多読　精読　「良い循環」　graded readers　視覚語彙
インターネット利用　推薦図書　未知語数　多読の効果

サンフランシスコ周辺の小・中・高校28校の推薦図書リスト(1998)

〈小学校1年生〜6年生向き〉

書籍名	著者名	あらすじ・カテゴリー	grade	推薦校数
The Secret Garden	Frances Burnett	病気がちのいとこの住む叔父の家に行くことになった少女は、この家の地下に不思議な庭を発見。2人で色々な秘密を解きあかしていくうちに深い友情が育まれる。	1〜5	★★★★★★★★★
Little Women	Louisa May Alcott	アメリカの古典である若草物語は南北戦争の時代を生きる愛情豊かなマーチ家の4人姉妹の喜び、冒険、困難を描いた作品。ジョーはオルコット自身がモデルとなっている。	1〜7	★★★★★★★★★
Number the Stars	Lois Lowry	第二次世界大戦中、ナチス軍がデンマークを占拠しようとしているときに、アンマリーはユダヤ人の友達をナチスから守ろうとする。'90 Newberry Award	4〜6	★★★★★★
Treasure Island	Robert Louis Stevenson	宝探しに出かけた若者ジムと片足のロング・ジョン・シルバーの戦いを描いた冒険物語。	1〜6	★★★★★★
Alice in Wonderland	Lewis Carroll	ウサギを追いかけ不思議の国に入り込んだ少女アリスの空想冒険物語。	1〜6	★★★★★
Anne of Green Gables	Lucy Maud Montgomery	カスバード兄妹に引き取られた孤児のアンが美しいプリンス・エドワード島の自然の中で、2人の温かい愛情に見守られながら大人になっていく様子を描いた作品。	1〜5	★★★★★

Black Beauty	Anna Sewell	馬ブラック・ビューティーの飼い主によって変化する幸運と不運の織り混ざった生涯を描いた作品で19世紀の動物に対する虐待を暗示している。	1～5	★★★★★
Gulliver's Travels	Jonathan Swift	スウィフトによる西欧文明の皮肉である。小人の国、巨人の国、気が違った科学者の国、言葉を話す馬の国などへガリバーが航海する。	1～5	★★★★★
Hatchet	Gary Paulsen	飛行機事故でたった一人の生存者となった13歳の少年がカナダの自然の中で持ち合わせた斧だけで53日間生きるという冒険物語。Newberry Honor Book	4～6	★★★★★
Heidi	Johanna Spyri	ハイジはおじいさんとスイスのアルプスに住んでいるが町に住む車椅子のいとこのクララの遊び友達になるように頼まれ、山を離れなくてはならない。	1～5	★★★★★
Jungle Book	Rudyard Kipling	ジャングルに住む少年と動物の物語で、家族、忠誠、慈悲、勇気、犠牲、名誉などの価値観を教えている。	1～5	★★★★★
The Swiss Family Robbinson	Johann David Wyss	船の事故により、ある孤島に漂流してしまったロビンソン一家の物語。色々な苦難を乗り越え、家族力を合わせて孤島で生きる様を描く。	1～5	★★★★★

The Adventures of Tom Sawyer	Mark Twain	いたずら好きなトム・ソーヤ少年の活気溢れる物語。	1〜5	★★★★★
Where the Red Fern Grows	Wilson Rawls	少年ビリーと2匹の狩猟犬の物語。栄光、勝利とともに悲しみも彼らを待ち受けていた。	5〜8	★★★★★
Arabian Nights		『アリババと40人の盗賊』、『アラジンと魔法のランプ』ほか華麗でユーモアのある民間説話集。	1〜5	★★★★
Around the World in 80 Days	Jules Verne	イギリス人フォッグはクラブのメンバーに80日で世界一周できると賭けをし、従者を連れて世界一周の旅に出るが、銀行強盗と思われ探偵が後を追う。冒険、ロマン、ユーモア、植民地時代の西欧人の自信に由来する奇妙な眼識に満ちた物語。	4〜8	★★★★
Bridge to Terabithia	Katherine Paterson	秘密の隠れ場所であるテラビシアで空想の冒険をする少年と少女の物語。'78 Newberry Award	5〜8	★★★★
Hans Brinker	Mary Mapes Dodge	オランダ人の少年と少女が父の消息を探し、スケート競技に勝つという2つの目標をめざして努力する話。	1〜5	★★★★
The Adventure of Huckleberry Finn	Mark Twain	ハックの独特な世界観と彼の話す表現がユーモアに溢れている。そのユーモアは南北戦争前の残酷さや不正の風潮を基にしている。	1〜5	★★★★

第13章 多読の勧め —— 287

Out of the Dust	Karen Hesse	14歳の少女が語り手となって頻繁に砂嵐に見舞われるオクラホマでの大恐慌時代の生活を自由詩スタイルで描いた作品。希望と勇気の湧く物語。'98 Newbery Award	4～8	★★★★★
Robinson Crusoe	Daniel Defoe	船の難破により無人島に28年1人で生活したイギリス人ロビンソン・クルーソーの冒険物語。	4～6	★★★★★
The Cay	Theodore Taylor	第二次世界大戦中、避難するために乗っていた船が魚雷を受け、11歳の少年は失明し、他の唯一の生存者年老いた黒人と1匹の猫との生活が無人島で始まる。友情に肌の色の違いはないというメッセージを込めたサバイバル物語。Children's Book of the Year ほか多数の賞を受賞。	4～6	★★★★★
The View from Saturday	E.L. Konigsburg	一人一人がユニークな性格をもった4人の6年生の友情を描いたおかしく愛すべき物語。'97 Newbery Award	4～6	★★★★★
Tuck Everlasting	Natalie Babbitt	タック家が秘密にしている永遠の生命を与える泉を10歳のウィニーが見つけてしまう。生命と死の意味を問う一作。	4～6	★★★★★
The Wizard of Oz	L. Frank Baum	魔法の国オズに迷い込んだドロシーが、ブリキのきこりや臆病ライオンと一緒に勇気や愛	1～5	★★★★★

A Wrinkle in Time	Madeleine L'Engle	失踪した父を探してメグとチャールズは時空を超えた冒険に出る。子供たちの精神的な成長過程を描いた作品。'63 Newbery Award を求める冒険に出る。	4〜8	★★★★
Ben and Me	Robert Lawson	科学者ベンジャミン・フランクリンの親友、ねずみのアモスの視点から描いた歴史の裏事情。	4〜5	★★★★
Catherine Called Birdy	Karen Cushman	13世紀の英国に暮らす少女の視点から描かれた中世の生活と文化。14歳のキャサリンは父親が決めた裕福な老人との結婚を避けるために知恵をしぼる。	4〜6	★★★★
From the Mixed-up Files of Mrs. Basil E Frankweiler	Konigsburg	両親を少し困らせるために家出を計画したクローディアは弟を連れてニューヨーク近代美術館に隠れ住むことにする。そこで見つけた像をめぐるミステリーが展開される。'68 Newbery Award	4〜5	★★★★
Harriet the Spy	Louise Fitzhugh	将来作家になるため周囲の人々を密かに観察していたハリエット。観察記録ノートを友達に読まれ、仲間はずれにされる。子供が直面する問題や感情を生き生きと描いた作品。	4〜5	★★★★
Hey! Listen to This	Jim Trelease	子供に読んで聞かせるための昔話や児童文学を集めた一冊。「バンビ」「ラモーナ」「シャ	1〜4	★★★★

			ルロットの巣」など。		
Little House on the Prairie	Laura I. Wilder		ローラとインガルス一家の家族物語シリーズの第1巻。決して楽ではない開拓者生活をユーモアと愛で乗り切っていくインガルス一家を描く。	2〜4	★★★★
Maniac Magee	Jerry Spinelli		どこからともなく現れた少年マギーが街の差別に立ち向かい内紛をおさめようと試みる。民話という手法をとった作品。	4〜8	★★★★
Mr. Popper's Penguins	Richard and Florence Atwater		北極探検を夢見ていたペンキ屋のポッパーさんがひょんなことからペンギンを飼うはめになる。楽しさと夢あふれる作品。	2〜4	★★★★
My Side of the Mountain	Jean George		少年サムが山奥に小屋を建て動物の仲間に囲まれて自立と自由を体験する冒険物語。	4〜6	★★★★
Philip Hall Likes Me, I Reckon Maybe	Bette Greene		同級生のフィリップに恋したべべスが、自分も本気を出せば一番になれるのではと一念発起する。女の子の活力を楽しく描いた作品。	4〜6	★★★★
Roll of Thunder, Hear My Cry	Mildred Taylor		大恐慌時代のアメリカ南部で人種差別に立ち向かう黒人一家を子供たちの視点から描いた作品。'77 Newberry Award	4〜8	★★★★
Shiloh	Phyllis R. Naylor		飼い主に虐待されているシローに出会った マーティーは飼い主に戻すべきか、それとも	3〜5	★★★★

Something Upstairs	Avi	自分が内緒で飼っている犬を通して描かれる。動物愛と道徳的ジレンマが少年と犬を通して描かれる。'92 Newberry Award	4〜6	★★★★
Thank You, Jackie Robinson	Barbara Cohen	父親の死後プロ野球にのめりこんだサムは心を分かち合える友達アイビーと出会う。人種や世代を越えた友情の物語。	4〜8	★★★★
The Three Musketeers	Alexandre Dumas	ルイ13世時代のフランスを舞台に、3人組の銃士と田舎青年ダルタニアンが数々の冒険活劇をくりひろげる。	3〜8	★★★★
The Watsons Go to Birmingham	Christopher P. Curtis	公民権運動が盛んだった60年代のアメリカ、アラバマの祖母を訪ねた黒人兄弟が人種差別の恐怖を目の当たりにする。	〜5〜	★★★★
White Fang	Jack London	むごい環境で獰猛に育った犬と狼の雑種犬「白い牙」が、心やさしい若者に救い出され飼いならされる。同じくじくジャック・ロンドン作「野生の叫び声」の姉妹篇で、環境によって性格が形成されるというテーマがこめられている。	4〜8	★★★★

第13章 多読の勧め —— 291

Title	Author	Genre	Grade	Rating
A Bear Called Paddington	Michael Bond		3~4	★★★
Alexander and the Terrible, Horrible, No Good, Very Bad Day	Judith Viorst	fiction	1~2	★★★
Amelia Bedelia	Peggy Parish	fiction	1~2	★★★
Bed-Knob and Broomstick	Mary Bonfires and broomsti Norton		4~5	★★★
Blue Willow	Doris Gates		4~5	★★★
Bull Run	Paul Fleischman	historical fiction	4~5	★★★
Caddie Woodlawn	Carol R. Brink	historical fiction	~5	★★★
Clamshell Boy	Terri Cohlene	multicultural	1~7	★★★
Dragonwings	Laurence Yep		5~6	★★★
Encyclopedia Brown	Donald J.		3~4	★★★

	Sobol			
Finding Buck McHenry	Alfred Slote	sports	4〜5	★★★
Gift of the Nile	Jan M. Mike	multicultural	1〜7	★★★
James and the Giant Peach	Roald Dahl		2〜5	★★★
King of the Wind	Marguerite Henry	animal stories/'49 Newberry Award	5〜6	★★★
Little Firefly	Terri Cohlene	multicultural	1〜7	★★★
Little House in the Big Woods	Laura Wilder			★★★
Mrs. Frisby and the Rats of Nimh	Robert O'Brien	'72 Newberry Award	4〜5	★★★
Mrs. Piggle Wiggle	Betty MacDonald	humor	2〜4	★★★
Nate the Great	Marjorie W. Sharmat		1〜2	★★★
Old Yeller	Frederick Gipson	animal stories	5〜6	★★★

Phantom Tollbooth	Norton Juster	literature	5~6	★★★
Superfudge	Judy Blume	humor	2~5	★★★
Tales of Edgar Allan Poe	Edgar Allan Poe	classics	3~5	★★★
The Devil's Arithmetic	Jane Yolen	historical	~4~	★★★
The Golden Slipper	Darrell H.Y. Lum	multicultural	1~7	★★★
The Great Brain	John Fitzgerald	humor	~5~	★★★
The High King	Lloyd Alexander	science fiction/'69 Newberry Award	~5~	★★★
The Jungle Book	Rudyard Kipling	classics	5~8	★★★
The Lion, the Witch, and the Wardrobe	C.S.Lewis	fantasy	3~5	★★★
The Magic Amber	Carle Reasoner	multicultural	1~7	★★★
The True Confessions of Charlotte Doyle	Avi	adventure	4~7	★★★

The Twenty-One Balloons	Pene Dubois	adventure/'48 Newberry Award	4〜5	★★★
The Wheel on the School	Meindert De Jong	'55 Newberry Award	4〜6	★★★
The Whipping Boy	Sid Fleischman	'87 Newberry Award	5〜8	★★★
The Wish Giver	Bill Brittain	humor/fantasy	4〜6	★★★
Timothy of the Cay	Theodore Taylor	adventure	5〜6	★★★
The Voyage of the Frog	Gary Paulsen	contemporary	4〜6	★★★

〈小学校高学年〜中学生向き〉

The Call of the Wild	Jack London	ペットとして飼われていた犬バックが悪徳商人により引き出して売られ、野生の本能が呼び覚まされる。アラスカ辺境の厳しい自然を舞台に人間界と自然界を描いた冒険物語。	4〜8	★★★★★★
The Giver	Lois Lowry	飢餓、苦しみ、病など何もない未来のユートピア社会の物語であるが読者は不安を感じる。12歳の少年がそのユートピア社会の愕然とす	5〜8	★★★★★★

Watership Down	Richard Adams	高校の英語のクラスづき、偽善に立ち向かう真実に気づき、偽善に立ち向かう。science fiction/'94 Newbery Award 高校の英語のクラスの定番。うさぎの集団が不動産のディベロッパーに住み処を追われ、新しい安全な住み処を探していく物語。500頁にわたる大作であるが読後の満足度は高い。	6～9	★★★★★★★
Jane Eyre	Charlotte Bronte	孤児のジェーンは家庭教師としての住み込み先の主人であるロチェスターに恋におちるが、彼には気が狂った妻がいてジェーンと結婚できない。ジェーンの恋と女性としての自立を描いた作品。	4～10	★★★★★★
Redwall	Brian Jacques	レッドウォール修道院を舞台にヒーローはハツカネズミ、対する悪党はドブネズミ、機知あり、ユーモアあり、はじめから終わりまでハラハラ、ドキドキ。イギリスの空想冒険シリーズの1つ。	6～8	★★★★★★
The Hobbit	J.R.R. Tolkien	平和に暮らしていた小人たちのビルボが、小人先祖伝来の地に戻り盗まれた宝をドラゴンから取り戻す危険な冒険に巻き込まれてしまう。子供だけでなく大人をも魅了して止まない冒険ファンタジー。	6～8	★★★★★★
Walk Two Moons	Sharon	13歳のサラマンカはいなくなった母親を探す	5～8	★★★★★★

	Creech	ため祖父母と車でアイダホ州への旅に出かける。少女が母親の死を受け入れるまでの困難と心痛を、アメリカインディアンの文化を織り込みながら描いた作品。'95 Newberry Award		
Homecoming	Cynthia Voigt	6〜13歳の4人兄弟が両親に置き去られ、長女のダイシーは4人がばらばらにならなくてすむ場所と信用できる大人を捜し求める。家族愛と勇気の物語。	6〜8	★★★★★
I Know Why the Caged Bird Sings	Maya Angelou	詩人マヤ・アンジェローの子供時代を綴った小説。数々の苦難を乗り越えながら、黒人であること女性であることの素晴らしさを発見していく。	8〜12	★★★★★
Shabanu, Daughter of the Wind	Suzanne Fisher Staples	パキスタンの砂漠を舞台に、遊牧民の娘シャバヌが家族のために結婚するか自分の自由とアイデンティティを守るか選択を迫られる。	7〜8	★★★★★
The Pigman	Paul Zindel	孤独な高校2年生のジョンとロレインが老人ピグナッティと知り合い、人生とは自分の手で作り上げるものだと学ぶ。	6〜8	★★★★★
A Spell for Chameleon	Piers Anthony	ユーモアあふれるファンタジーシリーズの第1冊目。ただ1人魔法の力を持っていないゼンクは、このままでは魔法の国から追放され	6〜8	★★★

A Tree Grows in Brooklyn	Betty Smith	てしまう。ピンクが自分の本当の才能を見つける道のりを描いた作品。19世紀初期のブルックリンスラム街に暮らす少女が貧困や家族を通して成人していく過程を描いた作品。	8〜9	★★★★
Ella Enchanted	Gail C. Levine	妖精が良かれと思ってかけた「従順さ」という呪縛と戦うはめになったエラの物語。自分の手で人生を切り開く勇気を持った少女を主人公に、シンデレラの物語を改作。	5〜8	★★★★
Let the Circle Be Unbroken	Mildred Taylor	1935年のアメリカ南部、白人ばかりの法廷で殺人の容疑を裁かれる友人を見守る黒人の少年たち。人種差別や困難を乗りきるために必要なのは自尊心だと両親から学ぶ。	6〜8	★★★★
Shane	Jack Schaefer	早撃ちのガンマンがワイオミングの入植者一家のところへある日現れる。西部物語の名著。	6〜9	★★★★
A Bone from a Dry Sea	Peter Dickinson	historical biography	6〜8	★★★
The Adventures of Sherlock Holmes	Sir Arthur Conan Doyle	mystery/classics	7〜8	★★★
All Creatures Great and Small	James Herriot	animal stories	7〜8	★★★

Dandelion Wine	Ray Bradbury	fiction	6〜8	★★★
Dragonsong	Anne McCaffrey	science fiction/fantasy	7〜8	★★★
Fifth Chinese Daughter	Jade Snow Wong		6〜9	★★★
The Hitchhiker's Guide to the Galaxy	Douglas Adams	science fiction/fantasy	8〜9	★★★
I Am the Cheese	Robert Cormier	fiction	6〜8	★★★
Lily's Crossing	Patricia R. Giff		5〜8	★★★
The Martian Chronicles	Ray Bradbury	fiction	6〜12	★★★
Murder on the Orient Express	Agatha Christie	mystery	〜8〜	★★★
Never Cry Wolf	Farley Mowat	fiction	6〜8	★★★
The Ruby in the Smoke	Philip Pullman	mystery	6〜8	★★★

Shizuko's Daughter	Kyoko Mori	multicultural	6～9	★★★
The Fellowship of the Ring	J.R.R. Tolkien	classics	6～8	★★★
The Golden Compass	Philip Pullman	science fiction	7～8	★★★
The King Must Die	Mary Renault	historical/epic	7～11	★★★
The Once and Future King	T.H.White	epic	6～9	★★★
The Outsiders	S.E.Hinton	fiction	6～8	★★★
The Pearl	John Steinbeck		6～8	★★★
The Scarlet Pimpernel	Baroness Emmuska Orczy	classics adventure	7～10	★★★
The Slave Dancer	Paula Fox	historical fiction/'74 Newberry Award	6～8	★★★
The Yearling	Marjorie Rawlings	classics	7～8	★★★
True Confessions of Charlotte Doyle	Avi	adventure	6～8	★★★

Twenty Thousand Leagues Under the Sea	Jules Verne	classics	6〜8	★★★
Wringer	Jerry Spinelli		5〜8	★★★
Zlata's Diary	Zlata Filipovic´	historical biography	5〜10	★★★

〈高校生向き〉

The Bean Trees	Barbara Kingsolver	1960, 70年代のケンタッキーの話。貧乏なテイラーは高校で妊娠しないこと、お金をためてフォルクスワーゲンを買って西部に行くことを決心する。愛と友情、自暴自棄と帰属意識、何もないところでの多くの発見などがあふれる物語。	9〜11	★★★★★★★
Snow Falling on Cedars	David Guterson	戦後のアメリカ北西部で漁師の日系人が殺人の容疑をかけられる。彼の妻に初恋を抱いていた新聞記者が事件の真実を追う。'95 PEN/Faulkner Award	10〜12	★★★★★★
The Joy Luck Club	Amy Tan	1949年に中国からサンフランシスコに移民した4人の母とその娘はジョイラックラブの名の下に家に集まり、麻雀をしたり、投資の	9〜11	★★★★★★

第13章 多読の勧め —— 301

Pride and Prejudice	Jane Austen	ユーモアと機知あふれるエリザベスを主人公に、ダーシー氏との恋愛の行方を描く。ジェーン・オースティンの名作。	10〜12	★★★★★
Their Eyes Were Watching God	Zora Neale Hurston	フロリダで黒人女性が夫殺人の容疑で裁かれる。黒人独特の口語体を取り入れたことで物議をかもしだした作品。	10〜12	★★★★★
1984	George Orwell	独裁者に思想も精神も支配されている暗黒街を描いた作品。主人公のウィンストンは革命派の組織に加わり独裁国家の打倒を試みる。	10〜12	★★★★
A Lesson Before Dying	Ernest Gaines	慣習化している人種差別の現実に幻滅している黒人牧師が、無実の罪に問われ死刑を待つ黒人少年に人間の尊厳について説くように頼まれる。必然的結果であっても諦めず、ささやかであっても反抗を試みることの意義を共に学ぶ。	〜11〜	★★★★
Rebecca	Daphne Du Maurier	後妻として嫁いだ女性が、亡き先妻レベッカの影と秘密に翻弄される。サスペンスとロマンスあふれる作品。	8〜11	★★★★
The Count of Monte	Alexandre	無実の反逆罪のために終身流罪となった男が	9〜12	★★★★

302

Title	Author	Description	Age	Rating
Cristo	Dumas	14年の末脱出に成功し、敵に復讐をしながら宝の島を探す。ロマンたっぷりの冒険物語。		
The Grapes of Wrath	John Steinbeck	大恐慌の真っ只中、ジョード一家は過酷な現実にもがきながらカリフォルニアを目指す。屈辱や困難に面してでらっさながらも人間の尊厳を失わないジョード一家を描いたこの作品でスタインベックはピュリツァー賞を受賞。	9〜11	★★★★
A Separate Peace	John Knowles		10〜11	★★★
All the Pretty Horses	Cormac McCarthy		11〜12	★★★
China Boy	Gus Lee		9〜12	★★★
Cry, the Beloved Country	Alan Paton	world civilization	11〜12	★★★
East of Eden	John Steinbeck	English	10〜11	★★★
Fahrenheit 451	Ray Bradbury	English	9〜11	★★★
Into Thin Air	Jon Krakauer	nonfiction	12	★★★
Rumors of Peace	Ella Leffland	war-related	8〜11	★★★

Tess of the D'Urbervilles	Thomas Hardy	English	10~12	★★★
The Chosen	Chaim Potok		9~10	★★★
The Odyssey	Homer	humanities/literature	11~12	★★★
The Woman Warrior	Maxine Hong Kingston	world civilization	11~12	★★★
This Boy's Life	Tobias Wolff	nonfiction	8~12	★★★

14 コンピュータによる支援

成田真澄・井佐原均

1 「読み」を助けるコンピュータ

インターネットの普及に伴い，ホームページや電子新聞等の大量の英語文書に自分のコンピュータから簡単にアクセスできるようになった。しかし，これらの文書は目的や内容が多岐にわたっており，必要な情報を得るために1つ1つの文書を最初から最後まで読むという従来型の「読み」のスタイルでは，効率性が要求される現在の情報化社会では通用しなくなってきている。

そこで，まず大量の文書の中から自分の目的に合う文書の候補を抽出し，これらの文書を拾い読みして本当に必要な文書を選び出し，こうして絞り込まれた文書のみを精読するという一連のプロセスをいかに効率的に行えるようにするかが重要な課題となる。そして，この効率性は，母語で書かれた文書はもちろんのこと，外国語で書かれた文書を対象にする場合にはより一層必要とされる。

多種多様なニーズを持つ読み手が，ネットワーク上に存在する大量の文書に対して効率的で有用な「読み」を行えるようになるには，コンピュータによる支援が不可欠であると思われる。そこで，まず，次節ではコンピュータが人間の言語を理解するということはどのようなことなのかを述べる。続いて，3では英文読解

を支援してくれる種々のツールを概説し，4では英文読解力を強化するための学習システムを紹介する。さらに，5では英文読解支援ツールがもたらす効果について述べ，6では英文読解指導におけるコンピュータ利用の可能性について考察する。

2　コンピュータはどこまで言葉を理解できるのか

　人間が行う読みの過程をコンピュータが支援するためには，コンピュータも言葉を読んで理解するという能力を持たなければならない。英語や日本語のような自然言語[1]をコンピュータで処理させることを自然言語処理と呼ぶが，後述する英文読解支援ツールを支えているのもこの自然言語処理である。

　コンピュータが言葉を理解するということは，コンピュータに入力された文章の持つ曖昧性を徐々に減少させていくことである。もちろん人間にとっても同じことであるが，人間の場合には(特に母語で書かれた文章を読む場合には)，存在している曖昧性をほとんど意識せずに文章を読み進めることができる。一方，コンピュータの場合には，存在している曖昧性を順番に解消しながらその結果として理解を進めていく。

　言語の持つ曖昧性とは，ある言語表現に対して複数の解釈が可能であることを指す。人間の場合には，その言語表現が使用された状況(文脈)から妥当な解釈を容易に推測できるが，コンピュータの場合にはあらかじめ人間がコンピュータに与えておいた言語的知識(文法や語彙の知識)に基づいて可能な解釈(＝曖昧性)をすべて生成し，この中から優先規則等を用いて妥当な解釈を選び出すということをしなければならない。したがって，自然言語処理における最大の課題は曖昧性の解消と言える。

　自然言語処理は，言語表現をコンピュータの内部表現に変換する言語解析と，コンピュータの内部表現から言語表現を生成する

言語生成との2つの処理に大別することができる。本章では、読解支援との関連から言語解析についてのみ概観するが、言語生成については長尾(1996)を参考にされたい。言語解析は、一般に「形態素解析」、「構文解析」、「意味解析」、「文脈解析」といった解析処理を順番に行うことでなされる。

「形態素解析」は、文中の各単語の品詞や活用形の認定を行う処理である。たとえば、コンピュータは"I saw a girl with binoculars."という英文が与えられると、コンピュータ内に用意してある辞書を参照しながら"I"は代名詞であり、"saw"は動詞で"see"(『見る』)の過去形、あるいは動詞"saw"(『鋸引きする』)の原形であるといった解析を行う。ここで"saw"は動詞としての解釈以外に『鋸』を意味する名詞としての解釈も可能であるかもしれない。しかし、"saw"の直前には代名詞"I"が、また直後には冠詞"a"が出現していることにより動詞としての解釈が採用され品詞の曖昧性が解消される。

「構文解析」は、形態素解析で得られた品詞の並びを基にして構文的な関係を決定する処理である。先の例で言えば、文が名詞句"I"と"saw"以下の動詞句とから構成され、さらに動詞句は動詞"saw"と"a girl"以下の名詞句から構成されること等を決定する。この場合、"with binoculars"という前置詞句は直前の名詞"a girl"に係るものとして説明したが、ほかに動詞"saw"に係るという解釈も成り立つ。このような前置詞句の係り先の曖昧性を解消するための優先規則として"right association"[2]や"minimal attachment"[3]があるが、コンピュータが人間と同じように言葉を理解するためには意味や文脈を考慮に入れた曖昧性解消が必要とされる。

「意味解析」は、ここまでの解析処理で得られた構文構造を基にして、1つの文の中での各単語の意味の決定や動詞の格構造の

決定を行う。実際には，1つの文を単独に取り上げたのでは曖昧性が解消できず，文章の前後関係や一般常識も交えて理解しなければならないことも多い。このような複数の文に関わる解析を「文脈解析」と呼ぶ。

先に，"saw"という動詞には"see"(『見る』)の過去形という解釈と，"saw"(『鋸引きする』)の現在形という解釈の2つの可能性があると述べた。また，前述した前置詞句"with binoculars"の係り先にも2つの可能性がある。これにより可能な解釈の組み合わせを考えると，(a)双眼鏡で見た，(b)双眼鏡を持った少女を見た，(c)双眼鏡で鋸引きする，(d)双眼鏡を持った少女を鋸引きするの4つになる。ここで，意味的な制約(＝双眼鏡を道具として鋸引きすることはできない)から，まず(c)の解釈は棄却される。一般常識(＝人を鋸引きするようなことは一般的にはありえない)から(d)の解釈も棄却される。残った(a)の解釈と(b)の解釈のいずれが正しいかを決定するためには，この文だけを見るのでは不十分であり，前後の文も併せて理解することによってはじめて曖昧性が解消できる。たとえば，この文章中に話者が双眼鏡を買ったという事実が記述されていれば，(a)の解釈が優先されることになる。

以上，述べてきたように，自然言語処理における最大の課題は種々のレベルで生じる曖昧性をいかに解消するかということである。このように，自然言語処理の分野では，曖昧性の解消に向けて努力が続けられているが，その一方で応用技術として機械翻訳システムや情報検索エンジン，人間の言語理解や言語生成をも支援するツールの開発が積極的に行われている。

3 英文読解を助けてくれるツール

3-1 重要そうな文を取り出してくれるツール

　人間が文章を要約する場合には，その文章の内容を十分に理解した後に要点を簡潔にまとめるということを行う。実は，この作業はきわめて高度な知的処理を必要とするものであり，同じ処理をコンピュータに行わせることは現在の技術レベルをもってしても不可能であると言わざるをえない。

　しかし，コンピュータでも何らかの手がかりを用いて文章の中から重要だと思われる文を抽出して表示することはできる。つまり，重要文を取り出して「重要文の集合としての要約」を作成することはできる。これを読むことにより，読み手は文章の概要を知ることができる。

　このような重要文抽出による「自動要約」ツールは，これから読もうとしている文書の概要を知りたい場合や，インターネットで検索された文書の中から本当に必要な文書だけを選択したい場合に有効に利用することができる。

　「自動要約」ツールの具体例として，マイクロソフト社のワープロソフト Word 2002に組み込まれている要約作成機能を紹介する。読み手は，原文の何％程度の長さの要約を作成するかをあらかじめ指定することができる。図1に要約の対象文書を，図2に要約作成機能を実行した結果を示す。

　Word 2002において要約作成機能が実際にどのような処理手順により実現されているのかは明らかではないが，表示された要約結果から判断すると，何らかの情報を用いて対象文書中の文に重要度のスコアを与え，読み手が指定した要約の長さに相当する量の文をスコアの高いほうから取り出すということを行っているよ

うに思われる。

　文章中の重要な文を決定する手法は，古くは Luhn (1958) の研究に遡ることができる。Luhn は，まず文章中の単語の出現頻度を用いて重要語を決定し，これらの重要語を多く含む文，しかも重要語が，ある一定の範囲内に連続して現れる文を重要な文と見なした。その後の重要文抽出法の研究は，文の重要度を計算するのに Luhn が用いた手がかりに加えて，文の出現位置や時制，文のタイプ，文間の接続関係，文章中の手がかり表現といった新たな手がかりをどのように用いるかという方向で発展してきた(佐藤・奥村, 1999；渡辺, 1995)。

　また，最近ではこのような表層的な情報のみに注目するのではなく，話題の推移に応じた文章のセグメント分割や照応関係の決定(Boguraev & Kennedy, 1997; Boguraev, Kennedy, Bellamy, Brawer, Wong, & Swartz, 1998)，WordNet(1990)を用いた語彙的結束性の計算(Barzilay & Elhadad, 1997)等を導入して重要文を抽出する研究も盛んに行われている。

> As is well known worldwide, English documents produced by Japanese researchers are often hard to understand. The main problems in their writing are (1) poor organization, (2) unclear logic, (3) unclear document focus, and (4) poorly constructed sentences. Since these problems all relate to content, we have constructed an English abstract writing tool for Japanese researchers that helps the writer improve the content. Among other types of documents, abstracts for technical journals were selected as the target document for our tool because they require the type of organization that is crucial to efficiently producing high quality documents. Thus, the frequent use of our writing tool allows Japanese researchers to learn

how to produce well-organized abstracts by presenting their ideas in a very concise, logical, and coherent sequence.

Our tool has the following search engines: (1) Sample Abstract Search, (2) Sample Sentence Search, (3) Sentence Construction Search, (4) Collocation Search, and (5) Common Errors Search. When in operation, these engines access their respective language databases which we created for this purpose using some machine-readable language resources.

図1　要約の対象テクスト

●要約の長さ：25％

As is well known worldwide, English documents produced by Japanese researchers are often hard to understand. Our tool has the following search engines: (1) Sample Abstract Search, (2) Sample Sentence Search, (3) Sentence Construction Search, (4) Collocation Search, and (5) Common Errors Search.

●要約の長さ：50％

As is well known worldwide, English documents produced by Japanese researchers are often hard to understand. The main problems in their writing are (1) poor organization, (2) unclear logic, (3) unclear document focus, and (4) poorly constructed sentences. Among other types of documents, abstracts for technical journals were selected as the target document for our tool because they require the type of organization that is crucial to efficiently producing high quality documents. Our tool has the following search engines: (1) Sample Abstract Search, (2) Sample Sentence Search, (3) Sentence Construction Search, (4) Collocation Search, and (5) Common Errors Search.

図2　Word 2002の要約機能による要約結果

しかし，図2の要約結果からわかるように，コンピュータが提示する「要約文」は，特に要約の量が少ないと文章の流れが不自然で読みにくくなる。計算によって重要度が高いと見なされた文だけを抜き出して連結するので，文章としてのつながりに欠けてしまうのである。

このような重要文抽出としての要約作成が抱える問題点を解決すべく，近年，原文の内容を言い換えたり抽象化したりすることによって要約を生成しようとする試みがなされるようになった。その1例として，概念階層やスクリプト知識を用いる手法 (Hovy & Lin, 1997)が提案されている。

概念階層とは，概念の上下関係を木構造(樹形図)で表現したものであり，たとえば，食糧という概念の下位概念に，野菜や果物といった概念が存在することになる。スクリプト知識とは，1つの事象を，もっと小さな事象の組合わせで表現するものであり，たとえば，レストランで食事をするという事象は，店に入り，席につき，注文をするといった一連の事象に分割できる。このような知識を用いて，対象文書から抽出された複数の概念を，より高次の概念に統合する。この手法によれば，以下のような言い換えも可能となる。

John bought some vegetables, fruit, bread, and milk.
→ John bought some groceries.

また，従来のような重要文抽出処理では，重要度が低いと見なされた文が持つ情報はすべて捨てられてしまうので，情報の欠落を招きかねない。そこで，文単位での取捨選択をする代わりに，文ごとに重要語句を抽出して不要な語句は削除するという手法が提案されるようになった。この手法は，文字放送や字幕作成，人間による文書の拾い読み支援といった目的で使われている。

さらに，自動要約に関する研究で最近注目を集めているトピッ

クとして，奥村・難波(1999)では，①読み手に適応した動的な要約手法，②複数テクストを対象にした要約手法(たとえば，関連する複数の新聞記事からの要約生成：Radev & McKeown, 1998)，③要約の表示方法，④要約の評価方法等が紹介されているので参考にしていただきたい。

一方，望主・荻野・太田・井佐原(2000)では，人間の行う要約の性質を知るために，新聞記事を用いて100人の被検者に要約の自由作成と，重要文の抽出・連結による要約の作成という2つの課題を与え，これら2種類の要約の差異を種々の観点から分析している。重要文抽出による「要約」と人間が行う要約のギャップを埋めていくためにも，このような分析調査は欠かせない。

今後，人間が作成する要約の分析をさらに進めながら，新たな要約手法の研究が活発に行われることによって，これまでの重要文抽出としての要約手法の問題点が解決され，目的に応じて適切な要約を生成することができるシステムの開発が待たれる。

3-2 速読・速解を助けてくれるツール

外国語で書かれた文書の速読・速解は，その外国語にかなり精通していないかぎり容易には行えない。ここでは，知らない英単語に遭遇した際の辞書引き作業による読解の中断を防ぐための英単語訳出ツールと，対象文書の斜め読みや拾い読みを助けてくれるツールを紹介する。

1．英単語訳出ツール

英語で書かれた文書の一括辞書引きツールとして，筆者が開発に従事した『単訳マン』について紹介する(Narita, Katooka, & Ooguro, 1996)。英単語訳出ツール『単訳マン』は，実はデジタル複写機用に開発されたもので単体のコンピュータ上で動作するものではないが，電子化されていない文書や，電子化された文書

でも紙に印刷してから読む場合に利用できる便利なツールなのでここで紹介する。また，こうした英単語訳出ツールは後述する英日機械翻訳システムにおいてもその一機能として組み込まれるようになってきた。

『単訳マン』では，辞書引きの前に確率的モデルを用いて英単語の品詞を推定する処理を行う。具体的には n 個の単語の品詞並びの確率（n-gram：連接確率）と各単語がとる品詞の確率（語彙確率）とを用いて品詞を推定する(Church, 1988; DeRose, 1988)。

連接確率は，品詞の並びに対する優先度を表すものである。たとえば，冠詞の後ろに動詞にも名詞にもなりうる単語が出現している場合には，当該の単語を名詞として解釈する品詞の並びのほうが確率値が高い。一方，語彙確率は，ある単語がある品詞で出現する確率を表すもので，たとえば，英単語 "cat" は，名詞として使用される確率のほうが動詞として使用される確率よりも高いことが予測される。これらの確率値は，品詞情報が付加された大規模なコーパス[4] を用いて算出される。

確率値が与えられると，入力された単語の並びに対してその評価値が最大になる品詞の並びが求められる。そして，評価値が最大になる品詞の並びが品詞推定結果となる（評価値の計算方法については長尾(1996)を参照されたい）。『単訳マン』では，3単語(3-gram)の連接確率を用いており，品詞推定の正解率は単語単位で約96％である。

『単訳マン』による英単語訳出結果の例を**図3**に示す。本ツールの特徴は，以下のようにまとめることができる。

・品詞推定処理を行うことによって，より正確な訳出が行われる。

　品詞推定処理を組み込んでいない辞書引きツールを使用すると，辞書に記述されている訳語のうちで，先頭に書かれ

ている訳語が取り出されてしまい，不適切な訳語が表示されかねない。
・訳出の対象となる単語のレベルを読み手があらかじめ指定できる。
初歩的な単語にまで訳語を付与する必要はなく，所望のレベルに相当する英単語のみを訳出すればよい。
・複数の訳語を持つ場合には，訳語候補を2つ表示する。
品詞推定処理によって決定された品詞の訳語情報を複数表示することによって，適切な訳語を得る可能性を高くする。
・図3の対応表示出力のほかに辞書引きを行った英単語の単語帳も作成できる。読解を助けてくれるだけでなく，単語学習も助けてくれる。

As is well known worldwide, English documents produced by Japanese
　　　よく　　知る　　世界的な　　英語の　　文書　　　　生み出す　　日本の
　　　上手に　見たことがある　英国の　　書類　　　　生産する　　日本的な
researchers are often hard to understand. The main problems in their writing
研究員　　　　しばしば　　理解する　　　　主要な　　問題　　　　書く
探索者　　　　たびたび　　わかる　　　　　　　　　　課題　　　　手紙を書く
are (1) poor organization,(2) unclear logic,(3) unclear document focus, and
　　　貧しい　組織　はっきりしない　論理　　　　　文書　　　焦点
　　　貧弱な　編成　　　　　　　　ロジック　　　書類　　　中心
(4) poorly constructed sentences. Since these problems all relate to content,
　貧しく　組み立てる　　文　　　　　　　問題　　　話す　　　　要旨
　乏しく　作成する　　　判決　　　　　　課題　　　関係づける　容量
we have constructed an English abstract writing tool for Japanese researchers
　　　　　　　　　　　　英語の　抽象的な　書く　道具　　　　　研究員
　　　　　　　　　　　　英国の　観念的な　手紙を書く工具　　　探索者
that helps the writer improve the content. Among other types of documents,
　　　助ける　作家　　改善する　要旨　　～の間で　　　型　　　文書
　　　手伝う　著者　　活用する　容量　　～の中で　　模範　　書類

abstracts for technical journals were selected as the target document for—
概要	工業の	日記	選ぶ	的	文書
抜粋	専門の	日誌	選び出す	対象	書類

図3　『単訳マン』による英単語訳出結果

2．斜め読みや拾い読みを助けてくれるツール

　紙に印刷された文書を読む場合と，コンピュータ画面上に表示された文書を読む場合との相違については読みの速度や理解度，読解過程における操作性の点で数多くの研究がなされてきたが，概してコンピュータ画面上で文書を読む場合の困難さが指摘されることが多かった(Dillon, 1992; O'Hara & Sellen, 1997)。

　しかし，コンピュータの性能やユーザインタフェースの飛躍的な向上に伴って，コンピュータ画面上で文書の斜め読みや拾い読みを可能にしてくれるツールが開発されるようになった。ここでは，米国にある Ricoh Silicon Valley 社で開発された『Reader's Helper™』(Graham, 1999)について紹介する。

　本ツールの実行例を図4に示す。画面の左端に表示されているのが「Thumbar™」と呼ばれるもので，図中2.1のレンズを上下にドラッグすることによって文書内の所望の位置に移動できる。そして，これに連動して右側の文書画面表示も変化する。「Thumbar™」によって文書の全体的な構造がわかるようにし，文書画面によって特定のページの文書情報を提示するという考え方を採用している。

　「Thumbar™」および文書画面において強調表示されている箇所(たとえば2.2)がキーワードに相当する。キーワードの抽出は，読み手があらかじめ指定したコンセプトに基づいて行われ，どのコンセプトに関連するキーワードが多く抽出されたのかについては，各コンセプトに対する評価値と2.3のグリッドメーター

の色とその度合いによってわかる。図4の場合には，特に"Wearable"と"Design"という2つのコンセプトに高い評価値が付与されている。コンセプトの評価に際して閾値の変更やキーワードを含む文全体の強調表示の指定は，2.4および2.5を使って読み手が指定できるようになっている。

読み手は，「Thumbar™」を移動させながら，文書全体の中で所望のコンセプトを表すキーワードがより多く出現している箇所を容易に見つけ出し，これにより文書の全体像を効率よく把握することができるようになる。また，キーワードを含む文を強調表示させ，強調表示された文だけを拾い読みして文書の大意を取ることもできる。さらには，図5に示すように，キーワードが抽出された文だけを集めて表示する「要約機能」(3.1のツールバーボタンで指定)が用意されており，3.2にリストアップされた各文は3.3のハイパーテキストリンクによっていつでも文書中の元の位置に移動できるようになっている。

このように，『Reader's Helper™』は，読み手にとって使い勝手のよいインタフェースを提供するとともに，読み手があらかじめ指定したコンセプトに関連する箇所を選択・提示することによって，コンピュータ上での効率的な「読み」を助けてくれる。

3-3 コンピュータが訳してくれた日本語を読む

これまでは大量の文書の中から自分の目的に合う文書を効率よく選択したり，自分が読もうとしている文書の内容を速く理解したりするためのツールを紹介してきた。こうして文書の大まかな内容がわかると，その文書が最初から最後までていねいに読む必要のある重要な文書かどうかを判断できる。本節では，文書全体をじっくり読み込んでいく過程を支援するツールとして，コンピュータが英語から日本語に素早く翻訳してくれる英日機械翻訳

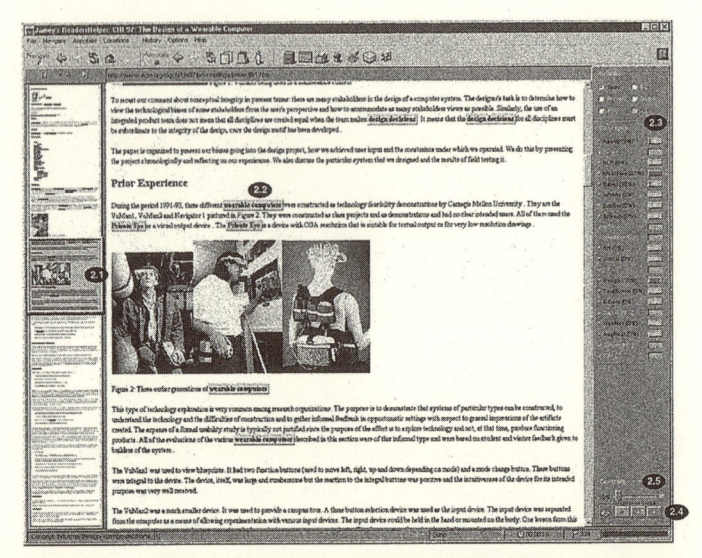

図4　Reader's Helper の実行画面
(Graham, 1999より転載. ©Association for Computing Machinery (ACM).)

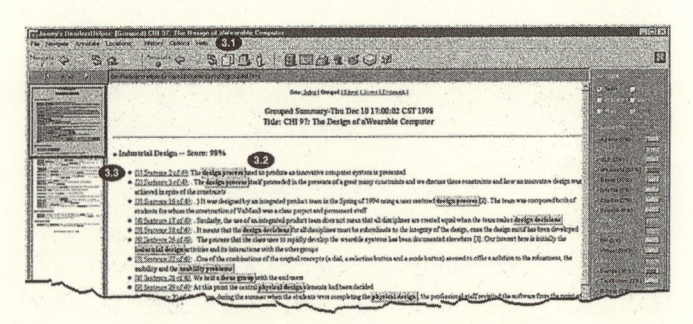

図5　Reader's Helper の「要約機能」
(Graham, 1999より転載. ©Association for Computing Machinery (ACM).)

システムを取り上げる。

　コンピュータを用いて翻訳を行うという考えは，コンピュータが実用化された1950年代から存在する。1980年代になって，多くの企業や研究機関で機械翻訳の研究が積極的に行われた結果，少なくとも英語から日本語への翻訳については，限定された用途ではあるが実用レベルのシステムが開発された。当時のシステムは翻訳会社等の大規模ユーザの利用を対象としており，その出力は完璧な翻訳ではないが下訳としては有効であった。しかし，これらのシステムは高価であり，個人での利用はほとんど行われていなかった。

　近年，パソコンの普及とインターネットの発達により英日機械翻訳システムには新しい需要が生まれてきた。たとえば，英語のホームページを見るために，その英文を和訳するというものである。このような用途では，たとえ完璧な翻訳を出せるようなシステムでなくても，英語がある程度わかる読み手にとっては有効な英文読解支援ツールとなりうる。

　ここで，英日機械翻訳処理がどのような過程で実行されるのかを説明しておく。英語の文が与えられると，「形態素解析」，「構文解析」，「意味解析」という順番で解析処理が行われ，その結果として英語の構造に沿った意味表現が生成される。たとえば，"My younger sister bathed."という文が与えられると，「Iのyoungerであるsisterがbatheする(過去)」といった構造が作り出される。次に，この構造を日本語の構造に沿った意味表現に変換する。「youngerであるsister」は日本語では「妹」という1つの概念になる。これとは逆に，「batheする」は日本語では「風呂に＋入る」という2つの概念の組み合わせとなる。このような処理の結果，最初に作られた英語の構造に沿った意味表現が，「私の妹が　風呂に　入る(過去)」という日本語の構造に沿った

意味表現に変換される。この構造から最終的に「私の妹が風呂に入った」という日本語文が生成される。このような手法は英語的な構造から日本語的な構造への変換過程を含んでいることから、変換(transfer)方式と呼ばれている。

図6に、シャープの英日機械翻訳ソフト『PowerE/J V5.0』を使った翻訳結果を示す。入力された英語の文章は文単位に分割され、画面の左半分に表示されている。また、各文の翻訳結果は、画面の右半分に表示されている。この英語の文章は英字新聞から取ったものであるが、機械翻訳システムは新聞記事のような形式の整った文章の翻訳は得意であるので、このように内容の把握には十分な質の訳文を出力できる。

機械翻訳システムは、まだまだ熟練した人間の翻訳には及ばないが、システムの研究開発者は自分達のシステムが解析できない例を収集し、それに対応する大量の規則をシステムに覚えこませることにより解析できない構造を減らし、生成される文の読みやすさを向上することを目指している。実際、英日機械翻訳ソフトの性能は日々向上しており、この翻訳ソフトの1つ前のバージョンである『PowerE/J V4.0』では、仮定法における「if」の省略と「should」と主部の倒置に対応する規則を持っていなかったので、図6の4番目の文を解析することができなかったが、『PowerE/J V5.0』では、英英変換という技術によって、このような構造をも処理し正しい訳文を生成できるようになっている。もちろん、まだまだ処理できない構造は多く、たとえば、前述したような"I saw a girl with binoculars."のように、曖昧性解消に文脈を必要とするような場合には正しい翻訳ができるとは限らない。

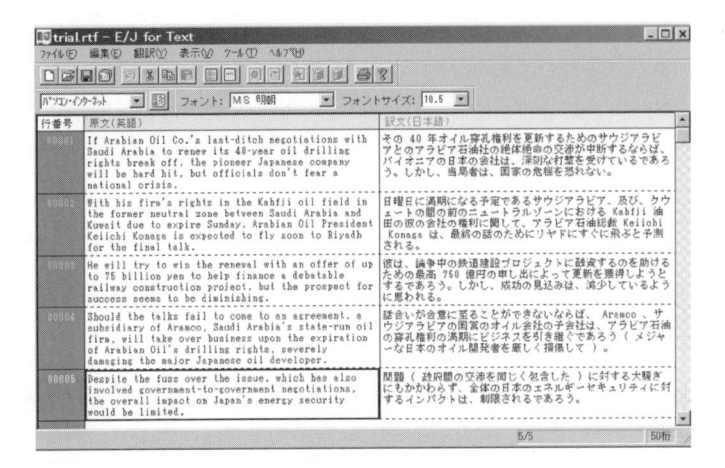

図6　英日機械翻訳ソフト(シャープの『PowerE/J V5.0』)による翻訳結果

4 英文読解力アップを助けてくれるツール

　最近では，辞書や文例集等が電子化されて提供されるようになり，コンピュータ上で容易に検索できるようになってきた。さらに，マルチメディアを駆使した英語学習システムも数多く販売されるようになり，学校でも家庭でもコンピュータさえあれば，これらの教材を使って自分のペースで英語学習ができるようになってきた。

　本節では，英文読解力を高めるためのツールとして，㈱アルク教育社の協力により，ネットワーク技術をフルに活用した英語学習システム『ALC NetAcademy』を紹介する。このシステムには，TOEICテストに対応できる英語力をつけるために，「リスニング力強化コース」と「リーディング力強化コース」の両方が用意されているが，本節では「リーディング力強化コース」を取り上げる。

「リーディング力強化コース」の最大の目的はエッセイからビジネス文書までさまざまなテーマの教材を使って学習者の速読力を強化することにあるが，語句の注釈や説明を学習者に提示することにより教材内容の理解を深めるための練習も組み込まれている。

速読力を強化するために，学習者は英文のフレーズやキーワードを単位として英文の語順に沿って理解するという練習を行う。以下のような4種類の速読トレーニング機能が利用できるようになっている。

(1) Phrase1：マウスでクリックするごとに英文をフレーズ単位に表示
(2) Phrase2：設定したペースで，英文をフレーズ単位に表示
(3) Keyword：設定したペースで，英文のキーワードを表示
(4) Paced：設定したペースで，英文を行単位に表示

特に，(2)〜(4)のトレーニングでは，学習者が目標とするスピードをあらかじめ設定することができるので，目標のリーディングスピードを実感しながら学習を進めることができる。スピードは1分間に読む単語数(Words Per Minute：WPM)で設定する。

図7と図8は，英語の初中級者向けのシステム[5]において，それぞれPhrase2リーディング機能とKeywordリーディング機能の動作実行画面を示している。図7は，学習者がリーディングの目標スピードを235WPMに設定した場合で，このスピードで英文がフレーズ単位に順次強調表示される。学習者は強調表示されたフレーズを，次のフレーズが表示される前に読み終える訓練を重ねる。フレーズをバラバラな単語の集まりとしてではなく，意味のまとまりとしてとらえるように意識して読み進めることに重点を置いたトレーニングである。

一方，図8も，学習者がリーディングの目標スピードを235

WPMに設定した場合で、キーワードのみが順次青く表示される。内容語や、英文を理解する上で重要な接続詞等がキーワードとして選択されているので、学習者は、青く表示される箇所だけを読み進めて、英文の概略の意味をつかむ練習を行う。この場合も、後戻りせずに一定のリズムで読み進めていくことに重点が置かれている。

こうして、英語の語順に沿ったリーディングを徐々にスピードを上げていきながら繰り返し練習することにより、学習者の速読力は強化される。一方、精読のトレーニングも、図7と図8の画面最下段にあるメニューの中のStep3 Discovery機能を用いて行うことができる。このトレーニングでは、時間の制限を設けないで英文を読み進めながら、語句の注釈や説明を利用して内容の理解を深める練習を行う。注釈や説明を見ることのできる語句はあらかじめシステム設計者が選択したものであり、青く表示される。学習者が青色の単語のいずれかをクリックするとその語句の注釈や説明が表示される仕組みになっている。また、これらの注釈や説明は、図9に示すように、画面右下の単語帳のウィンドウに表示させ、必要ならば保存や印刷ができるようになっている。また、単語帳にはシステム設計者があらかじめ選択した語句だけではなく、学習者が自ら選択して調べた語句も登録することができる。

このように、『ALC NetAcademy』では、速読と精読の両面から英語学習者をサポートすることによって英文読解力の強化を目指している。速読力と精読力は、いずれか一方が向上すれば他方も向上するという相乗効果が期待されるべきものである。その点で、本システムのように両面から英文読解力を強化するアプローチは評価されよう。

最後に、この学習システムのシステム設計に関して、自然言語処理の立場から少しコメントを付け加えておく。本システムで表

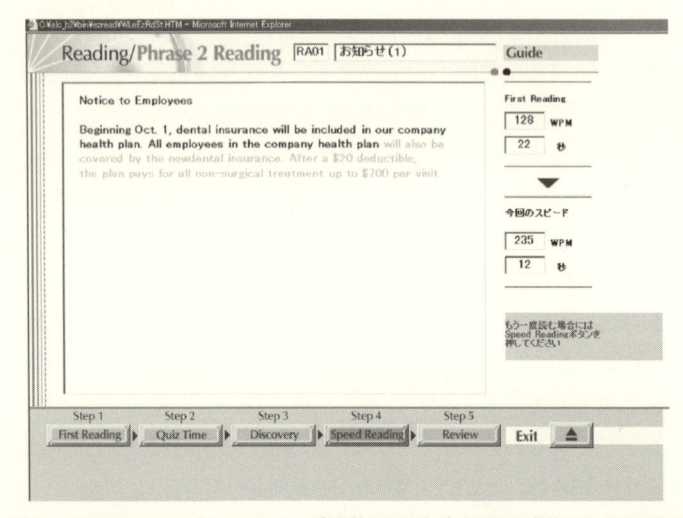

図7 Phrase2リーディング機能の動作実行画面(㈱アルク教育社より提供)

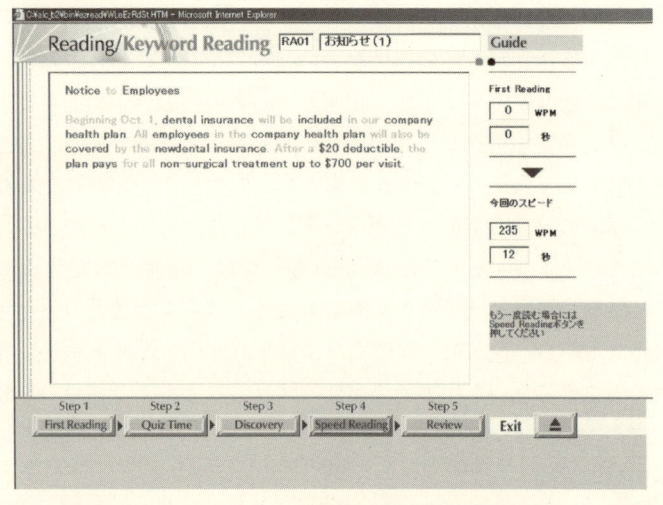

図8 Keywordリーディング機能の動作実行画面(㈱アルク教育社より提供)

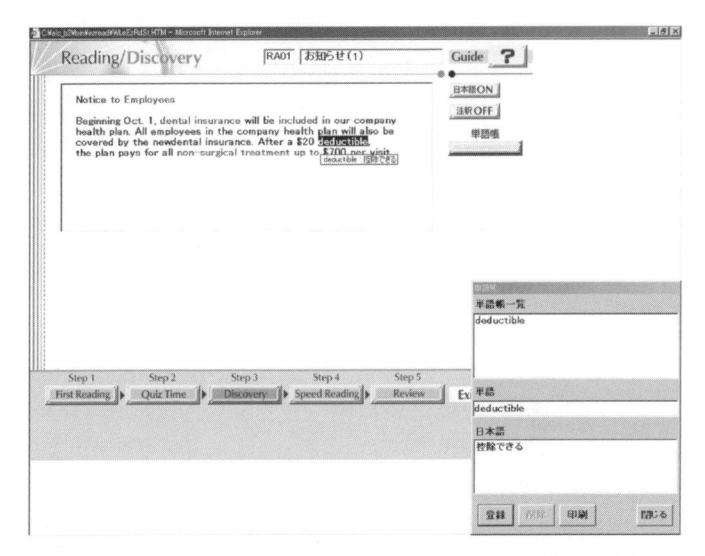

図9 Step3 Discovery機能の動作実行画面(㈱アルク教育社より提供)

示の対象となるフレーズやキーワードはあらかじめ人手(英語を母語とする人の判断による)で選択しているが,英文解析技術を用いてこれらの語句の候補をまず自動的に抽出し,その結果を人手で修正するという方法を取ることもできる。もちろん,修正に多大な時間を要するようでは困るが,現在の技術レベルをもってすれば候補の語句は精度よく抽出することができると思われる。また,前述した自動要約技術を,より長い英文テキストを読む場合の,斜め読みトレーニング機能の開発に利用することもできるかもしれない。

5 英文読解支援ツールがもたらす効果

先に紹介した種々の英文読解支援ツールが,人間が行う読解と

いう知的行為を果たしてどの程度支援してくれるものなのか，つまりツールを使うことによる効果を評価することも重要な課題である。ここでは，リコーの『単訳マン』を使った読解支援効果測定実験について簡単に紹介する。なお，実験の詳細については大黒(1993)を参照されたい。

この実験では被験者(リコーの研究者54名)に対して，まずTOEICのReading問題(40問)を制限時間内(40分)に解いてもらい，その結果と各人が申告したTOEICスコアを基にして能力的に等しくなるような2つのグループに分けた。そして，一方のグループには訳語なしの新しいTOEIC Reading問題を解答してもらい，もう一方のグループには『単訳マン』による訳語が付加されたTOEIC Reading問題を解答してもらった。解答結果を基にして，被験者ごと，グループごとに，訳語の有無による有意な差があるかどうかを統計的に検定した。

その結果，総合的な正答率，問題毎の正答率に対する符号検定，平均値の差に関する検定のいずれにおいても，訳語つき試験を受けたグループのほうが正解数が多いことがわかった。これにより，『単訳マン』による訳語付与が英文読解に有効に機能することが確かめられた。さらに細かく調べると，TOEICスコアが730以下の人に対して特に効果があるらしいということも統計的検定によりわかった。

『単訳マン』によって付与される訳語の中には不適切な訳語も含まれる可能性があるが，それでも読解支援効果が確かめられたことは注目すべき結果と言えよう。

6 英文読解指導におけるコンピュータ利用の可能性

コンピュータは使い手の意思に沿って動くものであり，適切な環境が準備され，使い手の側に十分な知識が備わっていれば教育

の現場においても有効なツールになることは論を待たない。しかし，実際には，英語教育の現場においてコンピュータは有効に活用されているだろうか。ここでは，コンピュータの有効活用に向けて考慮しなければならない問題をいくつか示すことにする。

　まず，教師の側の問題として，コンピュータ技術の現状やその利用法についての十分な知識がないということが挙げられよう。たとえば，ネットワークを介して生の英語の文章を大量に，かつ容易に入手できることや，現在の自然言語処理技術を利用すれば入手した大量のデータから単語の共起や頻度等の有用な情報を簡単に取り出せ，これらを教材の一部として利用できることが意外に知られていないのではないだろうか。あるいは，コンピュータを使った生の英語データの収集・加工にさほど興味を持たないということもあるかもしれない。実際，このことを裏付けるように，コンピュータを使って得られた英語のデータを活用した英語教育の実践例の報告は多いとは言えない。英文読解指導を考えたときに，適切な用例を大規模なデータベースから取り出して教材として用いることは十分に可能であると思われる。

　このような問題を解決するためには，まず情報科学に携わる者が，コンピュータによる言語データの有効活用に関する現在の技術レベルを積極的に情報提供していくことが必要であり，さらには大学における英語教員の養成課程のカリキュラムや，卒業後の研修プログラムにコンピュータを使った教材開発および学習者管理等の内容を盛り込むべきであろう。

　また，教師と学習者が一緒にコンピュータに向かって学習をしていくという場面では，類似した例文とその訳文を検索する，わからない単語を電子辞書を使って辞書引きする，部分的に機械翻訳システムで翻訳してみるといった種々の機能を統合して提供してくれるソフトウェアの作成が望まれる。このようなソフトウェ

アは読解指導の場面だけでなく，実際の読解過程でも有効に活用できることが期待されるため，学習者，教育者，コンピュータ技術者の三者による検討を重ねて，真に有用なソフトウェアの開発を目指すべきであろう。

次に，学習者が直接使う自習ツールについて見れば，現状では，必ずしも最先端の自然言語処理技術が教育支援ツールに反映されているわけではない。さらに，情報処理の立場からの教育システムへの取り組みも，機械翻訳や情報検索の研究開発と比べれば，はなはだ不十分であると言わざるを得ない。機械翻訳のところで述べたように，コンピュータによる言語処理は解決すべき課題を多く抱えており，たとえば学習者のミスを見つけ出してそれに対する適切な反応を作り出すことは困難である。

それでも，適切な読解課題とその理解度を試すテストを提供し，学習者の理解の度合いを確認することによって，必要な指導を行うようなシステムの開発は可能であろう。また，学習者が教科書から離れて自分にとって関心のある話題について書かれたインターネット上の情報を，コンピュータによる支援を得て読み進めることができるようなシステム作りも可能である。これは，いわばインターネット上の情報を教材として使用するもので，学習者が読んでみたいと思う内容を扱える上に，コンピュータ側から支援情報が提供されるため，これまでは挑戦しづらかった生のままのテクスト(authentic texts)に気軽に向かい合うことができるようになる。

Shei(2001)では，学習者が読みたいと思った生のテクストをWebから取り込むと自動的に教科書のような教材を作成してくれるシステムを紹介している。画面には，取り込んだテクストとともに，①テクスト内の新しく学習すべき単語，②辞書の定義文，③コロケーション，④類義語，⑤BNC(British National Corpus)から抽出した例文が表示される。こういった支援情報が得られるため、学習者は今まで敬遠しがちであった生の文章に取り組めるようになり語彙の習得も促進される。

また、システムには学習者の語彙習得レベルをモニターする機構と語彙の習得を強化するための練習問題やテスト作成の機構も組み込まれている。今後、このような試みが数多くなされ、言語処理が積極的に取り入れられ、マルチメディアを活用したCAI (Computer Assisted Instruction)およびCALL(Computer Assisted Language Learning)の登場が期待される。

さらに、実際の教育過程の背後にある教育法自身の発展に関わる問題としては、EFL(English as a Foreign Language)学習者が、実際に、どのように英文読解を行っているかということについての客観的なデータが不足していることが挙げられる。このような点にコンピュータが有効に使えることは、もっと積極的に知られてよいことであろう。客観的に英文読解教育法を評価し、新しい教育法を提案するには、EFL学習者による実際の英文読解過程のデータを集積し検討することが必須である。

独立行政法人通信総合研究所では、日本人英語学習者の英文読解過程がどのようになっているのかをデータに基づいて客観的に把握し、それに基づいて英文読解支援機能をコンピュータ上に実現しようという試みがなされている。そこでまず開発されたのが、日本人の英語学習者の英文読解過程を詳細に記録するための英文読解実験ツールである。被験者はコンピュータの画面上で英語の文章を読み、あらかじめ定められた割合で重要な文を選び出すことが要求される。画面上の文章は**図10**に示すように、一部分を除いて色がつき読みにくくなっている。被験者は色のない部分を移動させながら、画面上で文章を読み進み、重要な内容が書かれていると判断した箇所に、重要文であるとのマークをつけたり、

マークを消したりする。また，知らない単語に遭遇した場合には，コンピュータ上の英和辞書を呼び出して単語の意味を調べることもできる。こうした個々の操作の履歴はコンピュータに記録される。こうして集められた読解履歴データは，実験後，被験者ごとに図11のようにグラフ化される。ここでは2人の被験者の英文読解過程が横軸に時間，縦軸に読んでいる場所という形で示されている。また，グラフの右側には被験者が辞書で調べた単語が表示されている。現在は，まだ実験データを収集している段階であるが，今後，各被験者の行為分析や被験者間での比較分析を通じて必要な支援機能を検討していく予定である。コンピュータを用いた教育に限らず，人間の教師による教育手法の改善にもこのような客観的かつ大量のデータに基づく研究は有益であろう。

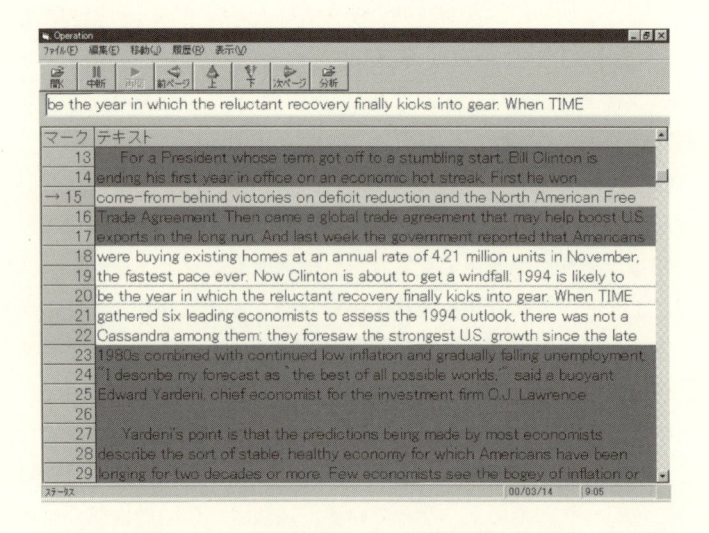

図10　英文読解実験ツールの動作実行画面

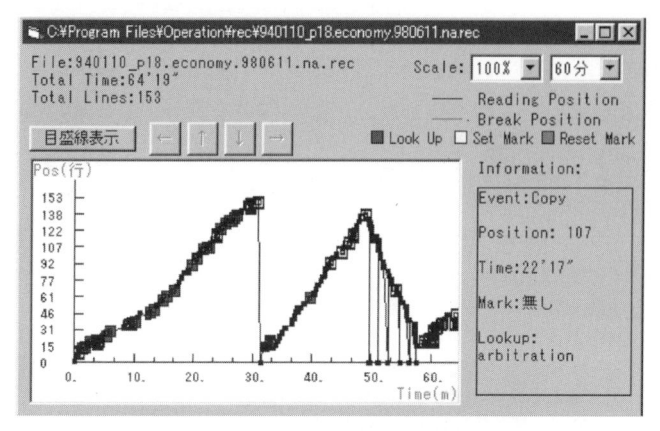

図11　被験者の操作履歴のグラフ化

7 終わりに

　高度情報化時代において，人間の処理能力をはるかに超えた大量の文書の中から自分の目的に合う文書を選び，必要とする「読み」をより効率的に行うためには，本章で紹介したような読解支援するツールは欠かせない。コンピュータの側から，どのような支援機能を提供すべきかという課題は今後さらに検討を要することである。加えて，だれでも容易に使いこなせるようなユーザインタフェースの設計にも取り組んでいかなければならない。

　コンピュータを使った外国語教育の必要性が叫ばれるようになって久しいが，コンピュータというメディアを導入することの真の意義は，それを有効に利用できる教授法や教材があってこそのものである。本節で紹介した支援ツール，ならびにこれらの支援ツールを支えている自然言語処理技術が，外国語教育の中で身近な手段として有効に利用されるようになるのも時間の問題かもしれない。

【キーワード】
自然言語処理　言語の持つ曖昧性　「自動要約」　重要文抽出　英単語訳出ツール　斜め読み・拾い読み支援ツール　機械翻訳システム　読解トレーニング教材　読解プロセスデータ　CALL

---

1) 情報科学の分野では，言語と言えばプログラミング言語のような人工言語を指す。そのため，英語や日本語のような普段用いられている言語を自然言語と呼んで区別している。
2) 遠くの句構造(構造的に上位に位置する句構造)よりも近くの句構造に係るほうを優先する。
3) 句構造木において木のノード数が少なくなる(規則の適用回数が少ない)構造のほうを優先する。
4) 言語データを電子的に大量に蓄積・整理して言語事象の調査や統計的処理を行うことはきわめて重要である。このような目的で収集された言語データをコーパスと呼ぶ。コーパスには論理的構造や言語的情報が付加され，これらの情報が自然言語処理等で有効に利用される。
5) 中上級者向けのシステムも提供されている。

あとがき

　本書の三部にわたる構成の概要については,「はじめに」で述べておいたが, いま, 本書の全体像を眺めての感懐は, 極めて深く, かつ大きい。英文読解研究という, 一見, 教育現場に密着した考察に終わりがちのものを, 野心的とも思えるほどに研究視野を拡大し, 英語教授理論, 言語学理論は無論のこと, 認知心理学, 脳科学, 情報科学等の最新の知見を駆使して, 読解という一分野を多角的に掘り下げ, その結果, 新しい視野の展開に遭遇できたことは, 特に若い執筆者の情熱と努力の産物といってよい。

　執筆者の多くは, 過去十数年にわたり, 読解研究と, 言語を中心とした認知科学研究の両分野について共同研究を重ね, また, 他分野の研究者との討議にも活発に参加してきた。その間, このグループに新進気鋭の研究者が数人加わった。米国の大学において, 長年にわたり読解研究に従事し, その研究成果が内外で高く評価されている堀場裕紀江さんもその一人で, 本書の理論構築に一段の精彩を加える結果となった。

　本書が, 英文読解を含む英語教育, 広くは第二言語教育の分野に, 新たな情報を提供し, 学習と教授, カリキュラム, 評価などについて, 研究および教育の実践に貢献するものであることを願っている。

　さらに, 関連する他の分野, 言語学, 認知心理学, 脳科学, 情報科学など多方面にわたって関心を喚起することができれば望外の喜びである。

天満美智子

参考文献

Adams, M.J.(1994). Modeling the connections between word recognition and reading. In R. B. Ruddell, M. R. Ruddell, & H. Singer (Eds.), *Theoretical models and processes of reading* (4th ed.), (pp. 838-863). Newark, DE: International Reading Association.

Adams, S. (1982). Scripts and recognition of unfamiliar vocabulary: Enhancing second language reading skills. *The Modern Language Journal, 66*, 155-159.

Aebersold, J. A. & Field, M. L. (1997). *From reader to reading teacher*. New York: Cambridge University Press.

Afflerbach, P. & Johnson, P. (1980). On the use of verbal reports in reading research. *Journal of Reading Behavior, 16*, 307-322.

Aitchson, J. (1994). *Words in the mind* (2nd ed.). Oxford: Blackwell.

Alderson, J.C. (1984). Reading in a foreign language: A reading problem or a language problem? In J. C. Alderson & A. H. Urquhart (Eds.), *Reading in a foreign language* (pp. 1-24). London: Longman.

Alderson, J. C. & Urquhart, A. H. (Eds.) (1984). *Reading in a foreign language*. London: Longman.

Anderson, J. R. (1976). *Language, memory, and thought*. Hillsdale, NJ: Erlbaum.

Anderson, J. R. (1980). *Cognitive psychology and its implications*. San Francisco, CA: W. H. Freeman.

Anderson, N. J. (1991). Individual differences in strategy use in second language reading and testing. *Modern Language Journal, 75*, 460-472.

Anderson, N. J., Bachman, L., Perkins, K., & Cohen, A. (1991). An exploratory study into the construct validity of a reading comprehension test: Triangulation of data sources. *Language Testing, 8*, 41-66.

Anderson, R. C. (1990). Inferences about word meanings. In A. C. Graesser & G. H. Bower, (Eds.), *Inferences and text comprehension* (pp. 1-16). San Diego, CA: Academic Press.

Auerbach, E. R. & Paxton, D. (1997). "It's not the English thing": Bringing reading research into the ESL classroom. *TESOL Quarterly, 31*,

237-261.

Bachman, L. F. (1990). *Fundamental considerations in language testing*. New York: Oxford University Press.

Baddeley, A. D. (1986). *Working memory*. New York: Oxford University Press.

Baddeley, A. D. (1990). *Human memory: Theory and practice*. Boston, MA: Allyn & Bacon.

Baddeley, A. D. (1996). The concept of working memory. In S.E. Gathercole (Ed.), *Models of short-term memory* (pp. 1-27). Hove: Psychology Press.

Baddeley, A. D., Papagno, C., & Vallar, G. (1988). When long-term learning depends on short-term storage. *Journal of Memory and Language, 27*, 586-596.

Baddeley, A.D. & Wilson, B. (1985). Phonological coding and short-term memory in patients without speech. *Journal of Memory and Language, 24*, 490-502.

Baker, L. (1989). Metacognition, comprehension monitoring, and the adult reader. *Educational Psychology Review, 1*, 3-38.

Baker, L. & Brown, A. L. (1984). Metacognitive skills and reading. In P. D. Pearson, M. Kamil, R. Barr, & P. Mosenthal (Eds.), *Handbook of reading research* (Vol. 1) (pp. 353-394). New York: Longman.

Balota, D. A., Flores d'Arcais, G. B., & Rayner, K. (Eds.) (1990). *Comprehension processes in reading*. Hillsdale, NJ: Erlbaum.

Barry, S., & Lazarte, A. A. (1998). Evidence for mental models: How do prior knowledge, syntactic complexity, and reading topic affect inference generation in a recall task for nonnative readers of Spanish? *The Modern Language Journal, 82*, 176-199.

Bartlett, F. C. (1932). *Remembering: An experimental and social study*. Cambridge, MA: Cambridge University Press.

Barzilay, R. & Elhadad, M. (1997). Using lexical chains for text summarization. *Proceedings of ACL Workshop on Intelligent Scalable Text Summarization*, 10-17.

Bernhardt, E. B. (1986). Cognitive processes in L2: An examination of reading behaviors. In J. Lantolf & A. Labarca (Eds.), *Delaware symposia on language studies: Research in second language acquisition in the classroom setting* (pp. 35-50). Norwood, NJ: Ablex.

Bernhardt, E. B. (1991). *Reading development in a second language: Theoretical, empirical, and classroom perspectives*. Norwood, NJ:

Ablex.

Bernhardt, E. B. (2000). Second-language reading as a case study of reading scholarship in the 20th century. In M. L. Kamil, P. B. Mosenthal, P. D. Pearson, & R. Barr (Eds.), *Handbook of reading research* (Vol. 3), (pp. 791-811). Mahwah, NJ: Erlbaum.

Bernhardt, E. B. & Kamil, M. L. (1995). Interpreting relationship between L1 and L2 reading: Consolidating the linguistic threshold and the linguistic interdependence hypothesis. *Applied Linguistics, 16*, 15-34.

Birdsong, D. (1989). *Metalinguistic performance and interlanguage competence*. New York: Springer.

Bley-Vroman, R. (1989). What is the logical problem of foreign language learning? In S. Gass & J. Schacter (Eds.), *Linguistic perspectives on second language acquisition* (pp. 41-68). New York: Cambridge University Press.

Block, E. (1986). The comprehension strategies of second language readers. *TESOL Quarterly, 20*, 463-494.

Boguraev, B. & Kennedy, C. (1997). Salience-based content characterization of text documents. *Proceedings of ACL Workshop on Intelligent Scalable Text Summarization*, 2-9.

Boguraev, B., Kennedy, C., Bellamy, R., Brawer, S., Wong, Y., & Swartz, J. (1998). Dynamic presentation of document content for rapid on-line skimming. *Proceedings of AAAI Spring Symposium on Intelligent Text Summarization*, 118-127.

Bossers, B. (1991). On thresholds, ceilings and short-circuits: The relation between L1 reading, L2 reading and L2 knowledge. *AILA Review, 8*, 45-60.

Bovair, S. & Kieras, D. E. (1985). A guide to propositional analysis for research on technical prose. In B. K. Britton & J. B. Black (Eds.), *Understanding expository text* (pp. 315-362). Hillsdale, NJ: Erlbaum.

Boyarin, D. (1992). Placing reading: Ancient Israel and Medieval Europe. In J. Boyarin (Ed.), *The Ethnography of reading* (pp. 10-37). Berkley, CA: University of California Press.

Bransford, J. D. & Johnson, M. K. (1972). Contextual prerequisites for understanding: Some investigations of comprehension and recall. *Journal of Verbal Learning and Verbal Behaviour, 11*, 717-26.

Brisbois, J. E. (1995). Connections between first- and second-language reading. *Journal of Reading Behavior, 27*, 565-584.

Britton, B. K. (1994). Understanding expository text: Building mental structures to induce insights. In M. A. Gernsbacher (Ed.), *Handbook of psycholinguistics*, (pp. 641-674). San Diego, CA: Academic Press.

Britton, B. K. & Graesser, A. C. (Eds.) (1996). *Models of understanding text*. Mahwah, NJ: Erlbaum.

Brown, C. (1993). Factors affecting the acquisition of vocabulary: Frequency and saliency of words. In T. Huckin, M. Haynes, & J. Coady (Eds.), *Second language reading and vocabulary learning* (pp. 263-284). Norwood, NJ: Ablex.

Brown, C. (1998). L2 reading: An update on relevant L1 research. *Foreign Language Annals, 31*, 191-202.

Brown, G. & Yule, G. (1983). *Discourse analysis*. Cambridge: Cambridge University Press.

Brugman, C. M. (1988). *The story of over: Polysemy, semantics, and the structure of the lexicon*. New York: Garland.

Carnodi, C. & Oakhill, J. (Eds) (1996). *Reading comprehension difficulties*. Hillsdale, NJ: Erlbaum.

Carpenter, P. A. & Just, M. A. (1989). The role of working memory in language comprehension. In D. Klahr & K. Kotovsky (Eds.), *Complex information processing: The impact of Herbert A. Simon* (pp. 31-68). Hillsdale, NJ: Erlbaum.

Carpenter, P. A., Miyake, A., & Just, M. A. (1994). Working memory constraints in comprehension: Evidence from individual differences, aphasia, and aging. In M. A. Gernsbacher(Ed.), *Handbook of psycholinguistics* (pp. 1075-1122). San Diego, CA: Academic Press.

Carr, T. H. & Pollatsek, A. (1985). Recognizing printed words: A look at current models. In D. Besner, T. G. Waller, & G. E. MacKinnon (Eds.), *Reading research: Advances in theory and practice* (Vol. 5) (pp. 1-82). San Diego, CA: Academic Press.

Carrell, P. L. (1987). Content and formal schemata in ESL reading. *TESOL Quarterly, 21*, 461-481.

Carrell, P. L. (1989). Metacognitive awareness and second language learning. *Modern Language Journal, 73*, 124-34.

Carrell, P. L. (1991). Second language reading: Reading ability or language proficiency? *Applied Linguistics, 12*, 159-179.

Carrell, P. L. (1992). Awareness of text structure: Effects on recall. *Language Learning, 42*, 1-20.

Carrell, P. L. (1994). Awareness of text structure: Effects on recall. In A. H. Cumming (Ed.), *Bilingual performance in reading and writing.*

Ann Arbor, MI: Research Club in Language Learning.

Carrell, P. L. (1998). Can reading strategies be successfully taught? *The Language Teacher, 22* (3), 7-14.

Carrell, P. L., Devine, J., & Eskey, D. (1988). *Interactive approaches to second language reading*. New York: Cambridge University Press.

Carrell, P. L. & Eisterhold, J. C. (1983). Schema theory and ESL reading. *TESOL Quarterly, 17*, 553-573.

Carrell, P. L., Pharis, B. G., & Liberto, J. C. (1989). Metacognitive strategy training for ESL reading. *TESOL Quarterly, 23*, 647-678.

Carrell, P. L. & Wise, T. E. (1998). The relationship between prior knowledge and topic interest in second language reading. *Studies in Second Language Acquisition, 20*, 285-309.

Chomsky, N. (1975). *Reflections on language*. New York: Pantheon Books.

Chomsky, N. (1981). *Lectures on government and binding*. Dordrecht: Foris.

Church, K. W. (1988). A stochastic parts program and noun phrase parser for unrestricted text. *Proceedings of the 2nd Applied Natural Language Processing*, 136-143.

Clark, H. H. (1996). *Using language*. Cambridge: Cambridge University Press.

Clark, H. & Clark, E. (1977). *Psychology and language: An introduction to psycholinguistics*. New York: Harcourt Brace Jovanovich.

Clark, H. H. & Haviland, S. E. (1977). Comprehension and the given-new contract. In R. O. Freedle (Ed.), *Discourse production and comprehension* (Vol. 1) (pp. 1-40). Norwood, NJ: Ablex.

Clark, L. F. (1985). Social knowledge and inference processing in text comprehension. In G. Rickheit & H. Strohner (Eds.), *Inferences in text processing* (pp. 95-114). Amsterdam: North-Holland.

Clarke, M. A. (1979). Reading in Spanish and English: Evidence from adult ESL students. *Language Learning, 29*, 121-150.

Clarke, M. A. (1980). The short-circuit hypothesis of ESL reading—or when language competence interferes with reading performance. *The Modern Language Journal, 64*, 203-209.

Coady, J. (1993). Research on ESL/EFL vocabulary acquisition: Putting it in context. In T. Huckin, M. Haynes, & J. Coady (Eds.), *Second language reading and vocabulary learning* (pp. 3-23). Norwood, NJ: Ablex.

Cohen, A. D. (1998). *Strategies in learning and using a second language*. London: Longman.

Collins, A. H. & Loftus, E. F. (1975). A spreading-activation theory of semantic processing. *Psychological Review, 82*, 407-428.

Connor, U. (1984). Recall of text: Differences between first and second language readers. *TESOL Quarterly, 18*, 239-256.

Coté, N., Goldman, S. R., & Saul, E. U. (1998). Students making sense of informational text: Relations between processing and representation. *Discourse Processes, 25*, 1-53.

Cummins, J. (1979). Linguistic interdependence and the educational development of bilingual children. *Review of Educational Research, 49*, 222-251.

Cziko, G. A. (1980). Language competence and reading strategies: A comparison of first- and second-language oral reading errors. *Language Learning, 30*, 101-116.

Daneman, M. & Carpenter, P. A. (1980). Individual differences in working memory and reading. *Journal of Verbal Learning and Verbal Behavior, 19*, 450-466.

Daneman, M. & Green, I. (1986). Individual differences in comprehending and producing words in context. *Journal of Memory and Language, 25*, 1-18.

Daneman, M. & Merikle, P. M. (1996). Working memory and language comprehension: A meta-analysis. *Psychonomic Bulletin and Language, 25*, 1-18.

Davis, J. N. & Bistodeau, L. (1993). How do L1 and L2 reading differ? Evidence from think aloud protocols. *The Modern Language Journal, 77*, 459-472.

Day, R. R. & Bamford, J. (1998). *Extensive reading in the second language classroom*. Cambridge: Cambridge University Press.

DeRose, S. (1988). Grammatical category disambiguation by statistical optimization. *Computational Linguistics, 14*, 31-39.

Devitt, S. (1997). Interacting with authentic texts: Multilayered processes. *The Modern Language Journal 81*, 457-469.

Dillon, A. (1992). Reading from paper versus screens: A critical review of the empirical literature. *Ergonomics, 35*, 1297-1326.

Durgunoğlu, A. Y. (1997). Bilingual reading: Its components, development, and other issues. In A. M. B. de Groot & J. F. Kroll (Eds.), *Tutorials in bilingualism: Psycholinguistic perspectives* (pp. 255-276).

Mahwah, NJ: Erlbaum.

Eastwood, J. (1992). *Oxford Practice Grammar*. Oxford: Oxford University Press.

Eastwood, J. (1994). *Oxford Guide to English Grammar*. Oxford: Oxford University Press.

Ellis, A.W. & Young, A. W. (1996). *Human cognitive neuropsychology, augmented edition*. Hove: Psychology Press.

Ellis, N. & Large, B. (1988). The early stages of reading: A longitudinal study. *Applied Cognitive Psychology, 2*, 47-76.

Emmott, C. (1997). *Narrative comprehension: A discourse perspective*. Oxford: Clarendon.

Ericsson, K. A. & Kintsch, W. (1995). Long-term working memory. *Psychological Review, 102*, 211-245.

Ericsson, K. A. & Simon, H. A. (1984). *Protocol analysis: Verbal reports as data*. Cambridge, MA: The MIT Press.

Everson, M. E. & Ke, C. (1997). An inquiry into the reading strategies of intermediate and advanced learners of Chinese as a foreign language. *Journal of the Chinese Language Teacehrs Association, 32*, 1-20.

Faerch, C. & Kasper, G. (1987). *Introspection in second language research*. Philadelphia, PA: Multilingual Matters.

Fecteau, M. L. (1999). First- and second-language reading comprehension of literacy texts. *The Modern Language Journal, 83*, 475-493.

Fitzgerald, J. (1995). English-as-a-second-language learners' cognitive reading processes: A review of research in the United States. *Review of Educational Research, 65*, 145-190.

Flavell, J. H. (1978). Metacognitive development. In M. Scandura & C. J. Brainerd (Eds.), *Structural/process theories of complex human behaviour* (pp. 213-245). The Netherlands: Sijthoff & Noordhoff.

Fletcher, C. R. (1994). Levels of representation in memory for discourse. In M. A. Gernsbacher (Ed.), *Handbook of psycholinguistics* (pp. 589-607). San Diego, CA: Academic Press.

Floyd, P. & Carrell, P. L. (1994). Effects on ESL reading of teaching cultural content schemata. In Cumming, A. H. (Ed.), *Bilingual performance in reading and writing* (pp. 309-329). Ann Arbor, MI: Research Club in Language Learning.

Freedle, R. O. (Ed.) (1977). *Discourse production and comprehension*. Norwood, NJ: Ablex.

Freedle, R. & Hale, G. (1979). Acquisition of new comprehension schemata for expository prose by transfer of a narrative schema. In R. O. Freedle (Ed.), *New directions in discourse processing* (pp. 121-135). Norwood, NJ: Ablex.

Ganderton, R. (1999). Interactivity in L2 web-based reading. In R. Debski & M. Levy (Eds.), *World CALL: Global perspectives on computer-assisted language learning* (pp. 49-66). Lisse: Swets & Zeitlinger.

Garner, R. (1987). *Metacognition and reading comprehension*. Norwood, NJ: Ablex.

Garnham, A. (1981). Mental models as representations of discourse and text. Unpublished doctoral dissertation, University of Sussex.

Garrett, M. F. (1970). Does ambiguity complicate the perception of sentences? In G. B. F. Flores d'Arcais & W. J. M. Levelt (Eds.), *Advances in psycholinguitics* (pp. 48-60). Amsterdam: North-Holland Publishing.

Gathercole, S. E. & Baddeley, A. D. (1989). Evaluation of the role of phonological STM in the development of vocabulary in children: A longitudinal study. *Journal of Memory and Language, 28*, 200-213.

Gathercole, S. E. & Baddeley, A. D. (1990). Phonological memory deficits in language disordered children: Is there a causal connection? *Journal of Memory and Language, 29*, 336-360.

Gathercole, S. E. & Baddeley, A. D. (1993). *Working memory and language*. Hove: Erlbaum.

Gernsbacher, M. A. & Givón, T. (1995). Introduction: Coherence as a mental entity. In M. A. Gernsbacher & T. Givón (Eds.), *Coherence in spontaneous text* (pp. vii-x). Amsterdam: John Benjamins.

Givón, T. (1995). Coherence in text vs. coherence in mind. In M. A. Gernsbacher & T. Givón (Eds.), *Coherence in spontaneous text* (pp. 59-115). Amsterdam: John Benjamins.

Glushko, R. J. (1979). The organization and activation of orthographic knowledge in reading aloud. *Journal of Experimental Psychology: Human Perception and Performance, 5*, 674-691.

Goldman, S. R. & Varnhagen, C. K. (1986). Memory for embedded and sequential story structures. *Journal of Memory and Language, 25*, 401-418.

Grabe, W. (1991). Current developments in second language reading research. *TESOL Quarterly, 25*, 275-406.

Graesser, A. C., Bertus, E. L., & Magliano, J. P. (1995). Inference generation during the comprehension of narrative text. In R. F. Lorch & E.

J. O'Brien (Eds.), *Sources of coherence in reading* (pp. 295-320). Hillsdale, NJ: Earlbaum.

Graesser, A. C. & Bower, G. H. (Eds.) (1990). *Inferences and text comprehension*. San Diego, CA: Academic Press.

Graesser, A. C. & Clark, L. F. (1985). *Structures and procedures of implicit knowledge*. Norwood, NJ: Ablex.

Graesser, A. C., Millis, K. K., & Zwaan, R. A. (1997). Discourse comprehension. *Annual Review of Psychology, 48*, 163-189.

Graesser, A. C., Singer, M., & Trabasso, T. (1994). Constructing inferences during narrative text comprehension. *Psychological Review, 101*, 371-395.

Graesser, A. C., Swamer, S. S., Baggett, W. B., & Sell, M. A. (1996). New models of deep comprehension. In B. K. Britton & A. C. Graesser (Eds.), *Models of understanding text* (pp. 1-32). Mahwah, NJ: Erlbaum.

Graham, J.(1999). The Reader's Helper: A personalized document reading environment. *Proceedings of CHI '99*, 481-488.

Grice, H. P. (1975). Logic and conversation. In P. C. Cole & J. L. Morgan (Eds.), *Syntax and semantics: Speech acts* (Vol. 3) (pp. 41-58). New York: Seminar Press.

Hammadou, J. (1991). Interrelationships among prior knowledge, inference, and language proficiency in foreign language reading. *The Modern Language Journal, 75*, 27-38.

Hardyk, C. D. & Petrinovitch, L. R. (1970). Subvocal speech and comprehension level as a function of the difficulty level of reading material. *Journal of Verbal Learning and Verbal Behavior, 9*, 647-652.

Harrington, M. (1991). Processing transfer: Language-specific processing strategies as a source of interlanguage variation. *Applied Psycholinguistics, 8*, 351-377.

Harrington, M. & Sawyer, M. (1992). L2 working memory capacity and L2 reading skill. *Studies in Second Language Acquisition, 14*, 25-38.

Hill, L. A. (1977). *Advanced stories for reproduction*. Tokyo: Oxford University Press.

Hinds, J. (1983). Linguistics and written discourse in English and Japanese: A contrastive study (1978-82). In R. B. Kaplan (Ed.), *Annual review of applied linguistics 1982* (pp. 78-84). Rowley, MA: Newbury House.

Hinds, J. (1984). Retention of information using a Japanese style of presentation. *Studies in Language, 8*, 45-49.

Hirsh, D. & Nation, P. (1992). What vocabulary size is needed to read unsimplified texts for pleasure? *Reading in a Foreign Language, 8*, 689-696.

Horiba, Y. (1990, November). The teacher as researcher in the classroom: Use of recall and verbal protocol data in teaching reading. Paper presented at the annual meeting of ACTFL (American Council on the Teaching of Foreign Languages) Convention.

Horiba, Y. (1993). The role of causal reasoning and language competence in narrative comprehension. *Studies in Second Language Acquisition, 15*, 49-81.

Horiba, Y. (1996). Comprehension processes in L2 reading: Language competence, textual coherence, and inferences. *Studies in Second Language Acquisition, 18*, 433-473.

Horiba, Y. (2000). Reader control in reading: Effects of language competence, text type, and task. *Discourse Processes, 29*, 223-267.

Horiba, Y., van den Broek, P., & Fletcher, C. R. (1993). Second language readers' memory for narrative texts: Evidence for structure-preserving top-down processing. *Language Learning, 43*, 345-372.

Hovy, E. & Lin, C. (1997). Automated text summarization in SUMMARIST. *Proceedings of ACL Workshop on Intelligent Scalable Text Summarization*, 18-24.

Hudson, T. (1982). The effect of induced schemata on the "short-circuit" in L2 reading: Non-decoding factors in L2 reading performance. *Language Learning, 32*, 1-31.

Jackendoff, R. (1977). *X' syntax: A study of phrase structure*. Cambridge, MA: MIT Press.

Jacobs, A. M. & Grainger, J. (1994). Models of visual word recognition: Sampling the state of the art. *Journal of Experimental Psychology: Human Perception and Performance, 20*, 1311-1334.

Jaiggli, O. & Safir, K. J. (Eds.) (1989). *The null subject parameter*. Dordrecht: Kluwer Academic Press.

Jarvis, S. (1998). *Conceptual transfer in the interlingual lexicon*. Bloomington, IN: Indiana University Linguisitics Club Publications.

Jimenez, R. T., García, G. E., & Pearson, P. D. (1994). Three children, two languages, and strategic reading: Case studies in bilingual/monolingual reading. *American Educational Research Journal, 32*, 67-98.

Johnson, P. (1981). Effects on reading comprehension of language complexity and cultural background of a text. *TESOL Quarterly, 15*, 169-181.

Johnson, P. (1982). Effects on reading comprehension of building background knowledge. *TESOL Quarterly, 16*, 503-516.

Johnson-Laird, P. N. (1983). *Mental models: Towards a cognitive science of language, inference, and consciousness*. Cambridge, MA: Harvard University Press.

Just, M. A. & Carpenter, P. A. (1987). *The psychology of reading and language comprehension*. Newton, MA: Allyn & Bacon.

Just, M. A. & Carpenter, P. A. (1992). A capacity theory of comprehension: Individual differences in working memory. *Psychological Review, 99*, 122-149.

Keenan, J. M., Potts, G. R., Golding, J. M., & Jennings, T. M. (1990). Which elaborative inferences are drawn during reading? A question of methods. In D. A. Balota, G. B. Flores d'Arcais, & K. Rayner (Eds.), *Comprehension processes in reading* (pp. 377-402). Hillsdale, NJ: Erlbaum.

Kern, R. G. (1997, March). L2 reading strategy training: A critical perspective. Paper presented at the AAAL Conference, Orlando, FL.

Kintsch, W. (1974). *The representation of meaning in memory*. Hillsdale, NJ: Erlbaum.

Kintsch, W. (1988). The use of knowledge in discourse processing: A construction-integration model. *Psychological Review, 95*, 163-182.

Kintsch, W. (1998). *Comprehension: A paradigm for cognition*. Cambridge: Cambridge University Press.

Kintsch, W. & van Dijk, T. A. (1978). Toward a model of text comprehension and production. *Pshychological Review, 95*, 363-394.

Koda, K. (1987). Cognitive strategy transfer in second language reading. In J. Devine, P. L. Carrell, & D. E. Eskey (Eds.), *Research in reading English as a second language*. Washington, DC: TESOL.

Koda, K. (1993). Transferred L1 strategies and L2 syntactic structure in L2 sentence comprehension. *The Modern Language Journal, 77*, 490-500.

Krashen, S. D. (1982). *Principles and practice in second language acquisition*. London: Pergamon.

Krashen, S. D. (1985). *The input hypothesis: Issues and implications*. New York: Longman.

Krashen, S. D. (1989). We acquire vocabulary and spelling by reading:

Additional evidence for the input hypothesis. *The Modern Language Journal, 73*, 440-464.

Kroll, J. F. & de Groot, A. M. B. (1997). Lexical and conceptual memory in the bilingual: Mapping form to meaning in two languages. In A. M. B. de Groot & J. F. Kroll (Eds.), *Tutorials in bilingualism: Psycholinguistic perspectives* (pp. 169-199). Mahwah, NJ: Erlbaum.

LaBerge, P. & Samuels, S. J. (1974). Toward a theory of automatic information procesing in reading. *Cognitive Psychology, 6*, 293-323.

Lakoff, G. (1987). *Women, fire, and dangerous things: What categories reveal about the mind*. Chicago, IL: The University of Chicago Press.

Lakoff, G. & Johnson, M. (1980). *Metaphors we live by*. Chicago, IL: The University of Chicago Press.

Langacker, R. W. (1987). Foundations of cognitive grammar: Theoretical prerequisites (Vol.1). Stanford, CA: Stanford University Press.

Laufer, B. (1990). Ease and difficulty in vocabulary learning: Some teaching implications. *Foreign Language Annals, 23*, 147-155.

Laufer, B. (1991a). The development of L2 lexis in the expression of the advanced learner. *The Modern Language Journal, 75*, 440-448.

Laufer, B. (1991b). How much lexis is necessary for reading comprehension? In P. J. L. Arnaud & H. Bejoint (Eds.), *Vocabulary and applied linguistics* (pp. 126-132). Basingstoke: Macmillan.

Lee, J. F. (1986). On the use of the recall task to measure L2 reading comprehension. *Studies in Second Language Acquisition, 8*, 201-220.

Lee, J. F. & Musumeci, D. (1988). On hierachies of reading skills and text types. *The Modern Language Journal, 72*, 173-187.

Lee, J. W. & Schallert, D. L. (1997). The relative contribution of L2 language proficiency and L1 reading ability to L2 reading performance: A test of the threshold hypothesis in an EFL context. *TESOL Quarterly, 31*, 713-739.

Lesgold, A. M. & Perfetti, C. A. (Eds.) (1981). *Interactive processes in reading*. Hillsdale, NJ: Erlbaum.

Long, D. L. (1990). Goal, event, and state inferences: An investigation of inference generation during story comprehension. In A. C. Graesser & G. H. Bower (Eds.), *Inferences and text comprehension* (pp. 89-102). San Diego, CA: Academic Press.

Long, D. L., Golding, J. M., & Graesser, A. C. (1992). A test of the on-line status of goal-related inferences. *Journal of Memory and Language, 31*, 634-637.

Long, D. L., Oppy, B. J., & Seely, M. R. (1997). Individual differences in readers' sentence- and text-level representations. *Journal of Memory and Language, 36*, 129-145.

Lorch, R. F. & O'Brien, E. J. (Eds.) (1995). *Sources of coherence in reading*. Hillsdale, NJ: Earlbaum.

Luhn, H. P. (1958). The automatic creation of literature abstracts. *IBM Journal of Research and Development, 2*, 159-165.

Luria, A. R. (1976). *Cognitive Development: Its cultural and social foundations*. Cambridge, MA: Harvard University Press.

MacWhinney, B. & Bates, E. (Eds.) (1989). The crosslinguistic study of sentence processing. New York: Cambridge University Press.

Makita, K. (1968). The rarity of reading disability in Japanese children. *American Journal of Ortho-psychiatry, 38*, 599-614.

Mandler, J. M. & Johnson, N. S. (1977). Remebrance of things parsed: Story structure and recall. *Cognitive Psychology, 9*, 111-151.

Matsunaga, S. (1999, August). Automaticity in reading Japanese as L1 and L2. Paper presented at the 12th World Congress of Applied Linguistics, Tokyo, Japan.

McDonough, S. H. (1999). Learner strategies. *Language Teaching, 32*, 1-18.

McKoon, G. & Ratcliff, R. (1980). The comprehension processes and memory structures involved in anaphoric references. *Journal of Verbal Learning and Verbal Behavior, 19*, 668-682.

McKoon, G. & Ratcliff, R. (1992). Inference during reading. *Psychological Review, 99*, 440-466.

McLaughlin, B. (1987). Reading in a second language: Studies with adult and child learners. In S. R. Goldman & H. T. Trueba (Eds.), *Becoming literate in English as second language*. Norwood, NJ: Ablex.

McLeod, B. & McLaughlin, B. (1986). Restructuring or automaticity? Reading in a second language. *Language Learning, 36*, 109-123.

Meyer, B. J. F. (1975). *The organization of prose and its effect on memory*. Amsterdam: North-Holland.

Miller, G. A., Beckwith, R., Fellbaum, C., Gross, D., & Miller, K. J. (1990). Introduction to WordNet: An on-line lexical database [Special issue]. *International Journal of Lexicography, 3*, 235-244.

Miyake, A., Just, M. A., & Carpenter, P. A. (1994). Working memory constraints on the resolution of lexical ambiguity: Maintaining multiple interpretations in neutral context. *Journal of Memory and*

Language, 33, 175-202.

Miyaura, K. (1997b). Rethinking difficulties in comprehending humorous texts: Causal inferences and coherent models. *The Annual Report of the Institute for Research in Language and Culture at Tsuda College, 12*, 175-188.

Morais, J., Cary, L., Alegria, J., & Bertelson, P. (1979). Does awareness of speech as a sequence of phones arise spontaneously? *Cognition, 7*, 323-331.

Morais, J., Content, A., Bertelson, P., Cary, L., & Kolinsky, R. (1988). Is there a critical period for the acquisition of segmental analysis? *Cognitive Neuropsychology, 5*, 347-352.

Morton, J. (1984). Brain-based and non-brain-based models of language. In D. Caplan, A.R. Lecours, & A. Smith (Eds.), *Biological perspectives on language* (pp. 40-64). Cambridge, MA: MIT Press.

Murasugi, K. (1988). Structural and pragmatic constraints on children's understanding of backward anaphora. *University of Connecticut Working Papers in Linguistics, 2*, 40-68.

Murray, J. D., Klin, C. M., & Myers, J. L. (1993). Forward inferences in narrative text. *Journal of Memory and Language, 32*, 464-473.

Myklebust, H. R. (1978). *The psychology of deafness*. New York: Grune & Stratton.

Nagy, W. E. & Herman, P. A. (1987). Breadth and depth of vocabulary knowledge: Implications for acquisition and instruction. In M. G. McKeown & M. E. Curtis (Eds.), *The nature of vocabulary acquisition* (pp. 19-35). Hillsdale, NJ: Erlbaum.

Narita, M., Katooka, T., & Ooguro, Y. (1996). Building a dictionary for word translation by digital copiers. *TKE'96: Terminology and Knowledge Engineering*, 315-320.

Nash, W. & Stacey, D. (1997). *Creating texts*. London: Addison Wesley Longman.

Nation, I. S. P. (1990). *Teaching and learning vocabulary*. Boston, MA: Heinle & Heinle.

Neman, B. S. (1995). *Teaching students to write* (2nd ed.). Oxford: Oxford University Press.

Noordman, L. G. M., Vonk, W., & Kempff, H. J. (1992). Causal inferences during the reading of expository texts. *Journal of Memory and Language, 31*, 573-590.

Norman, D. A., Rumelhart, D. E., & the LNR Research Group. (1975).

Explanation in cognition. San Francisco, CA: W. H. Freeman.

Nuttall, C. (1982). *Teaching reading skills in a foreign language*. London: Heinemann.

Nuttall, C. (1996). *Teaching reading skills in a foreign language* (2nd ed.). Oxford: Heinemann.

Oakhill, J. & Garnham, A. (Eds.) (1992). *Discourse representation and text processing*. East Sussex: Erlbaum.

Oakhill, J. & Yuill, N. (1996). Higher order factors in comprehension disability: Processes and remediation. In C. Cornoldi & J. Oakhill (Eds.), *Reading comprehension difficulties: Processes and intervention* (pp. 69–92). Mahwah, NJ: Erlbaum.

O'Brien, E. J., Lorch, R. F., Jr., & Myers, J. L. (Eds.) (1998). Memory-based text processing [Special issue]. *Discourse Processes, 26* (2&3).

O'Hara, K. & Sellen, A. J. (1997). A comparison of reading paper and on-line documents. *Proceedings of CHI'97*, 335–342.

Omaggio Hadley, A. (1993). *Teaching language in context* (2nd ed.). Boston, MA: Heinle & Heinle.

Osaka, M. & Osaka, N. (1992). Language-independent working memory as measured by Japanese and English reading span tests. *Bulletin of the Psychonomic Society, 30*, 287–289.

Oxford, R. L. (1990). *Language learning strategies: what every teacher should know*. New York: Newbury House.

Ozaki, K. (2000). *Phonological recoding in single word recognition and text comprehension in English and Japanese*. Unpublished doctoral dissertation, University of Sussex.

Padden, C. & Ramsey, C. (2000). American sign language and reading ability in deaf children. In C. Chamberlain, J. Morford, & R. Mayberry (Eds.), *Language acquisition by eye* (pp. 165–189). Hillsdale, NJ: Erlbaum.

Palmer, H.E. (1964). *The principles of language-study*. Oxford: Oxford University Press. (Original work published 1921).

Palmer, H.E. (1968). *The scientific study and teaching of languages*. Oxford: Oxford University Press. (Original work published 1917)

Papagno, C., Valentine, T., & Baddeley, A. D. (1991). Phonological short-term memory and foreign language vocabulary learning. *Journal of Memory and Language, 30*, 331–347.

Parry, K.J. (1991). Building a vocabulary through academic reading. *TESOL Quarterly, 25*, 629–653.

Parry, K. (1996). Culture, literacy, and L2 reading. *TESOL Quarterly, 30*, 665–692.

Pemberton, C. (1994). *Writing paragraphs* (2nd ed.). Cambridge, MA: Allyn & Bacon.

Perfetti, C. A. (1985). *Reading ability*. New York: Oxford University Press.

Perfetti, C. A. (1988). Verbal efficiency in reading ability. In M. Daneman, G. E. Makinnon, & T. G. Walker (Eds.), *Reading research: Advances in theory and practice* (pp. 109–143). San Diego, CA: Acadmic Press.

Perfetti, C. A. (1993). Why inferences might be restricted. *Discourse Processes, 16,* 181–192.

Perfetti, C. A. & Zhang, S. (1995). Very early phonological activation in Chinese reading. *Journal of Experimental Psychology: Learning, Memory, and Cognition, 21,* 24–33.

Perfetti, C. A., Zhang, S., & Berent, I. (1992). Reading in English and Chinese: Evidence for a "universal" phonological principle. In R. Frost & L. Katz (Eds.), *Orthography, phonology, morphology, and meaning* (pp. 227–248). Amsterdam: North-Holland.

Pressley, M. & Afflerbach, P. (1995). *Verbal protocols of reading: The nature of constructively responsive reading*. Hillsdale: Erlbaum.

Pritchard, R. (1990). The effects of cultural schemata on reading processing strategies. *Reading Research Quarterly, 25,* 273–295.

Quirk, R., Greenbaum, S, Leech, G., & Svartvik, J. (1972). *A grammar of contemporary English*. Essex: Longman.

Quirk, R. Greenbaum, S, Leech, G., & Svartvik, J. (1985). *A comprehensive grammar of the English language*. London: Longman.

Radev, D. R. & McKeown, K. R.(1998). Generating natural language summaries from multiple on-line sources. *Computational Linguistics, 24,* 469–500.

Ratcliff, R. (1978). A theory of memory retrieval. *Psychological Review, 85,* 59–108.

Rayner, K., Well, A. D., Pollatsek, A., & Bertera, H. A. (1982). The availability of useful information to the right of fixation during reading. *Perception and Psychophysics, 31,* 537–550.

Reinhart, T. (1983). *Anaphora and semantic interpretation*. London: Croom Helm.

Richards, J. C., Platt, J., & Platt, H. (1992). *Dictionary of Language Teaching and Applied Linguistics*. Harlow: Longman.

Rickheit, G., Schnotz, W., & Strohner, H. (1985). The concept of inference in discourse comprehension. In G. Rickheit & H. Strohner (Eds.), *Inferences in text processing* (pp. 3-49). Amsterdam: North-Holland.

Rickheit, G. & Strohner, H. (Eds.) (1985). *Inferences in text processing*. Amsterdam: North-Holland.

Ringbom, H. (1992). On L1 transfer in L2 comprehension and L2 production. *Language Learning, 42,* 85-112.

Rivers, W. M. (1981). *Teaching foreign-language skills* (2nd ed.). Chicago, IL: University of Chicago Press.

Rubin, J. (1975). What the good language learner can tell us. *TESOL Quarterly, 9,* 41-51.

Rumelhart, D. E. (1975). Notes on a schema for stories. In D. G. Bobrow & A. Collins (Eds.), *Representation and understanding: Studies in cognitive science* (pp. 211-236). New York: Academic Press.

Rumelhart, D. E. (1977a). Toward an interactive model of reading. In S. Dornic (Ed.), *Attention and performance* VI. Hillsdale, NJ: Erlbaum.

Rumelhart, D. E. (1977b). *Introduction to human information processing*. New York: Wiley.

Rumelhart, D. E. (1977c). Understanding and summarizing brief stories. In D. LaBerge & J. Samuels (Eds.), *Basic processes in reading: Perception and comprehension* (pp. 265-303). Hillsdale, NJ: Erlbaum.

Rumelhart, D. E. (1980). Schemata: The building blocks of cognition. In R. J. Spiro, B. C. Bruce, & W. F. Brewer (Eds.), *Theoretical issues in reading comprehension* (pp. 33-58). Hillsdale, NJ: Erlbaum.

Rumelhart, D.E. (1984). Understanding understanding. In J. Flood (Ed.), *Understanding reading comprehension* (pp. 1-20). Newark, DE: International Reading Association.

Rumelhart, D. E. & Ortony, A. (1977). The representation of knowledge in memory. In R. C. Anderson, R. J. Spiro, & W. E. Montague (Eds.), *Schooling and the acquisition of knowledge* (pp. 99-135). Hillsdale, NJ: Erlbaum.

Sakuma, N., Sasanuma, S., Tatsumi, I. F., & Masaki, S. (1998). Orthography and phonology in reading Japanese kanji words: Evidence from the semantic decision task with homophones. *Memory & Cognition, 26,* 75-87.

Samuels, S. J. (1977). Introduction to theoretical models of reading. In W. Otto (Ed.), *Reading problems*. (pp. 7-41). Boston, MA: Addison-Wesley.

Samuels, S. J. (1994). Toward a theory of automatic information processing in reading, revisited. In R. B. Ruddell, M. R. Ruddeell, & H. Singer (Eds.), *Theoretical models and processes of reading* (4th ed.) (pp. 816-837). Newark, DE: International Reading Association.

Sanford, A. J. (1999). Word meaning and discourse processing: A tutorial review. In S. Garrod & M. J. Pickering (Eds.), *Language processing* (pp. 301-334). East Sussex: Psychology Press.

Saragi, T., Nation, I. S. P., & Meister, G. F. (1978). Vocabulary learning and reading. *System, 6* (2), 72-78.

Sasaki, Y. (1991). English and Japanese interlanguage comprehension strategies: An analysis based on the competition model. *Applied Psycholinguistics, 12*, 47-73.

Savignon, S. J. (1983). *Communicative competence: Theory and practice*. Boston, MA: Addison-Wesley.

Schank, R. C. (1982). *Reading and understanding*. Hillsdale, NJ: Erlbaum.

Schank, R. C. & Abelson, R. (1977). *Scripts, plans, goals, and understanding: An inquiry into human knowledge structures*. Hillsdale, NJ: Erlbaum.

Schreuder, R. & Weltens, B. (1993). *The bilingual lexicon*. Amsterdam: John Benjamins.

Searle, J. R. (1969). *Speech acts*. Cambridge: Cambridge University Press.

Searle, J. R. (1975). Indirect speech acts. In P. Cole & J. L. Morgan (Eds.), *Syntax and semantics, Vol. 3: Speech acts* (pp. 59-82). New York: Seminar Press.

Seifert, C. M. (1990). Content-based inferences in text. In A. C. Graesser & G. H. Bower (Eds.), *Inferences and text comprehension* (pp. 103-122). San Diego, CA: Academic Press.

Seifert, C. M., Robertson, S. P., & Black, J. B. (1985). Types of inferences generated during reading. *Journal of Memory and Language, 24*, 405-422.

Service, E. (1992). Phonology, working memory, and foreign-language learning. *Quarterly Journal of Experimental Psychology, 45A*, 21-50.

Shallice, T. & Warrington, E.K. (1980). Single and multiple component central dyslexic syndromes. In M. Coltheart, K. E. Patterson, & J. C. Marshall (Eds.), *Deep dyslexia* (pp. 119-145). London: Routledge & Kegan Paul.

Shei, C.(2001). FollowYou!: An automatic language lesson generation system. *Computer Assisted Language Learning, 14*, 129-144.

Shiffrin, R. M. & Schneider, W. (1977). Controlled and automatic human information processing: II. Perceptual learning, automatic attending, and a general theory. *Psychological Review, 84*, 127-190.

Shiro, M. (1994). Inferences in discourse comprehension. In M. Coulthard (Ed.), *Advances in written text analysis* (pp. 167-178). London: Routledge & Keegan Paul.

Simpson, G. B. (1994). Context and the processing of ambiguous words. In M. A. Gernsbacher (Ed.), *Handbook of psycholinguistics* (pp. 359-374). San Diego, CA: Academic Press.

Singer, M. (1994). Discourse inference processes. In M. A. Gernsbacher (Ed.), *Handbook of psycholinguistics* (pp. 479-515). San Diego, CA: Academic Press.

Singer, M. & Ferreira, F. (1983). Inferring consequences in story comprehension. *Journal of Verbal Learning and Verbal Behavior, 22*, 437-448.

Singer, M., Graesser, A. C., & Trabasso, T. (1994). Minimal or global inference during reading. *Journal of Memory and Language, 33*, 421-441.

Singer, M., Halldorson, M., Lear, J. C., & Andrusiak, P. (1992). Validation of causal bridging inferences in discourse understanding. *Journal of Memory and Language, 31,* 507-524.

Singer, M., Revlin, R., & Halldorson, M. (1990). Bridging-inferences and enthymemes. In A. C. Graesser & G. H. Bower (Eds.), *Inferences and text comprehension* (pp. 35-51). San Diego, CA: Academic Press.

Singer, M. & Ritchot, K. F. M. (1996). The role of working memory capacity and knowledge access in text inference processing. *Memory & Cognition, 24*, 733-742.

Sperber, D. & Wilson, D. (1986). *Relevance, communication and cognition*. Oxford: Blackwell.

Stanovich, K. E. (1980). Towards an interactive-compensatory model of individual differences in the development of reading fluency. *Reading Research Quarterly, 16*, 32-71.

Stanovich, K. E. (1992). The psychology of reading: Evolutionary and revolutionary developments. In W. Grabe (Ed.), *Annual Review of Applied Linguistics 12* (pp. 3-30). Cambridge: Cambridge University Press.

Steffensen, M.S. (1987). The effect of context and culture on children's L2 reading: A review. In Devine, J., Carrell, P.L., & Eskey, D.E. (Eds.),

Research in reading in English as a second language (pp. 43-54). Washington, DC: TESOL.

Steffensen, M. S. & Joag-Dev, C. (1984). Cultural knowledge and reading. In Andersen, J. C. & Urquhart, A. H. (Eds.), *Reading in a foreign language* (pp. 48-64). London: Longman.

Steffensen, M. S., Joag-Dev, C., & Anderson, R. C. (1977). A cross-cultural perspective on reading comprehension. *Reading Research Quarterly, 15*, 10-29.

Stein, N. L. & Albro, E. R. (1997). Building complexity and coherence: Children's use of goal-structured knowledge in telling stories. In M. Bamberg (Ed.), *Narrative development: Six approaches* (pp. 5-45). Mahwah, NJ: Erlbaum.

Stein, N. L. & Glenn, C. G. (1979). An analysis of story comprehension in elementary school children. In R. O. Freedle (Ed.), *New directions in discourse processing* (pp. 53-120). Norwood, NJ: Ablex.

Stein, N. L. & Policastro, M. (1984). The concept of a story: A comparison between children's and teachers' viewpoints. In H. Mandl, N. L. Stein, & T. Trabasso (Eds.), *Learning and comprehension of text* (pp. 113-155). Hillsdale, NJ: Erlbaum.

Stern, H. H. (1975). What can we learn from the good language learner? *Canadian Modern Language Review, 31*, 304-18.

Stothard, S. E. & Hulme, C. (1996). A comparison of reading comprehension and decoding difficulties in children. In C. Cornoldi & J. Oakhill (Eds.), *Reading difficulties: Processes and intervention* (pp. 93-112). Mahwah, NJ: Erlbaum.

Swaffer, J. K., Arens, K. M., & Byrnes, H. (1991). *Reading for meaning: An integrated approach to language learning*. Englewood Cliffs, NJ: Prentice Hall.

Sweetser, E. E. (1990). *From etymology to pragmatics: Metaphorical and cultural aspects of semantic structure*. Cambridge: Cambridge University Press.

Taft, M. & Forster, K. I. (1975). Lexical storage and retrieval of prefixed words. *Journal of Verbal Learning and Verbal Behavior, 14*, 638-647.

Tajika, H. (1999). Elaborative inferences in reading comprehension. *The Annual Report of the Institute for Research in Language and Culture at Tsuda College, 14*, 128-142.

Tatsuki, D. (1999, August). Errors as a measure of language proficiency. Paper presented at the 12th World Congress of Applied Linguistics,

Tokyo, Japan.

Taylor, J. R. (1995). *Linguistic categorization: Prototypes in linguistic theory*. Oxford: Clarendon Press.

Thorndyke, P. W. (1977). Cognitive structures in comprehension and memory of narrative discourse. *Cognitive Psychology, 9*, 77-110.

Trabasso, T. & Sperry, L. L. (1985). Causal relatedness and importance of story events. *Journal of Memory and Language, 24*, 595-611.

Trabasso, T., Secco, T., & van den Broek, P. (1984). Causal cohesion and story coherence. In H. Mandl, N. L. Stein, & T. Trabasso (Eds.), *Learning and comprehension of text* (pp. 83-111). Hillsdale, NJ: Erlbaum.

Trabasso, T., Suh S., & Payton, P. (1995). Explanatory coherence in understanding and talking about events. In M. A. Gernsbacher & T. Givon (Eds.), *Coherence in spontateous text* (pp. 189-214). Amsterdam: John Benjamins.

Trabasso, T., Suh, S., Payton, P., & Jain, R. (1995). Explanatory inferences and other strategies during comprehension and their effect on recall. In R. F. Lorch & E. J. O'Brien (Eds.), *Sources of coherence in reading* (pp. 219-240). Hillsdale, NJ: Earlbaum.

Ungerer, F. & H.-J. Schmid. (1996). *An introduction to cognitive linguistics*. London: Longman.

Urquhart, S. & Weir, C. (1998). *Reading in a second language: Process, product and practice*. New York: Longman.

van den Broek, P. (1989). Causal reasoning and inference making in judging the importance of story statements. *Child Development, 60*, 286-297.

van den Broek, P. (1990). The causal inference maker: Towards a process model of inference generation in text comprehension. In D. A. Balota, G. B. Flores d'Arcais, & K. Rayner (Eds.), *Comprehension processes in reading* (pp. 423-435). Hillsdale, NJ: Erlbaum.

van den Broek, P. (1994). Comprehension and memory of narrative texts: Inference and coherence. In M. A. Gernsbacker (Ed.), *Handbook of psycholinguistics* (pp. 539-588). San Diego, CA: Academic Press.

van den Broek, P., Risden, K., & Husebye-Hartmann, E. (1995). The role of readers' standards for coherence in the generation of inferences during reading. In R. F. Lorch & E. J. O'Brien (Eds.), *Sources of coherence in reading* (pp. 353-374). Hillsdale, NJ: Earlbaum.

van den Broek, P. & Trabasso, T. (1986). Causal networks versus goal

hierarchies in summarizing text. *Discourse Processes, 9*, 1-15.
van Dijk, T. A. & Kintsch, W. (1983). *Strategies of discourse comprehension*. New York: Academic Press.
van Oostendorp, H. & Goldman, S. R. (Eds.) (1999). *The construction of mental representations during reading*. Mahwah, NJ: Erlbaum.
Verschueren, J. (1999). *Understanding pragmatics*. London: Arnold.
Whitney, P., Ritchie, B. G., & Clark, M. B. (1991). Working-memory capacity and the use of elaborative inferences in text comprehension. *Discourse Processes, 14,* 133-145.
Williams, M. & Burden, R. L. (1997). *Psychology for language teachers*. Cambridge: Cambridge University Press.
Winograd, P. & Hare, V. C. (1988). Direct instruction of reading comprehension strategies: The nature of teacher explanation. In C. E. Weinstein, E. T. Goetz, & P. A. Alexander (Eds.), *Learning and study strategies: Issues in assessment, instruction and evaluation* (pp. 121-139). San Diego, CA: Academic Press.
Wodinsky, M. & Nation, I. S. P. (1988). Learning from graded readers. *Reading in a Foreign Language, 5* (1), 155-61.
Wolf, D. F. (1993). A comparison of assessment tasks used to measure FL reading comprehension. *The Modern Language Journal, 77*, 473-489.
Wydell, T. N. (1991). *Processes in the reading of Japanese: Comparative studies between English and Japanese orthographies*. Unpublished doctoral dissertation, Birkbeck College, University of London.
Wydell, T. N. & Butterworth, B. (1999). A case study of an English-Japanese bilingual with monolingual dyslexia. *Cognition, 70*, 273-305.
Wydell, T. N., Patterson, K. E., & Humphreys, G. W. (1993). Phonologically mediated access to meaning for Kanji: Is a rows still a rose in Japanese Kanji? *Journal of Experimental Psychology: Learning, Memory, and Cognition, 19*, 491-514.
Yuill, N. & Oakhill, J. (1991). *Children's problems in text comprehension*. Cambridge: Cambridge University Press.
Zwaan, R. A. (1993). *Aspects of literary comprehension*. Amsterdam: John Benjamins.
Zwaan, R. A. & Brown, C. M. (1996). The influence of language proficiency and comprehension skills on situation-model construction. *Discourse Processes, 21*, 289-327.

岩田純一(1988)「補稿『比喩ル』の心」.山梨正明『比喩と理解』(pp. 161-180, 186-187).東京大学出版会.
大黒慶久(1993)「訳語ルビふり英文の可読性評価」『情報処理学会自然言語処理研究会報告』127-134.
奥村学,難波英嗣(1999)「テキスト自動要約に関する研究動向」『自然言語処理』6, 1-26.
河上誓作(編著)(1996)『認知言語学の基礎』.研究社出版.
佐伯胖(編)(1982)『推論と理解』認知心理学講座3.東京大学出版会.
佐藤理史,奥村学(1999)「電脳文章要約術——計算機はいかにしてテキストを要約するか——」『情報処理』40, 157-161.
津田塾大学言語文化研究所読解研究グループ(1992)『学習者中心の英語読解指導』大修館書店.
天満美智子(1989)『英文読解のストラテジー』大修館書店.
天満美智子, E. ペレント(1996)『やさしい英字新聞入門』.岩波書店.
長尾確,長尾加寿恵訳(1996)『人はなぜ話すのか——知能と記憶のメカニズム』.白揚社. (Schank, Roger C. 1990. *Tell me a story: A new look at real and artificial memory*. Macmillan.)
長尾真(編)(1996)『自然言語処理』岩波講座ソフトウェア科学第15巻.岩波書店.
橋本雅文,高田哲朗,磯部達彦,境倫代,池村大一郎,横川博一(1998)「高等学校における英語多読指導」『英語教育』2月号.大修館書店.
羽鳥博愛,浅野博,伊村元道,大井上滋(1979)『英語指導法ハンドブック4 評価編』.大修館書店.
堀場裕紀江(2001)「L2リーディング研究の課題と可能性」『神田外語大学大学院紀要言語科学研究』7, 43-63.
宮浦国江(1997a)「人はいかにユーモアのある話を理解するか−推論生成とメンタル・モデル」『日本認知科学会第14回大会論文集』(pp. 158-159).
宮浦国江(1998)「読解における推論とメンタル・モデル−ユーモアのある話の読解過程から」『財団法人語学教育研究所紀要第12号』(pp. 1-26).
望主雅子,荻野紫穂,太田公子,井佐原均(2000)「重要文と要約の差異に基づく要約手法の調査」『情報処理学会自然言語処理研究会報告』(pp. 95-102).
山梨正明(1992)『推論と照応』.くろしお出版.
山梨正明(2000)『認知言語学原理』.くろしお出版.
渡辺日出雄(1995)「新聞記事の要約のための一手法」『言語処理学会第一回年次大会発表論文集』(pp. 293-296).

[執筆者]

天満美智子	津田塾大学名誉教授
荒木和美	埼玉県立大学助教授
深谷計子	聖路加看護大学助教授
堀場裕紀江	神田外語大学大学院教授
伊佐原均	通信総合研究所　けいはんな情報通信融合研究センター　自然言語グループリーダー
小西正恵	津田塾大学非常勤講師
宮浦国江	愛知県立大学教授
村杉恵子	南山大学教授
成田真澄	東京国際大学教授
尾崎恵子	津田塾大学非常勤講師
田近裕子	津田塾大学教授

英語教育21世紀叢書
英文読解のプロセスと指導（えいぶんどっかい／しどう）
©Michiko Temma, 2002

NDC375　368p　19cm

初版第1刷ーー2002年4月1日
　第2刷ーー2005年9月1日

編者ーーーー津田塾大学言語文化研究所読解研究グループ（つだじゅくだいがくげんごぶんかけんきゅうじょどっかいきけんきゅう）
発行者ーーー鈴木一行
発行所ーーー株式会社大修館書店
　　　　　　〒101-8466　東京都千代田区神田錦町3-24
　　　　　　電話03-3295-6231（販売部）　03-3294-2357（編集部）
　　　　　　振替00190-7-40504
　　　　　　[出版情報] http://www.taishukan.co.jp

装丁者ーーーー中村愼太郎
印刷所ーーーー文唱堂印刷
製本所ーーーー難波製本

ISBN4-469-24473-2　Printed in Japan

Ⓡ本書の全部または一部を無断で複写複製（コピー）することは，著作権法上での例外を除き禁じられています。

英文読解のストラテジー
天満美智子 著　　　　　　　　　四六判　238ページ　1600円

学習者中心の英語読解指導
津田塾大学言語文化研究所読解研究グループ 編
　　　　　　　　　　　　　　　　A5判　226ページ　2200円

英語のニューリーディング
谷口賢一郎 著　　　　　　　　　四六判　240ページ　1500円

自立した読み手を育てる
新しいリーディング指導
サンドラ・シルバスタイン 著／萬戸克憲 訳
　　　　　　　　　　　　　　　　A5判　170ページ　1700円

―――――――― 大修館書店 ――――――――
（定価は本体価格＋税5％・2005年8月現在）